哲学笔记

⑳ 尚书·礼记

马瑞光 著

中华工商联合出版社

图书在版编目（CIP）数据

哲学笔记．学尚书·礼记 / 马瑞光著．北京：中华工商联合出版社，2025.1. -- ISBN 978-7-5158-4003-1

Ⅰ．B222.1；K892.9

中国国家版本馆 CIP 数据核字第 2024KG9661 号

哲学笔记：学尚书·礼记

作　　者：	马瑞光
出 品 人：	刘　刚
责任编辑：	于建廷　臧赞杰
装帧设计：	周　源
责任审读：	傅德华
责任印制：	陈德松
出版发行：	中华工商联合出版社有限责任公司
印　　刷：	三河市宏盛印务有限公司
版　　次：	2025 年 1 月第 1 版
印　　次：	2025 年 1 月第 1 次印刷
开　　本：	710mm × 1000mm　1/16
字　　数：	240 千字
印　　张：	21
书　　号：	ISBN 978-7-5158-4003-1
定　　价：	88.00 元

服务热线：010-58301130-0（前台）
销售热线：010-58301132（发行部）
　　　　　010-58302977（网络部）
　　　　　010-58302837（馆配部）
　　　　　010-58302813（团购部）
地址邮编：北京市西城区西环广场 A 座
　　　　　19-20 层，100044
http://www.chgslcbs.cn
投稿热线：010-58302907（总编室）
投稿邮箱：1621239583@qq.com

工商联版图书
版权所有　盗版必究

凡本社图书出现印装质量问题，
请与印务部联系。
联系电话：010-58302915

目录
CONTENTS

尚书

虞夏书

一章 尧典（一）…………… 1
二章 尧典（二）…………… 2
三章 尧典（三）…………… 5
四章 舜典（一）…………… 7
五章 舜典（二）…………… 9
六章 舜典（三）…………… 11
七章 皋陶谟（一）………… 12
八章 皋陶谟（二）………… 13
九章 皋陶谟（三）………… 15
十章 益稷（一）…………… 17
十一章 益稷（二）………… 18
十二章 益稷（三）………… 20
十三章 甘誓 ………………… 22
十四章 五子之歌 …………… 24

商书

十五章 汤誓 ………………… 27
十六章 仲虺之诰 …………… 28
十七章 汤诰 ………………… 30
十八章 伊训 ………………… 33
十九章 盘庚（一）………… 36
二十章 盘庚（二）………… 39
二十一章 盘庚（三）……… 40
二十二章 太甲（一）……… 42
二十三章 太甲（二）……… 45
二十四章 太甲（三）……… 47
二十五章 说命（一）……… 48
二十六章 说命（二）……… 51
二十七章 说命（三）……… 53
二十八章 高宗肜日 ………… 56
二十九章 西伯戡黎 ………… 57
三十章 微子 ………………… 59

周书

三十一章 牧誓 ……………… 61
三十二章 洪范（一）……… 64
三十三章 洪范（二）……… 66
三十四章 洪范（三）……… 67
三十五章 洪范（四）……… 70

1

三十六章 洪范（五）……	71	**礼记**	
三十七章 洪范（六）……	72		
三十八章 洪范（七）……	74	**曲礼**	
三十九章 金縢 ……	75	曲礼上（一）……	129
四十章 大诰 ……	77	曲礼上（二）……	130
四十一章 康诰（一）……	80	曲礼上（三）……	131
四十二章 康诰（二）……	82	曲礼上（四）……	131
四十三章 酒诰 ……	84	曲礼上（五）……	132
四十四章 召诰（一）……	87	曲礼上（六）……	133
四十五章 召诰（二）……	88	曲礼上（七）……	134
四十六章 召诰（三）……	91	曲礼上（八）……	136
四十七章 洛诰（一）……	93	曲礼上（九）……	138
四十八章 洛诰（二）……	95	曲礼上（十）……	139
四十九章 洛诰（三）……	97	曲礼下（一）……	140
五十章 无逸（一）……	101	曲礼下（二）……	142
五十一章 无逸（二）……	104	曲礼下（三）……	143
五十二章 君奭（一）……	105	曲礼下（四）……	144
五十三章 君奭（二）……	107	曲礼下（五）……	145
五十四章 君奭（三）……	110	曲礼下（六）……	145
五十五章 蔡仲之命 ……	112	曲礼下（七）……	147
五十六章 多方（一）……	114	曲礼下（八）……	148
五十七章 多方（二）……	117	曲礼下（九）……	149
五十八章 多方（三）……	120	**檀弓**	
五十九章 立政（一）……	122	檀弓上（一）……	151
六十章 立政（二）……	124	檀弓上（二）……	153
六十一章 立政（三）……	126	檀弓上（三）……	154
		檀弓上（四）……	155
		檀弓上（五）……	156

檀弓上（六）	157	文王世子（三）	184
檀弓上（七）	158	**礼运**	
檀弓上（八）	159	礼运（一）	186
檀弓下（一）	161	礼运（二）	187
檀弓下（二）	162	礼运（三）	188
檀弓下（三）	162	礼运（四）	190
檀弓下（四）	163	礼运（五）	191
檀弓下（五）	165	礼运（六）	192
檀弓下（六）	166	礼运（七）	193
檀弓下（七）	167	礼运（八）	194
王制		礼运（九）	196
王制（一）	168	礼运（十）	197
王制（二）	169	**礼器**	
王制（三）	170	礼器（一）	198
王制（四）	171	礼器（二）	199
王制（五）	172	礼器（三）	200
王制（六、七）	172	礼器（四）	202
王制（八）	173	礼器（五）	202
王制（九、十）	174	礼器（六）	203
王制（十一）	175	**内则**	
王制（十二、十三）	176	内则（一）	204
王制（十四）	177	内则（二）	205
王制（十五）	178	内则（三）	206
王制（十六）	179	**玉藻**	
王制（十七）	180	玉藻（一）	207
文王世子		玉藻（二）	208
文王世子（一）	181	玉藻（三）	209
文王世子（二）	183	玉藻（四）	210

玉藻（五）	211	祭法（三）	236
玉藻（六）	212	**祭义**	
玉藻（七）	213	祭义（一）	237
学记		祭义（二）	239
学记（一）	214	祭义（三）	239
学记（二）	215	祭义（四）	240
学记（三）	216	祭义（五）	241
学记（四）	217	祭义（六）	242
学记（五）	218	祭义（七）	243
学记（六）	219	祭义（八）	244
学记（七）	220	祭义（九）	245
学记（八）	221	**经解**	
学记（九）	222	经解（一）	246
学记（十）	223	经解（二）	248
学记（十一）	224	**哀公问**	
学记（十二）	225	哀公问（一）	250
学记（十三）	226	哀公问（二）	251
学记（十四）	228	**坊记**	
学记（十五）	228	坊记（一）	253
学记（十六）	229	坊记（二）	254
乐记		坊记（三）	254
乐记（一）	230	坊记（四）	256
乐记（二）	231	坊记（五）	257
乐记（三）	232	坊记（六）	257
乐记（四）	233	坊记（七）	258
祭法		**中庸**	
祭法（一）	234	中庸（一）	260
祭法（二）	235	中庸（二）	261

中庸（三） ………………… 262
中庸（四） ………………… 263
中庸（五） ………………… 264
中庸（六） ………………… 266
中庸（七）上 ……………… 267
中庸（七）下 ……………… 268
中庸（八） ………………… 270

缁衣
缁衣（一） ………………… 271
缁衣（二） ………………… 272
缁衣（三） ………………… 273
缁衣（四） ………………… 274
缁衣（五） ………………… 275
缁衣（六） ………………… 276
缁衣（七） ………………… 277
缁衣（八） ………………… 277

奔丧
奔丧（一） ………………… 278
奔丧（二） ………………… 279
奔丧（三） ………………… 280

问丧
问丧（一） ………………… 281
问丧（二） ………………… 282
问丧（三） ………………… 283
问丧（四） ………………… 284

大学
大学（一） ………………… 285
大学（二） ………………… 286
大学（三） ………………… 288
大学（四） ………………… 289
大学（五） ………………… 290
大学（六） ………………… 291

冠义
冠义（一） ………………… 292
冠义（二） ………………… 293
冠义（三） ………………… 294

昏义
昏义（一） ………………… 295
昏义（二） ………………… 296
昏义（三） ………………… 297
昏义（四） ………………… 298
昏义（五） ………………… 299

乡饮酒义
乡饮酒义（一） …………… 300
乡饮酒义（二） …………… 301
乡饮酒义（三） …………… 302
乡饮酒义（四） …………… 303
乡饮酒义（五） …………… 304

射义
射义（一） ………………… 305
射义（二） ………………… 306
射义（三） ………………… 307
射义（四） ………………… 308
射义（五） ………………… 309
射义（六） ………………… 310

聘义

聘义（一） …………………… 311

聘义（二） …………………… 312

聘义（三） …………………… 312

聘义（四） …………………… 313

聘义（五） …………………… 314

聘义（六） …………………… 314

聘义（七） …………………… 315

聘义（八） …………………… 316

聘义（九） …………………… 317

聘义（十） …………………… 318

聘义（十一） ………………… 318

聘义（十二） ………………… 320

丧服四制

丧服四制（一） ……………… 321

丧服四制（二） ……………… 322

丧服四制（三、四） ………… 323

丧服四制（五、六） ………… 324

尚书

虞夏书

一章 尧典（一）

原文

曰若稽古①，帝尧曰放勋。钦明文思安安②，允恭克让③，光被四表④，格于上下⑤。克明俊德⑥，以亲九族⑦。九族既睦，平章百姓⑧。百姓昭明，协和万邦，黎民于变时雍⑨。

注释

①曰若：用作追述往事开头的发语词，没有实际意义。稽：考察。古：这里指古时传说。

②钦：恭谨节俭。

③允：诚实。恭：恭谨。克：能够。让：让贤

④被：覆盖。四表：四方极远的地方。

⑤格：到达。

⑥德：指才德兼备的人。

⑦九族：指同族的人。

⑧平：辨别。章：使明显。百姓：百官族姓。

⑨黎民：民众。于：随着。使：友善。雍：和睦。

马瑞光曰

今天开始读《尚书》，这是一部上古之书，读起来不太顺利，文字含义古今变化很大，怪不得被称为上古之书呢。

开篇介绍了尧，更多的是传说，讲尧如何圣贤，也就是我们的梦想，也是

我们一直的追求。对上古圣贤的尊敬、羡慕一直延续到今天。

"钦明文思安安，允恭克让"，处事严谨恭敬，态度谦和，简直就是圣人的标准。所以"光被四表，格于上下"，光耀四方，充盈天地之间，尧的圣人形象就此奠定了。

"克明俊德，以亲九族。九族既睦，平章百姓"，能够举用德才兼备之人，让大家和睦，对百官中有善行的人考察，将其作为榜样树立起来，如此一切和睦。"百姓昭明"，即百官不会犯错误，天下各邦、各族亲如一家，称之为"协和万邦"，天下黎民百姓也可以和睦相处了。

这一段基本上描述出了中国文化中人们的向往："和"为贵，家"和"万事兴，我们一直在追求这一美好的梦想。当然在尧帝的统治之下，这可能是一种标准。

二章 尧典（二）

原文

乃命羲和①，钦若昊天②，历象日月星辰③，敬授人时④。分命羲仲，宅嵎夷⑤，曰旸谷⑥。寅宾出日⑦，平秩东作⑧。日中⑨，星鸟⑩，以殷仲春。厥民析⑫，鸟兽孳尾⑬。申命羲叔，宅南交⑭。平秩南讹⑮，敬致⑯。日永⑰，星火⑱，以正仲夏。厥民因⑲，鸟兽希革⑳。分命和仲，宅西，曰昧谷。寅饯纳日㉑，平秩西成㉒。宵中㉓，星虚㉔，以殷仲秋。厥民夷㉕，鸟兽毛毨㉖。申命和叔，宅朔方，曰幽都㉗，平在朔易㉘。日短㉙，星昴㉚，以正仲冬。厥民隩㉛，鸟兽氄毛㉜。帝曰："咨！汝羲暨和。期三百有六旬有六日㉝，以闰月定四时㉞，成岁。允厘百工㉟，庶绩咸熙㊱。"

注释

①羲和：羲氏与和氏，相传是世代掌管天地四时的官重黎氏的后代。

②钦：恭敬。若：顺从。昊天：上天。

③历：推算岁时。象：观察天象。

④人时：民时。

⑤宅：居住。嵎（yú）夷：地名，在东方。

⑥旸（yáng）谷：传说中日出的地方。

⑦寅：恭敬。宾：迎接。

⑧平秩：辨别测定。作：兴起，开始。

⑨日中：指春分。春分这天昼夜时间相等，因此叫日中。

⑩星鸟：星名，指南方朱雀七宿。朱雀是鸟名，所以称星鸟。

⑪殷：确定。仲：每个季度三个月中的第二个月。

⑫厥：其。析：分散开来。

⑬孳（zī）尾：生育繁殖。

⑭交：地名，指交趾。

⑮讹：运转，运行。

⑯致：到来。

⑰日永：指夏至。夏至这天白天最长，因此叫日永。

⑱星火：指大火星。夏至这天黄昏，大火星出现在南方。

⑲因：意思是居住在高地。

⑳希：稀疏。希革：意思是鸟兽皮毛稀疏。

㉑饯：送行。纳日：落日。

㉒西成：太阳在西边落下的时刻。

㉓宵中：指秋分。秋分这天昼夜时间相等，因此叫宵中。

㉔星虚：星名，指虚星，为北方玄武七宿之一。

㉕夷：平。这里指回到平地居住。

㉖毛毨（xiǎn）：生长新羽毛。

㉗朔方：北方。幽都：幽州。

㉘在：观察。易：变化。这里指运行。

㉙日短：指冬至。冬至这天白天最短，所以叫日短。

㉚星昴（mǎo）：星名，指昴星，为西方白虎七宿之一。

㉛民隩（yù）：通"奥"，意思是内室。

㉜氄（rǒng）毛：鸟兽细软的毛。

㉝ 期（jī）：一周年。有：又。

㉞ 以闰月定四时：古代一年十二个月，大月三十天，小月二十九天，共计三百五十四天，比一年的实际天数少十一天又四分之一天。三年累计超过了一个月，所以安排闰月来补足，使四时不错乱。

㉟ 允：用，以。厘：治，规定。百工：百官。

㊱ 庶：众，多。熙：兴起，兴盛。

马瑞光曰

基本上把一年四季的历法描述清楚了，发现人作为一种生物，生长的"土壤"就是天时地理，一方水土养一方人，讲的是地理，这一节讲的应该是天时了。对春夏秋冬，包括闰月的描述，让我们有了时间观念，当然这是多少年的观察经验的积累，是一种规律的总结，一直延续到今天，可谓影响深远。真正掌握了天地大势，才能成为真正的高人，普通人经历的事情就比较渺小、简单，无非吃穿住行而已，就算有点儿思想追求，还是一堆贪嗔痴。

"历象日月星辰，敬授人时"，按照日月星辰的运行规律制定历法，人们依时远行，以顺应天时。

"日中，星鸟，以殷仲春"，白昼和黑夜时间相同的那一天为春分，星鸟见于南方正中时，就是春天的第二个月。"日永，星火，以正仲夏"，白天最长那一天为夏至，大火星见于南方正中时，就是夏天的中间，第二个月。日月星辰的位置与春夏秋冬相对应，一年四季就有了。

"宵中，星虚，以殷仲秋"，虚星见于南方正中的时候就是秋分了，可以准备收获庄稼了。"日短，星昴，以正仲冬"，以白天最短的那一天为冬至，昴星见于南方正中的时候为冬季的第二个月。最后还补充道，"以闰月定四时，成岁"，用闰月来调整历法天数与实际天数的差异。

最关键的是"允厘百工，庶绩咸熙"，用历法来规定百官职位，万事都可顺时运行。

三章 尧典（三）

原文

帝曰："咨！四岳。朕在位七十载，汝能庸命①，巽朕位②？"

岳曰："否德忝帝位③。"

曰："明明扬侧陋④。"

师锡帝曰⑤："有鳏在下⑥，曰虞舜。"

帝曰："俞⑦！予闻，如何？"

岳曰："瞽子⑧，父顽，母嚚，象傲，克谐。以孝烝烝⑨，乂不格奸⑩。"

帝曰："我其试哉！"女于时⑪，观厥刑于二女⑫。厘降二女于妫汭⑬，嫔于虞⑭。

帝曰："钦哉！"

慎徽五典⑮，五典克从⑯。纳于百揆⑰，百揆时叙⑱。宾于四门⑲，四门穆穆⑳。纳于大麓㉑，烈风雷雨弗迷。帝曰："格㉒！汝舜。询事考言㉓，乃言底可绩㉔，三载。汝陟帝位㉕。"舜让于德，弗嗣。

注释

① 庸命：顺应天命。

② 巽：用作"践"，意思是履行，这里指接替帝位。

③ 否：鄙陋。忝：辱，意思是不配。

④ 明明：明察贤明的人。扬：选拔，举荐。侧陋：隐伏卑微的人。

⑤ 师：众人，大家。锡：赐，这里指提出意见。

⑥ 鳏：老而无妻或者死了妻子。

⑦ 俞：是的。

⑧ 瞽：盲人，据传舜的父亲是个盲人。

⑨ 烝烝：形容德美厚。

⑩ 乂：治理。格：至，达到。奸：邪恶。

⑪ 女：嫁女。时：是，这个人，这里指舜。

⑫ 刑：法度，法则。二女：指尧的女儿娥皇和女英。

⑬ 厘：命令。妫：水名。汭：河流弯曲的地方。

⑭ 嫔：嫁给别人作妻子。

⑮ 徽：美，善。五典：五常，指父义、母慈、兄友、弟恭、子孝。

⑯ 克：能够。从：顺从。

⑰ 纳：赐予职位。百揆：掌管一切事务的官。

⑱ 时叙：承顺，意思是服从领导。

⑲ 宾：迎接宾客。

⑳ 穆穆：形容仪容齐整。

㉑ 麓：山脚。

㉒ 格：到来，来。

㉓ 询：谋划。考：考察。

㉔ 乃：你。厎（zhǐ）：求得。

㉕ 陟：升，登。

马瑞光曰

尧在思考该传帝位给哪一位，那个时候主要还是禅让，还不是封建帝制时的家族传承，并且认为传人很重要，会决定这个国家的兴衰。大家推荐了虞舜。

"汝能庸命，巽朕位？岳曰：'否德忝帝位。'"尧问谁能顺应天命接替帝位，四方诸侯都讲：我们德行不够，不配登天子位。这从一方面能说明四方诸侯都很贤明，我们看到的大部分脚本里是大家群起而争之，这个时代大家都如此谦和，让我们很怀念了。

"明明扬侧陋"，选拔地位卑贱的人继承帝位也是可以的，只要他是贤明之人，当然贵戚中的贤明之人也可行。讲白了，贤明是根本，出身并不重要，大家于是推荐了舜，因为他"瞽子，父顽，母嚚，象傲，克谐。以孝烝烝，乂不格奸"，舜是乐官瞽瞍的儿子，父亲心术不正，母亲善于说谎，弟弟傲慢，对舜不好，但是他能把他们安排得很好，用孝行美德感化他们，让他们弃恶从善，不致奸邪，所以讲舜很有德行。

于是舜成为尧的女婿，受到尧的考察。经过考察，发现舜"慎徽五典，纳于百揆，百揆时叙。宾于四门，四门穆穆。纳于大麓，烈风雷雨弗迷"，能够用父义、母慈、兄友、弟恭、子孝五德来要求自己和臣民，让百官能服从，能让四方朝见的诸侯和睦相处，也能经历暴风雨而不迷路，尧所以决定禅位于舜。如此佳话流传到现在，问题是：人是否会发生变化？有德之人是否一直有德？无德之人是否一直无德？

四章 舜典（一）

原文

正月上日①，受终于文祖②。在璇玑玉衡③，以齐七政④。肆类于上帝⑤，禋于六宗⑥，望于山川⑦，遍于群神。辑五瑞⑧。既月乃日⑨，觐四岳群牧⑩，班瑞于群后⑪。

岁二月，东巡守，至于岱宗⑫，柴⑬，望秩于山川⑭。肆觐东后⑮，协时月正日⑯，同律度量衡⑰。修五礼、五玉、三帛、二生、一死⑱贽。如五器⑲，卒乃复⑳。

五月南巡守，至于南岳，如岱礼。八月西巡守，至于西岳，如初。十有一月朔巡守，至于北岳，如西礼。归，格于艺祖㉑，用特㉒。

五载一巡守，群后四朝。敷奏以言㉓，明试以功，车服以庸㉔。

注释

①上日：吉利的日子。

②终：这里指尧退下帝位。文祖：尧太祖的宗庙。

③在：观察。璇玑玉衡：指北斗七星。

④齐：排列。七政：指日、月和金、木、水、火、土五星。

⑤肆：于是。类：一种祭祀礼节，这里指向上天报告继承帝位。

⑥禋（yīn）：祭祀。六宗：指天、地和春、夏、秋、冬四时。

⑦望：祭祀祖山川的仪式。

⑧辑：收集，聚敛。五瑞：五种等级的玉器，诸侯用来作为信符。

⑨既月乃日：挑选吉利的月份、日子。

⑩觐（jìn）：朝见天子。牧：官员。

⑪班：颁，分发。后：指诸侯国君。

⑫岱宗：东岳泰山。

⑬柴：祭天的礼仪。

⑭秩：次序，依次。

⑮东后：东方诸侯国君。

⑯协：合。时：春夏秋冬四时。正：确定。

⑰同：统一。律：音律。度：丈尺。量：斗斛。衡：斤两。

⑱五礼：指公、侯、伯、子、男五等礼节。五玉：即前面说的"五瑞"。三帛：三种不同颜色的丝织品，用于垫玉。二生：活羊羔和活雁。一死：一只死野鸡。

⑲如：而。五器：指五玉。

⑳卒：指礼仪完毕。乃：然后。复：归还。

㉑格：到，至。艺祖：文祖，即尧太祖的宗庙。

㉒特：一头公牛。

㉓敷：普遍。

㉔庸：功劳。

马瑞光曰

这一段主要记录的是舜登基的仪式。自古以来，仪式、礼仪是重大活动的标配，既体现出庄重，是一种渲染，是一种对人心的渗透，又是一种昭告天下，让师出有名。有时，封建王朝的仪式会成为一种表面文章，有其形，不一定有其神，而成为服务于自己的统治的手段。言行一致、表里如一是关键。

"受终于文祖"，正月上旬吉日在太庙举行了盛大的禅位典礼。然后观天，

"在璇玑玉衡，以齐七政"，恭敬观察北斗七星的运行规律，排列七政，昭告上天，祭祀天地四时，还有山川和诸神，又召见四方诸侯，将信圭颁发给他们，这样算是流程初步告成。应该讲天地四时、山川、群神、四岳都考虑到了，何等庄重，但似乎少了百姓的参与，百姓或者只是旁观。

"岁二月，东巡守……"，第二年二月祭东岳泰山，五月南巡南岳衡山，八月巡西岳华山，十一月巡北岳恒山，基本上五岳祭祀巡视完毕。登高望远，五岳已定，天下已定了。怪不得我们登山眺望常有一种王者气概充盈心胸，或许这样的感受来自先人的这种仪式。思想、文化往往来源于地理、历史，有迹可循。

"五载一巡守，群后四朝"，每五年进行一次巡视，诸侯朝见天子，天子论功行赏，基本上也成为一种标准了。

五章 舜典（二）

原文

肇十有二州①，封十有二山，浚川②。

象以典刑③，流宥五刑④，鞭作官刑，扑作教刑⑤，金作赎刑。眚灾肆赦⑥，怙终贼刑⑦。钦哉，钦哉，惟刑之恤哉⑧！

流共工于幽州⑨，放驩兜于崇山⑩，窜三苗于三危⑪，殛鲧于羽山⑫，四罪而天下咸服。

注释

①肇：这里指划分地域。

②浚：疏通。

③象：刻画。典：常，常用。典刑：常用的墨、劓、剕、宫、大辟五种刑罚。

④流：流放。宥：宽恕。

⑤扑：古代学校用作体罚的工具。

⑥眚：过失。肆：于是。

⑦怙：依仗。贼：用作"则"。

⑧恤：慎重。

⑨幽州：地名，在北方边远地区。

⑩崇山：地名。

⑪三苗：古代国名，在现在湖南、江西境内。三危：地名，在现在甘肃敦煌一带。

⑫殛（jí）：流放。羽山：地名，在东方。

马瑞光曰

本节记录了舜如何治理国家，从文字描述可见其非常注重法制，制定了规范，慎用刑罚，以统御人心为核心。构建民心所向的大同世界是封建王朝表面上一直倡导的，但是保留一个前提，就是希望由帝王来主导，且帝王必须是高素质的圣人，这和柏拉图希望王上是哲学家的思想大同小异。几千年下来，这样的帝王确实有，但是昏庸的更不在少数，很多皇帝并不是单一的圣明或昏庸，往往是功过参半，毁誉皆有。这里人性的复杂程度是否被简单化了，还是需要我们进一步学习与研究的。

"肇十有二州，封十有二山，浚川"，舜把全国分为12个州，每一个州选一座山封坛祭祀，并且疏通河流，一派兴旺景象。

然后开始制定制度并落实。"象以典刑，流宥五刑，鞭作官刑，扑作教刑，金作赎刑"，在器物上刻画出五刑的形状起警示作用，用流放代替五刑，以示宽大，鞭刑那些犯罪的官员与百姓，用木条抽打不服教化的一些学生，当然也可以出钱赎罪。最后强调，赦免过失犯罪，加重惩罚不知悔改的人，即坦白从宽，抗拒从严，并且一再强调"惟刑之恤哉"，慎用刑罚，能不罚便不罚，宽大仁厚为主。

最后把共工、驩兜、三苗赶到该去的地方，"四罪而天下咸服"，罪人受到应有的处理，天下归服。

六章 舜典（三）

原文

帝曰："夔！命汝典乐①，教胄子②，直而温，宽而栗③，刚而无虐④，简而无傲。诗言志，歌永言⑤，声依永，律和声。八音克谐，无相夺伦⑥，神人以和。"夔曰："於⑦！予击石拊石⑧，百兽率舞。"

注释

①乐：乐官。

②胄子：未成年的人。

③栗：恭谨。

④无：不要。

⑤永：咏，意思是吟唱。

⑥夺：失去。伦：次序，这里指和谐。

⑦於：是啊，好吧。

⑧拊：轻轻敲击。石：石磬，古代的一种乐器

马瑞光曰

诗歌、音乐是非常好的教育手段，对其的使用由来已久。言传不如身教，身教不如境教，而境教非常需要场景，需要音乐、诗歌等艺术形式的加持，人的情感与情绪往往在音乐的艺术形式中发生巨大变化。

"教胄子，直而温，宽而栗，刚而无虐，简而无傲"，舜任命夔为乐官，教导年轻人正直、温和、宽厚，并且恭谨，刚强但不暴虐，简约而不骄傲，恰到好处，适度为上，这也是乐官的工作内容。"诗言志，歌永言，声依永，律和声"，用诗来表达志向，用歌曲来表达情感，唱得要有感情，还要符合音律，神以人和，让天地之人听了感到和谐、愉悦。

倡导教化之功一直以来是我们的传统，很多方法、道理延续到今天也不奇怪。

七章 皋陶谟（一）

原文

曰若稽古。皋陶①曰："允迪厥德②，谟明弼谐③。"禹曰："俞④！如何？"皋陶曰："都⑤！慎厥身，修思永⑥，惇叙九族⑦，庶明励翼⑧，迩可远在兹。⑨"禹拜昌言⑩曰："俞！"

皋陶曰："都！在知人，在安民。"禹曰："吁！咸若时⑪，惟帝其难之⑫。知人则哲⑬，能官人⑭。安民则惠，黎民怀之。能哲而惠，何忧乎驩兜⑮，何迁乎有苗⑯，何畏乎巧言令色孔壬⑰？"

注释

① 皋陶（gāo yáo）：舜的大臣，掌刑的士官。

② 允：信奉。迪：导，遵循。厥：其，指先代贤君。

③ 弼（bì）：辅佐。谐：和谐，同心协力，团结一致。

④ 俞：表示肯定的语气词。

⑤ 都：赞叹词。

⑥ 慎厥：谨慎对待自身。思永：加强道德修养，思考问题要深远。

⑦ 惇（dūn）叙：厚待于人要有等次区别。

⑧ 庶明：一群贤明之人。励翼：要相互勉励做好辅佐。

⑨ 迩可远：可以由近而推至远。兹：此。

⑩ 昌言：美言。

⑪ 咸：都、全。时：是，如此。

⑫ 帝：帝尧。

⑬ 哲：明智。

⑭ 官：任用。

⑮ 驩兜（dōu）：驩即欢，尧时官员，与共工相善。

⑯ 有苗：即三苗，古族名，其地在今江苏、安徽、河南南部至湖南洞庭湖、江西鄱阳湖一带。舜时迁至三危（今甘肃敦煌一带）。

⑰ 令：善。色：脸色。孔：大。壬：奸佞。

马瑞光曰

"允迪厥德，谟明弼谐"，诚实地遵守尧帝的德行，君主就可英明，群臣也可以同心同德。讲白了，修身，以德服人是根本，这也是儒家一致的观点。问题难就难在能否修身到这个程度。

"都！慎厥身，修思永。"也就进一步给出了答案，只要帝王有德，则万民之幸，百官之幸，严格要求自己，努力修炼，提升自己的修养与德行，就可以决策英明，治国就不是问题了。看来基本上把一国之希望寄托在一人贤明的基础上了，真的希望贤君万岁万岁万万岁，可惜的是没有谁是万岁。这种传承与保障体系，实际并不容易实现，从几千年的历史来看，尧舜的禅让是伟大的，只是不太容易复制。

"惇叙九族，庶明励翼，迩可远在兹"，宽厚地对待同族，广泛推荐贤人，辅佐君王，由近及远，从自己出发，这些问题自然可以解决。实际上，封建社会中，很多官员做事都是在保帽子，而不是为百姓，这实际上与权力的来源有关系。

"都！在知人，在安民"，最重要的是用好人，把人民安定好，因为"知人则哲，能官人。安民则惠，黎民怀之"，会用人就能治理好百姓，给予百姓恩惠，他们就会铭记在心。要带给人民更多的好处，要求君王、官员修心修德，似乎不容易，因为修身才能知人安民，自己还是根本。

八章 皋陶谟（二）

原文

皋陶曰："都！亦行有九德①。亦言其人有德，乃言②曰，载采采③。"

禹曰："何？"皋陶曰："宽而栗④，柔而立⑤，愿而恭⑥，乱而敬⑦，扰而毅⑧，直而温⑨，简而廉⑩，刚而塞⑪，强而义⑫。彰厥有常，吉哉！"

"日宣三德⑬，夙夜浚明有家⑭。日严祗敬六德，亮采有邦⑮。翕受敷施⑯，九德咸事⑰，俊乂在官⑱。百僚师师⑲，百工惟时⑳。抚于五辰㉑，庶绩其凝㉒。"

注释

①九德：九种品德。

②乃言：稽考。

③载：为，这里指以……为证明。采采：事事，许多事。

④宽而栗：宽宏大量而又严肃恭谨。

⑤柔而立：性情温和而又敢于坚持原则。

⑥愿而恭：谨慎小心而又处事庄重。

⑦乱而敬：有能力而又办事认真。

⑧扰而毅：恭敬柔顺而又果敢坚定。

⑨直而温：正直不阿而又态度温柔。

⑩简而廉：着眼大处而又从小处着手。

⑪刚而塞：刚正有则而又多方思考。

⑫强而义：坚强勇敢而又合乎道义。

⑬宣：表现，践履。三德：上述九德中的任三种。

⑭浚：恭敬。明：勉力而行。家：大夫的采邑。

⑮亮：佐理。采：事。有邦：有国，指可为诸侯。

⑯翕（xī）：合。翕受：含九德而并用。敷施：普遍推行。

⑰事：担任职事。

⑱俊：才德过于千人者。乂（yì）：才德过于百人者。

⑲百僚：担任各种职事的全部官员。师师：互相为师。

⑳时：善。

㉑抚：顺应，随从。五辰：金、木、水、火、土五星，这里泛指天象。

㉒庶：众多。凝：成就。

马瑞光曰

这里给我们确定了九德，能有九德基本就是最高境界了，当然更希望的是统治者具备这九德，实在达不到，只要六德也是非常好的，最差的情况，具备三德，也能国泰民安了。当然需要"载采采"，要有事实作为依据，如此来判断是否真的有德行。

皋陶认为，九德是"宽而栗，柔而立，愿而恭，乱而敬，扰而毅，直而温，简而廉，刚而塞，强而义"，也就是宽宏大量且恭敬谨慎，性情柔和但又有主见，态度谦虚且严肃认真，具有才干而办事认真，善于听取别人意见且果断刚毅，行为正直而态度温和，直率且注重细节，刚正且脚踏实地，坚强且符合道义。处处是中庸之道，中和之道，适度为好，过犹不及。具备这九种德行，就祥善了，是国家之幸，人民之幸。对统治者有如此高的要求，很多时候只能失望了。

即使只有其中三德，"抚于五辰，庶绩其凝"，依照五行运作，依四时变化行事，就能建立起伟大的功业了。

九章 皋陶谟（三）

原文

"无教逸欲有邦①，兢兢业业，一日二日万几②。无旷庶官③，天工，人其代之。

"天叙有典④，敕我五典五惇哉⑤！天秩有礼⑥，自我五礼有庸哉⑦！同寅协恭和衷哉⑧！天命有德，五服五章哉⑨！天讨有罪，五刑五用哉⑩！政事懋哉⑪！懋哉！

"天聪明，自我民聪明⑫。天明畏，自我民明威。达于上下，敬哉有土。"

皋陶曰："朕言惠可底行⑬？"禹曰："俞！乃言底可绩。"皋陶曰："予未有知，思曰赞赞襄哉！⑭"

注释

①逸：安逸。欲：私欲。邦：诸侯。

②一日二日：指天天。万几：万端，指所发生的众多事情。

③旷：空。庶官：众官。

④天叙：天定。典：常，法规，指夫妇、父子、兄弟、君臣、朋友之伦常。

⑤敕（chì）：命令。五典：即五常。惇：厚。

⑥天秩：天所规定的尊卑贵贱次序。

⑦自：遵循。五礼：天子、诸侯、大夫、士、庶民之礼。庸：常。

⑧寅：敬。同寅：君臣上下互相尊重。协恭和衷：同心一意。

⑨五服五章：天子、诸侯、卿大夫、士、庶民五等服装各有其相应的五种不同文采。

⑩五刑五用：五种刑法各自应用于与其相应的罪行。

⑪懋（mào）：勉力。

⑫聪：听力好。明：视力好。

⑬朕：我。在秦始皇称帝前，朕是第一人称代词。惠：顺。厎（zhǐ）：必定。

⑭赞：辅佐。襄：治理。

马瑞光曰

"无教逸欲有邦，兢兢业业，一日二日万几"，因为每天都有很多事情要处理，不要贪图享受，要兢兢业业，这样的诸侯才能治理好国家。"无旷庶官，天工，人其代之"，不要任用不称职的官员，因为官员都是上天安排的，不可以让这些不称职的人成为官员。如此对诸侯、官员要求颇高，问题的难点在于如何让诸侯有德，让官员称职，没有具体方案，就无法判断诸侯、官员是否达到要求。

"天叙有典，敕我五典五惇哉！"上天规定了人和人之间的伦理，讲的是伦理天定，不可更改，五常也就提出来了。提出君臣、父子、兄弟、夫妻、朋友之间的次序，把君臣放到首位，这也可能是帝王比较欣赏的原因。只是在日常生活中，可能大家践行的顺序未必如此。

"天聪明，自我民聪明。天明畏，自我民明威。达于上下，敬哉有土"，上天对万物的明察来自臣民的意见；上天赏罚分明，依据是臣民的赏罚意愿。上天和人民互相通达，所以听取人民的意见，观察百姓的问题，勤政爱民，国土才能保住。这里提出为了统治而爱民，虽然认为民为国之根本，但出发点是国而非百姓。

要做到不以个人利益为重，而以人民利益为中心，如此情怀何其难哉。

十章 益稷（一）

原文

帝曰："来，禹！汝亦昌言①。"禹拜曰："都②！帝，予何言？予思日孜孜③。"皋陶曰："吁！如何？"禹曰："洪水滔天，浩浩怀山襄陵④，下民昏垫⑤。予乘四载⑥，随山刊木⑦，暨益奏庶鲜食⑧。予决九川距四海⑨，浚畎浍距川⑩。暨稷播⑪，奏庶艰食鲜食⑫。懋迁有无⑬化居⑭。烝民乃粒⑮，万邦作乂⑯。"皋陶曰："俞！师⑰汝昌言。"

注释

① 昌言：指畅谈治国高见。

② 都：表赞美叹词。

③ 孜孜：勤奋的样子。

④ 怀：包围。襄：冲上，浸没。

⑤ 昏垫：围陷在洪水之中。昏，没。垫，陷。

⑥ 四载：四种运输工具。据《史记》：陆行乘车，水行乘舟，泥行乘橇，山行乘樏（jū，登山屐）。

⑦ 刊木：指砍伐树木作为路标。刊，砍，削。

⑧ 暨：和，同。益：伯益。奏：进。鲜：新杀的鸟兽鱼类。

⑨ 决：疏导。距：到。

⑩ 浚：深挖疏通。畎浍（quǎn kuài）：田间的水沟。

⑪ 稷：传说为周人始祖，当时的农官。

⑫ 艰食：指百谷。

⑬ 懋：通"贸"，贸易。迁：流通。

⑭ 化居：指迁移囤积的货物。

⑮ 烝：众。粒：即"立"，定。

⑯ 作：开始。乂：治理。

⑰ 师：斯，代词，意为这里。

马瑞光曰

这一段主要讲的是大禹治水,这也是禹的治国功绩。舜本来说:"汝亦昌言",让禹讲讲自己治国理政的政见,禹讲:"都!帝,予何言?予思日孜孜。"我能讲些什么呢?一直在忙于日常工作。换句话讲,禹是个实干家,没有什么华丽言辞,勤勤恳恳而已。

"洪水滔天,浩浩怀山襄陵,下民昏垫",洪水非常大,包围了大山,冲上了陵岗,很多百姓也被冲走了。禹要想办法治理洪水,已经忙得焦头烂额了。

具体大禹是如何治水的呢?一个字"引",引水入海,疏导而非堵缺口。"予决九川距四海,浚畎浍距川",领导老百姓疏通了九州的大河,让它们流到海里去,同时疏通田间小水沟,让小水沟的水流到大河里,如此,万流归海算是治住了水患。

"暨稷播,奏庶艰食鲜食。懋迁有无,化居",又和稷带领百姓播种粮食,给人们提供了粮食与肉食,让人们发展贸易,如此也就把人民的生活保障了。

最后,"烝民乃粒,万邦作乂",人民安居乐业,诸侯国治理得比较顺利,如此实属不易,也是明君了。

十一章 益稷(二)

原文

帝曰:"无若丹朱傲①,惟慢游是好②,傲虐是作③。罔昼夜頟頟④,罔水⑤行舟。朋淫于家⑥,用殄厥世⑦。予创若时⑧。"

禹曰:"予娶涂山⑨,辛壬癸甲⑩。启呱呱而泣,予弗子⑪,惟荒度土功⑫。弼成五服⑬,至于五千,州⑭十有二师,外薄⑮四海,咸建五长⑯,各迪⑰有功。苗顽弗即工⑱,帝其念哉!"

帝曰:"迪朕德⑲,时乃功惟叙⑳。"皋陶方祗厥叙㉑,方施象刑惟明。

注释

①丹朱：尧的儿子。傲：傲慢。

②惟：只。慢：通"漫"，懒惰，放纵。好：喜好。

③虐：同"谑"，嬉戏。作：为。

④额额：意思是船行不安，昼夜不息。

⑤罔水：水浅得好像没水一样。

⑥朋淫于家：指丹朱做了一些有伤风俗的事情。朋，读为"凤"，雌雄相互引诱叫凤。淫，淫乱。

⑦用：因。殄：灭绝。厥：其。世：父子相继。

⑧创：惩。若：顺。时：指示代词，通"是"，犹这。

⑨涂山：指涂山氏，即居住在涂山的部落。

⑩辛壬癸甲：古时以干支纪日，辛壬癸甲指四天。相传禹结婚之后三天，即前往治水。

⑪子：当是"字"，抚问。

⑫惟：只。荒：大。土功：指治理水土的事情。

⑬弼：辅佐。五服：五种服役的地区。

⑭州：指十二州。相传禹治水后，分中国为九州。舜又分冀州为幽州、并州，分青州为营州，共为十二州。故《尧典》也作十二州。

⑮薄：迫近。

⑯咸：皆。五长：每五个诸侯国便立一长以为统帅，这是九州之外边远地区的编制（采郑玄说）。

⑰迪：道。

⑱苗：南方少数民族，其时与中原民族对抗。顽：对抗。弗即工：谓因其顽抗不使就官。弗，不。即，就。工，官。

⑲迪朕德：倒装句，应为"朕德迪"。迪，导。德，教。

⑳时乃功惟叙：倒装句，当作"惟叙时乃功"。时，通"是"，这。乃，你，指禹。功，功劳。叙，顺，意指百姓顺从教导。

㉑祗：敬。厥：其，仍指禹。叙：通"绪"，事，当指考虑使用刑罚之事。

马瑞光曰

这是舜帝与大禹的一场对话，更多突出的还是德政，以德化民才是正道，这也是儒家观点一直的核心。

"若丹惟慢游是好，傲虐是作"，作为舜帝的儿子的丹朱，本来是可以继承帝位的，但是由于他放纵轻浮，骄傲嬉戏，"罔水行舟"，像在旱地行船，没有什么事情做，"罔昼夜頟頟"，在家里纵情声色，所以舜惩罚了丹朱，不可以许以帝位。

而大禹，"予娶涂山，辛壬癸申"，取涂山氏为妻，结婚三日就去忙着治水。"启呱呱而泣，予弗子，惟荒度土功"，儿子启出生后，大禹也没有时间去照顾，只是忙着治水。这大概就是忠孝不能两全的意思吧，所以三过家门而不入，受到后世传颂。如此境界有几人可以为之？如此选接班人实属不易。这往往被称为有德，舍己为大家，可以思考一下：是否能不舍己也为大家呢？

最后，禹又介绍自己开辟疆土，划分区域，政绩卓越，并且指出"苗顽弗即工"，南方少数民族并不服从国家管理，需注意。舜以为"迪朕德，时乃功惟叙"，用我们的德去感化他们，这就是你的功劳了。这也是舜给禹的建议，帮助别人，成就自己，本就同时发生，只是我们有时候不这么认为。

十二章 益稷（三）

原文

夔曰："戛击鸣球、搏拊、琴瑟[1]，以咏。"祖考来格[2]，虞宾在位[3]，群后德让[4]。下管鼗鼓[5]，合止柷敔[6]，笙镛以间[7]，鸟兽跄跄[8]；箫韶九成[9]，凤皇来仪[10]。夔曰："於[11]！予击石拊石，百兽率舞。"

庶尹允谐[12]，帝庸作歌，曰："敕天之命，惟时惟几[13]。"乃歌曰："股肱喜[14]哉！元首起[15]哉！百工熙[16]哉！"皋陶拜手稽首飏[17]言曰："念哉！率[18]作兴事，慎乃宪[19]，钦哉！屡省[20]乃成，钦哉！"乃赓载[21]歌曰："元首明哉，股肱良哉，庶事康[22]哉！"又歌曰："元首丛脞[23]哉，股肱惰哉，万事堕哉！"帝拜曰："俞，往，钦哉！"

注　释

①戛：敲击。鸣球：乐器的一种，即玉磬。搏拊：皮制的乐器，形状如小鼓。琴瑟：乐器名，于奏乐结束时击之。

②祖考：泛指祖先。这里说的是他们的灵魂。格：至。

③虞宾在位：指前代帝王的后裔，这个人对舜来说当为贵宾。

④群后：指诸侯国君。德：升。让：揖让。

⑤下：指吹管者在堂下。管：竹制乐器的总名。鼗鼓：两旁有耳的小鼓。

⑥合：合乐。止：谓止乐，止乐用敔。柷（zhù）：古乐器，形如方斗。敔：古代打击乐器，形如伏虎，奏乐将终时，击之使演奏停止。

⑦笙：一种管乐器。镛：大钟。间：指笙和镛交替演奏。

⑧鸟兽：当由人扮成的飞鸟和走兽。跄跄（qiāng）：跳舞。

⑨箫韶：舜所制之乐。九成：每次乐曲完结后，再变更另奏，变更九次，奏乐才算结束。成，终。

⑩凤皇：传说中的神鸟。仪：成双成对。

⑪於（wū）：感叹词。

⑫庶：众。尹：官。允：信。谐：和谐。

⑬惟时惟几：时时事事都要提高警惕。几，小事。

⑭股肱：指大臣。喜：谓乐于尽忠。

⑮元首：指君主。起：兴起。

⑯百工：百官。熙：振作。

⑰拜手：跪下之后，两手拱合，俯首至手与心平，而不至地，因称拜手。稽首：一种隆重的跪拜礼，行礼时叩头至地。飏（yáng）：通"扬"，继续。

⑱率：表率，言君主当为大臣的表率。

⑲宪：法。

⑳屡：多次。省：省察。

㉑赓：继续。载：为。

㉒庶：众。康：安。

㉓丛脞（cuǒ）：烦琐。

马瑞光曰

这节描述了君臣和睦同乐的场景，君臣一心，天下太平，人民自然幸福。这里还是把人民的幸福建立在明君的身上，这也一直是儒家的观点与执念。

"於！予击石拊石，百兽率舞"，啊，我敲击石磬等乐器，百官扮演成百兽，纷纷起舞，一片和谐气氛。我们大多数人对于君臣的印象应该是，百官在君王面前有严格的礼仪，头都不敢抬，尤其是到秦统一六国以后。与尧舜时期相比，后面的君臣相处模式可以说是一种退步，怪不得先贤们一直希望复古，因为那时君臣是如此朴实纯真，君臣一体。

"敕天之命，惟时惟几"，时时要谨慎认真，勤劳才是天命。要求君王勤政，这与老子的无为而治大相径庭。"股肱喜哉！元首起哉！百工熙哉！"百官勤于政务，君王的事业自然兴盛，百官也精神振作，上下一心。

"念哉！率作兴事，慎乃宪，钦哉！屡省乃成，钦哉！"请谨记，君主做表率，上行下效，谨慎对待法度，一定要恭敬，时常反省自己，这样才能保持成功。做好表率，自我反省也就是对领导的基本要求了，对人性美好的向往可见一斑。

"元首明哉，股肱良哉，庶事康哉！元首丛脞哉，股肱惰哉，万事堕哉！"君王圣明，百官贤能，万事顺利安宁；君王关注琐事，百官懒惰，万事将不顺不安。明君是梦想，贤臣是结果，上下配合，国泰民安，真是一个理想国。

十三章 甘誓

原文

大战于甘，乃召六卿②。王曰："嗟！六事之人③，予誓告汝：有扈氏威侮五行④，怠弃三正⑤。天用剿绝其命⑥。今予惟恭行天之罚⑦。左不攻于左⑧，汝不恭命；右不攻于右，汝不恭命；御非其马之正⑨，汝不恭命。用命，赏于祖⑩；弗用命，戮于社。予则孥戮汝⑪。"

注释

①甘誓：是一篇战争动员令，是后人根据传闻写成的。甘是地名，在有扈氏国都的南郊。誓是古时告诫将士的言辞。大禹死后，他的儿子夏启继承了帝位。启所确立的新制度遭到了有扈氏的反对，启便发动了讨伐有扈氏的战争。结果以有扈氏失败、夏启胜利而告终。甘誓就是这次战争前启告诫六军将士的言辞。

②六卿：六军的将领。古时天子拥有六军。

③六事：六军的将士。

④威侮：轻慢，轻视。五行：金、木、水、火、土五种物质。

⑤怠：懈怠。三正：指建子、建丑、建寅，意思是指历法。

⑥用：因此。剿：灭绝。

⑦恭行：奉行。

⑧左：战车左边。古时战车载三人，分左中右，左边的人负责射箭，中间的人驾车，右边的人用矛刺杀。攻：善。

⑨御：驾车的人，即处在战车中间位置上的人。

⑩赏于祖：古时天子亲征，随军带着祖庙的神主和社神的神主。有功的，就在祖庙神主之前赏赐，惩罚则在社神神主前进行，表示不敢自己专行。

⑪孥：奴，降为奴隶。戮：刑戮，惩罚。

马瑞光曰

这是一篇战争动员令。古人认为要师出有名，实际上就是要抢占道德制高点。最高点在儒家看来，无外乎就是天意了，奉天之意讨伐，行事具备绝对的正确性。如果只是谈利益显得没有高度，必须要有天意加持，用救万民于水火的口号来维持大统。

"有扈氏威侮五行，怠弃三正。"这也就是打仗的原因，因为扈氏侮辱五行，冒天下之大不韪，怠慢甚至放弃了天地人之正道，所以要打了。"今予惟恭行天之罚"，所以天怒了，要收回有扈氏的性命，今天我们替天行道，仗打得非常正义。

"左不攻于左，汝不恭命；右不攻于右，汝不恭命；御非其马之正，汝不恭命"，兵车左边的兵士应该用箭射杀敌人，兵车右边的兵士应该用矛刺杀敌人，驾驶马车的兵士要懂得驾驭战马，如果做不到就是不遵守命令。最后的结论很清楚，统一大家的思想，"用命，赏于祖；弗用命，戮于社。予则孥戮汝"，执行命令，就能在祖庙得到奖赏，不执行命令，就要在社神面前被惩罚并贬为奴隶。奖罚分明，是为了胜利。

十四章 五子之歌

原文

太康尸①位，以逸豫灭厥德，黎民咸贰②，乃盘游无度，畋于有洛之表，十旬弗反③。有穷④后羿因民弗忍，距于河，厥弟五人御⑤其母以从，徯于洛之汭⑥。五子咸怨，述⑦大禹之戒以作歌。

其一曰："皇祖有训，民可近，不可下⑧。民惟邦本，本固邦宁⑨。予视天下，愚夫愚妇一⑩能胜予。一人三失，怨岂在明？不见是图⑪。予临兆民，懔乎若朽索之驭⑫六马，为人上者，奈何不敬⑬？"

其二曰："训有之，内作色荒⑭，外作禽荒⑮。甘酒嗜音⑯，峻宇雕⑰墙。有一于此，未或⑱不亡。"

其三曰："惟⑲彼陶唐，有此冀方⑳。今失厥道㉑，乱其纪纲，乃底灭亡㉒。"

其四曰："明明我祖，万邦㉓之君。有典有则，贻㉔厥子孙。关石和钧，王府则有㉕。荒坠厥绪，覆㉖宗绝祀！"

其五曰："呜呼曷归㉗？予怀之悲。万姓仇予，予将畴㉘依？郁陶㉙乎予心，颜厚有忸怩㉚。弗慎厥德，虽悔可追㉛？"

注释

①太康：夏启的儿子。尸：鬼神的代表。
②豫：乐。贰：贰心，通作二心。
③盘：这里为享乐的意思。游：游逸，闲适。畋（tián）：田猎。洛之表：指洛水的南面。

十旬：百天。反：作"返"。

④有穷：古时的国名，位于东方。

⑤厥：其。御：侍奉，服侍。

⑥徯：等待。汭：河水的转弯处，这里是指洛水的转弯处。

⑦述：追述。

⑧皇祖：代指大禹，太康及其五子的祖父，启的父亲，夏王朝的实际建立者。训：训诫。近：亲近。下：卑微，卑下，引申为疏远。

⑨民惟邦本，本固邦宁：蔡沈有言，"且民者国之本，本固而后国安"。

⑩予：大禹自称。一：都，全部。

⑪三失：三是一个虚指，代表多的意思。明：彰显。见：显现。图：意图。

⑫临：面临。懔：畏惧，害怕，恐惧。朽索：腐烂的绳索。驭：驾驭，指挥。

⑬敬：谨慎，小心。

⑭色荒：沉迷于女色。色：指女色。荒：迷惑、诱惑。

⑮禽荒：指沉溺于游猎。

⑯甘酒嗜音：意为爱好音乐和美酒，不知道满足，毫无节制。甘、嗜，均为爱好、嗜好之意。

⑰峻：高，大。宇：栋宇。雕：修饰，绘饰。

⑱未或：没有不。或：有。

⑲惟：发语词，没有意义。

⑳冀方：即古代冀州。

㉑道：天道，大道。

㉒灭亡：这里指夏桀时夏朝的灭亡。不过，史学家对此观点有异议，认为在此应指"太康失国"一事。

㉓我祖：指大禹。万邦：泛指天下诸侯国。

㉔典：章法，法典。则：法则。贻：遗留。

㉕关石和钧，王府则有：指关征和赋税计算平均，王府则实有，引申为让关门通畅，民众平和。

㉖荒：荒废。坠：坠落。绪：前人的功绩。覆：覆灭。

㉗曷归：归向何方的意思。曷：何。

㉘万姓：此处泛指天下百姓。仇：怨。畴：谁。

㉙郁陶：忧愁，哀思，悲苦。

㉚颜厚：羞愧之色。忸怩：内疚之心。

㉛追：补救，营救。

马瑞光曰

"太康尸位，以逸豫灭厥德，黎民咸贰，乃盘游无度，畋于有洛之表，十旬弗反"，太康作为天子，不理政务，贪图享乐，丧失品德，老百姓当然纷纷背叛他，但他仍是沉迷于游乐之中，没有节度，在洛水之南打猎一百天没有返回，玩得很嗨，没有时间管国家，当然也更不会关心百姓。如此，靠明君治国，难免会发生此类事件，但是这种情况下，一般会群起而推翻之。相传太康的五个弟弟分别从五个方面指出太康的问题，并且形成了歌曲传唱，实际上是从五个方面告诫君王应该注意什么，应该如何行事。

第一，"民惟邦本，本固邦宁"。百姓是一个国家的根本，百姓稳了，国家也就会安宁，所以一定要敬畏百姓。"懔乎若朽索之驭六马"，统御百姓就像用一条腐朽的绳子去驾驭六匹马时那样小心翼翼，只有这样恭敬对待百姓，才能为君。

第二，"训有之，内作色荒，外作禽荒"。要节欲、节省，对内沉迷声色，对外沉迷游猎，追求美酒和舞乐，国家必然灭亡。

第三，"今失厥道，乱其纪纲，乃厎灭亡"。要遵循尧留下的治国之道，否则国也会灭亡。

第四，"关石和钧，王府则有"。遵守先祖大禹留下的典章、法度，关征与赋税计算平均，王府财实有，民众平和。

第五，"弗慎厥德，虽悔可追"。不保有大禹的品德，即使后悔也无济于事了。

商书

十五章 汤誓

原文

王曰:"格尔众庶①,悉听朕言。非台小子②敢行称乱③。有夏多罪,天命殛之④。今尔有众,汝曰:'我后不恤我众,舍我穑事⑤,而割正夏⑥?'予惟闻汝众言,夏氏有罪。予畏上帝,不敢不正。今汝其曰:'夏罪其如台⑦?'夏王率遏众力⑧,率割夏邑⑨。有众率怠弗协⑩,曰:'时日曷丧⑪?予及汝皆亡!'夏德若兹,今朕必往。

"尔尚辅予一人,致天之罚,予其大赉汝⑫。尔无不信,朕不食言⑬。尔不从誓言,予则孥戮汝,罔有攸赦⑭。"

注释

① 王:指商汤。格:来。众庶:众人,大家。

② 台(yí):我。小子:对自己的谦称。

③ 称:举,发动。

④ 殛:诛杀。

⑤ 穑(sè)事:农事。

⑥ 割:通"害"。正:与"征"通,代指征伐一类的事情。

⑦ 如台:如何。

⑧ 遏:竭,尽力,竭力。

⑨ 割:剥削。

⑩ 有众:臣民。率:大多。怠:怠工。协:和。

⑪ 时:这个。日:这里指夏桀。曷:什么时候。

⑫ 赉:赏赐。

27

⑬食言：指不讲信用。食：吞没。

⑭罔：无。攸：所。

马瑞光曰

这又是一篇誓师之作，鼓舞大家推翻夏王，建立商朝。基本的套路就是奉天之命，赏罚分明，这基本上形成了标准。发生分歧，先抢占道德制高点，获取心理优势，很多时候成了人们常用的方法。实际上解决问题要依赖逻辑，使用弱者思维，当然也有一定效果，能获取一定的人气。

"有夏多罪，天命殛之"，夏王犯了许多罪行，上天让我们去诛杀他。说明自己是奉天命而为。"我后不恤我众，舍我穑事，而割正夏？"好像缺乏些信心，担心人们会认为我王不体恤百姓，舍弃了我们的庄稼，怎么可能去纠正别人呢？

"'时日曷丧？予及汝皆亡！'夏德若兹，今朕必往。"只要夏王能死去，大家宁愿和他一起死。可想而知夏王在百姓心目中的形象太差劲了。所以商汤认为自己一定要去讨伐他，拯救万民于水火之中。

最后开出一套老药方，说自己赏罚分明："尔无不信，朕不食言。尔不从誓言，予则孥戮汝，罔有攸赦"，只要辅佐我奉天命伐夏，就会大大赏赐大家，如果不相信，不服从，我会让你们去做奴隶，绝不宽恕。

十六章 仲虺之诰

原文

"夏王有罪，矫①诬上天，以布命于下。帝用不臧②，式③商受命，用爽④厥师。简⑤贤附⑥势，实繁⑦有徒⑧。肇⑨我邦于有夏，若苗之有莠⑩，若粟之有秕⑪。小大战战⑫，罔不惧于非辜。矧⑬予之德⑭，言足听闻。惟王不迩⑮声色，不殖⑯货利。德懋⑰懋官，功懋懋赏。用人惟己，改过不吝⑱。克⑲宽克仁，彰⑳信兆民。乃葛㉑伯仇㉒饷㉓，初征自葛，东征西夷㉔怨，南征北狄㉕怨，曰：'奚㉖独后予？'攸㉗徂㉘之民，室家相庆，曰：'徯㉙予后，后来其苏㉚。'民之戴商，厥惟旧㉛哉！"

注释

① 矫：假托、诈称之意。

② 臧：善，这里引申为喜欢。

③ 式：通"试"，为使用之意。

④ 爽：为明白、明智之意。

⑤ 简：略，为怠慢、倨傲之意。

⑥ 附：为依傍、依附之意。

⑦ 繁：为众多之意。

⑧ 徒：为徒党，同一类或同一派别的人之意。

⑨ 肇：为开始、最初之意。

⑩ 莠：为野草之意。

⑪ 秕（bǐ）：为中空或不饱满的谷粒之意。

⑫ 战：为恐惧害怕之意。

⑬ 矧：为况且之意。

⑭ 德：为品德、品行之意。

⑮ 迩：为"近"之意。

⑯ 殖：为经营，从事买卖活动之意。

⑰ 懋：勉也，为勉励之意。

⑱ 吝（lìn）：为悔恨、遗憾之意。

⑲ 克：这里用为"能"之意。

⑳ 彰（zhāng）：为显明、显著之意。

㉑ 葛：古国名，夏末商初时的一个国家。葛伯：乃葛国国君。

㉒ 仇（chóu）：为仇恨之意。

㉓ 饷（xiǎng）：招待、供给或提供吃喝的东西。

㉔ 夷：即我国古代对东部各民族的统称。

29

㉕ 狄（dí）：本义是指中国古代民族名，分赤狄、白狄、长狄诸部各有支系。因其主要居住在北方，通称为北狄。狄或北狄曾是古代中国中原人对北方各民族的泛称。

㉖ 奚（xī）：这里用为代词，相当于"胡""何"，表示何、为什么之意。

㉗ 攸（yōu）：这里用为助词，放在动词之前，构成名词性词组，相当于"所"之意。

㉘ 徂：前往。

㉙ 徯：等待之意。

㉚ 苏：为更生之意。

㉛ 旧：通"久"。这里用为长久之意。

马瑞光曰

这是商汤在灭掉夏桀之后写的一篇诰文，昭告天下商代夏的必然性，所以更多讲的是夏桀的暴君本色与罪孽，以及商汤是如何受到人们的爱戴。商汤认为自己灭夏是奉天命而为，符合天意，顺应规律。

"夏王有罪，矫诬上天，以布命于下"，夏王有罪，假借上天旨意，欺瞒人民，基本上把夏王否定了。

接下来就是讲受命于天的商是如何优秀了，进行了总结，商代夏自然是天意了。"惟王不迩声色，不殖货利。德懋懋官，功懋懋赏。用人惟己，改过不吝。克宽克仁，彰信兆民"，只要你不近女色，不贪财，德行高的授予高官，功劳大的给予赏赐，采纳别人意见，就像自己的意见一样，宽大仁慈，取信于亿万百姓，如此自然会商代夏朝，百姓会欢迎你的到来。再一次说明仁德才是君王的根本。

十七章 汤诰

原文

王归自克夏，至于亳①，诞②告万方。

王曰："嗟！尔万方有众，明听予一人③诰。惟皇④上帝，降衷⑤于下民。若有恒性⑥，克绥厥猷惟后⑦。夏王灭德作威，以敷⑧虐于尔万方百姓。尔万方百姓，罹⑨其凶害，弗忍荼毒⑩，并告无辜于上下神祇⑪。天道福善祸淫，降灾于夏，以彰厥罪。肆台小子⑫，将天命明威，不敢赦。敢用玄牡⑬，敢昭告于上天神后，请罪有夏。聿求元圣⑭，与之戮力，以与尔有众请命。上天孚佑⑮下民，罪人黜伏⑯，天命弗僭⑰，贲若⑱草木，兆民允殖⑲。俾予一人辑宁⑳尔邦家，兹朕未知获戾于上下㉑，栗栗㉒危惧，若将陨于深渊。凡我造邦，无从匪彝㉓，无即慆淫㉔，各守尔典，以承天休㉕。尔有善，朕弗敢蔽；罪当朕躬，弗敢自赦，惟简㉖在上帝之心。其尔万方有罪，在予一人；予一人有罪，无以尔万方。呜呼！尚克时忱㉗，乃亦有终。"

注释

①亳：成汤的国都。

②诞：《集传》："诞，大也。"

③予一人：秦以前之古代帝王自称。

④皇：伟大。

⑤衷：指美德。

⑥恒性：谓长久地保持美德。承上文"衷"而言。

⑦克：能够。绥：安。猷：教导，教育。后：帝王，天子。

⑧敷：施行。

⑨罹：遭受。

⑩荼毒：残害。

⑪神祇：天神与地神。祇，地神。

⑫肆：故，因此。台：人称代词，我。

⑬敢：谦词，犹言冒昧。玄牡：黑色公牛，谓以此为祭品。夏尚黑，殷商尚白，说明商初建，未变夏礼。

⑭聿（yù）：助词，用于句首或句中。元圣：大圣人，指伊尹。

⑮孚：信，相信。佑：帮助。

⑯罪人：指夏桀。黜伏：流放，斥退。

⑰僭（jiàn）：差错。

31

⑱ 贲（bì）：文饰，装饰。

⑲ 允殖：生息繁衍。

⑳ 俾（bǐ）：使。辑宁：治理使之安定。

㉑ 获戾：获罪，得罪。戾，罪。上下：指天地神灵。

㉒ 栗栗：颤抖，形容恐惧。栗，通"慄"。

㉓ 匪：同"非"。彝：法规，法度。

㉔ 无：通"毋"，不要。即：接近。慆淫：怠惰纵乐。

㉕ 天休：谓上天的福佑。休，美，指福佑。

㉖ 简：检验核实。

㉗ 时：通"是"，此。忱：诚心诚意。

马瑞光曰

汤王在战胜夏王之后，在亳州写了这篇《诰》，诰谕百姓，也算是统一大家的思想吧。

"惟皇上帝，降衷于下民。若有恒性，克绥厥猷惟后"，上天将美德降下，如果要让美德长久保持在人民当中，只有天子建立起教育制度。古代帝王喜欢讲道理，喜欢教育百姓，似乎从此就开始了。

"夏王灭德作威，以敷虐于尔万方百姓。尔万方百姓，罹其凶害，弗忍荼毒，并告无辜于上下神祇"，夏王作威作福，荼毒百姓，大家开始向上天祈求让他灭亡，因此夏灭也自然就是人民的意愿，上天的旨意了。天意无外乎是民愿而已，于是上天遵循天道，"天道福善祸淫，降灾于夏，以彰厥罪"。天道就是善有善报，恶有恶报，降灾祸于夏王，暴露夏王罪行，于是汤王顺天意，应民心征讨之，并打败之。这个套路好像在封建王朝里延续了几千年。

汤本人也战战兢兢，怕自己不能胜任，谨慎认真，无比敬畏，才有了"尔有善，朕弗敢蔽；罪当朕躬，弗敢自赦，惟简在上帝之心"，你们有善，我不敢隐藏，我有错误，不敢饶恕，因为上天看得清楚，记得明白。敬畏上天，依天而行，天下大同，而天意实为民愿。

十八章 伊训

原文

惟元祀十有二月乙丑①，伊尹祠②于先王。奉嗣王祗见厥祖③，侯甸群后咸④在，百官总己以听冢宰⑤。伊尹乃明言烈祖⑥之成德，以训于王。

曰："呜呼！古有夏先后，方懋厥⑦德，罔有⑧天灾。山川鬼神，亦莫不宁，暨鸟兽鱼鳖咸若⑨。于其子孙弗率⑩，皇天降灾，假⑪手于我有命。造攻自鸣条⑫，朕哉自亳⑬。惟我商王，布昭⑭圣武，代虐以宽，兆民允怀⑮。今王嗣厥德，罔不在初⑯，立爱惟亲，立敬惟长，始于家邦，终于四海⑰。呜呼！先王肇修人纪⑱，从谏弗咈⑲，先民时若⑳。居上克明，为下克忠，与人不求备，检身若不及，以至于有万邦。兹惟艰哉！敷求哲人㉑，俾㉒辅于尔后嗣。制官刑㉓，儆于有位㉔。曰：'敢有恒㉕舞于宫，酣歌㉖于室，时谓巫风㉗；敢有殉于货色㉘，恒于游畋㉙，时谓淫风㉚；敢有侮㉛圣言，逆忠直，远耆德㉜，比顽童㉝，时谓乱风㉞。惟兹三风十愆㉟，卿士有一于身，家必丧；邦君有一于身，国必亡。臣下不匡㊱，其刑墨㊲，具训于蒙士㊳。'呜呼！嗣王祗㊴厥身，念哉！圣谟洋洋㊵，嘉言孔彰㊶。惟上帝不常，作善降之百祥，作不善降之百殃㊷。尔惟德罔小，万邦惟庆；尔惟不德罔大，坠厥宗㊸。"

注释

①元祀：古代帝王即位之年称元年，此时举行的大祀称元祀。十有二月乙丑：《集传》曰："商以建丑为正，故以十二月为正也。乙丑，日也。"

②祠：祭祠，指在祖庙前举行祭奠。

③嗣王：指太甲。祗：恭敬。厥：其，指太甲。祖：主要指先祖成汤的神位。

④侯甸群后：泛指远近诸侯部落首领。咸：都。

⑤冢宰：百官之长，指伊尹。

⑥烈祖：指成汤。

⑦懋：勉力，努力。

⑧罔有：没有。

⑨ 暨：及。若：如此，这样。

⑩ 率：遵循，仿效。

⑪ 假：借。

⑫ 鸣条：地名，在今山西运城境内。

⑬ 朕：先秦以前古人自称之词，此处当谓我们。哉：开始。亳：地名。

⑭ 布：遍布。昭：昭示。

⑮ 允：相信。怀：怀念，引申为感戴。

⑯ 初：开始。此句有告诫太甲要慎始慎终之意。

⑰ "立爱惟亲"四句：《孔传》："言立爱敬之道始于亲长，则家国并化，终至四海。"

⑱ 肇（zhào）：创始，创立。人纪：人伦纲纪，指人们应当遵守的道德与规则。《孔传》："言汤始修为人纲纪。"

⑲ 咈（fú）：违背。

⑳ 时：通"是"，此，这。若：顺从。

㉑ 敷：通"溥"，普遍。哲人：才德识见卓越的人。

㉒ 俾：使。

㉓ 官刑：约束官吏的刑法。

㉔ 儆：警告，警示。有位：指在位的官吏。

㉕ 恒：时常。

㉖ 酣歌：沉迷于饮酒歌乐。

㉗ 巫风：孔颖达疏："废弃德义专为歌舞，似巫者事鬼神然，言其无政也。"

㉘ 殉：谋求。货：财物。色：女色。

㉙ 游畋：游猎。

㉚ 淫风：过度逸乐的风气。

㉛ 侮：轻视。

㉜ 耆（qí）德：年老有德行的人。

㉝ 比：亲近，勾结。顽童：愚顽不懂仁德的小人。

㉞ 乱风：违背德义的风气。

㉟ 三风：指上述巫风、淫风、乱风。十愆：上述巫风、淫风各二，乱风四，相加共十

条过错，因此称为十愆。愆，过失。

㊱匡：纠正。

㊲墨：古代五种刑罚之一，在脸上刺字，然后染以墨色。

㊳具：都。蒙士：知识浅薄的下士。

㊴祗：恭谨。

㊵洋洋：广大的样子。

㊶嘉言：美好的言论。孔：表程度，非常的意思。彰：清楚明白。

㊷殃：灾祸，灾难。

㊸坠：失去。宗：宗庙，代指国家。

马瑞光曰

这是太甲即位时，伊尹作为老臣对于太甲的劝诫之词，基本上就是如何做一个好皇帝，学习老祖宗成汤，唾弃夏时的暴君、昏君。遵循古制似乎成为一种惯例。"伊尹乃明言烈祖之成德，以训于王"，当着文武百官及各诸侯的面，在太甲即位的祭祀大典上，伊尹告诫太甲要秉承成汤的大统大德。

接下来开始描述夏失德虐民，所以上天降罪。"惟我商王，布昭圣武，代虐以宽，兆民允怀"，只有我们商王成汤，英明神武，用宽仁代替了残暴，百姓都信任他，如此，大业方成。这是在告诫新王，要代虐以宽。

具体该如何做呢？伊尹继续告诫："立爱惟亲，立敬惟长，始于家邦，终于四海"，建立仁爱要从亲人开始，由近及远，建立对长辈的尊敬，也要从亲人开始，再影响到整个国家乃至四海。爱自己的亲人，才会爱万众人民，似乎也是这么个理。再者，要"居上克明，为下克忠，与人不求备，检身若不及，以至于有万邦"，身居高位要了解下面的情况，做臣子就要忠心，对别人不求全责备，对自己严以律己，这样才能管理天下诸侯。按照这些要求，君主差不多要达到圣人的层次，否则难堪大任。最后严禁三风——巫风、淫风、乱风，否则国必亡。

最后警告道："惟上帝不常，作善降之百祥，作不善降之百殃"，上天无常，非固定不变，善有善报，恶有恶报，人在做，天在看，行善积德才是正道。

十九章 盘庚（一）

原文

王若曰："格汝众，予告汝训汝，猷黜乃心②，无傲从康③。古我先王，亦惟图任旧人共政④。王播告之修⑤，不匿厥指⑥，王用丕钦⑦。罔有逸⑧言，民用丕变⑨。今汝聒聒⑩，起信险肤⑪，予弗知乃所讼⑫。

"非予自荒⑬兹德，惟汝含德⑭，不惕⑮予一人。予若观火⑯，予亦拙谋作，乃逸⑰。若网在纲⑱，有条而不紊⑲；若农服田力穑⑳，乃亦有秋㉑。汝克黜乃心㉒，施实德㉓于民，至于婚㉔友，丕乃敢大言㉕，汝有积德。乃不畏戎毒于远迩㉖，惰农自安，不昏㉗作劳，不服田亩，越其㉘罔有黍稷。

"汝不和吉言㉙于百姓，惟汝自生毒㉚。乃败祸奸宄㉛，以自灾于厥身。乃既先恶于民㉜，乃奉其恫㉝，汝悔身何及！相时憸㉞民，犹胥顾于箴言，其发有逸口㉟，矧予制乃短长之命㊱？汝曷弗告朕而胥动以浮言，恐沉㊲于众？若火之燎于原，不可向迩，其犹可扑灭？则惟汝众自作弗靖㊳，非予有咎。"

注释

①盘庚：汤的第十世孙，商朝的第二十位君主。他为避免水患，复兴殷商，率领臣民把国都从奄（今山东曲阜）迁往殷（今河南安阳）。此举遇到了来自各方面的反对，盘庚极力申说迁都的好处，前后三次告谕臣民，终于完成了迁都。

②格：至，来。汝众：你们大家。猷：同"由"，为了。黜：除去。心：指私心。

③傲：傲气，傲慢。从：纵，放纵。康：安逸。

④惟：想，思。图：考虑，谋划。任：任用。旧人：指世代做官的人。共政：共同管理政事。

⑤王：指先王。播：公布命令。修：施行。

⑥匿：隐瞒。指：通"旨"，意旨。

⑦用：因此。丕：大。钦：敬重。

⑧逸：过失，错误。

⑨民用丕变：意思是说因为大臣们顺从王的旨意行事，人们也就起了很大的变化，变得对君王颇为顺从。

⑩聒聒：大喊大叫，引申为拒绝别人的好意而自以为是。

⑪起：编造出来的话。信：通"伸"，申说。险：邪恶的言语。肤：浮夸的言语。

⑫讼：争辩。

⑬荒：废弃。

⑭含：怀着，藏着。德：好心，好意，此处指政令。

⑮惕：通"施"，给予。

⑯观火：爟火，指热火，比喻威严。观，通"爟（guàn）"。

⑰乃：你们。逸：放纵，纵容。

⑱若网在纲：以纲比君主，以网比臣民，若网在纲，比喻臣民要听从君主的话。纲，网的总绳。

⑲有条而不紊：这句话的意思是，如果可以这样，那么政务就会有条理而不混乱了。紊，乱。

⑳若：比如。农：此处泛指农业生产。服田：在田间劳作。服：服从，治理。力穑：努力收获庄稼。

㉑乃：副词。杨树达说："于是也，然后也，始也，今语言'这才'。"有秋：到秋天才会有好的收获。

㉒黜乃心：去掉你们的私心。

㉓实德：实惠的德行。

㉔婚：指有姻亲关系的亲戚。

㉕丕乃：岂不。大言：大话，大言不惭。

㉖乃：如果。戎：大。毒：毒害。远迩：远近，省略掉中心词，指远近的臣民。

㉗惰：懒惰。安：心安理得。昏：努力。

㉘越其：于是就。

㉙和：宣布。吉言：好话，指迁都时的话。

㉚惟：是。自生毒：自己种下的祸根。

㉛败祸奸宄（guǐ）：恶迹败露而遭祸害。败，败露。奸宄，做坏事，通常在外为奸，在内为宄。

㉜先恶于民：引导百姓作恶。先，引导。

㉝奉：承受。恫：痛苦。

㉞相：看。时：通"是"，这。憸（xiān）：小。

㉟犹：还，尚且。胥：相。顾：看。箴言：规诫的话。发：说出。逸口：从口中说出错话。

㊱矧（shěn）：况且。制：操纵，掌握。短长之命：指生死之命。

㊲恐：恐吓。沉：煽动。

㊳靖：善。

马瑞光曰

盘庚规劝他的臣子们，要循德为人，不可贪图享受，贪污腐败，傲慢无礼，否则自己可能行生杀大权。类似的情景好像在封建王朝中屡见不鲜，看来臣下们保持谦和是一件很困难的事，需要帝王时时告诫。

"猷黜乃心，无傲从康"，去除你们的私心，不要傲慢，追求享乐。盘庚也知道人们都是有私心的，去掉私心需要修炼，它不是一件简单的事情，教育是必不可少的，也成为我们解决此类问题的手段之一。

"今汝聒聒，起信险肤，予弗知乃所讼"，现在你们大吵大闹，编造一些言论来蛊惑人心，我不知道你们想干什么。当然是蒙蔽君王，希望自己获得利益，这实际上是很好理解的。盘庚发现了这个问题，所以开始告诫大家。好像这是领导们的习惯，以我们的经验，效果会有，但未必多好。

"汝不和吉言于百姓，惟汝自生毒。乃败祸奸宄，以自灾于厥身"，你们不将我的善言善语传递给百姓，这是咎由自取，你们所做的事情败露，最终受伤害的是你们自己。

如此告诫，甚至是恐吓了，有用吗？或许盘庚只是形成了习惯，手握生杀大权，对于不听话的臣民习惯了连哄带吓。

二十章 盘庚（二）

原文

"呜呼！今予告汝不易①，永敬大恤，无胥绝远②！汝分猷③念以相从，各设中④于乃心。乃有不吉不迪⑤，颠越⑥不恭，暂遇⑦奸宄，我乃劓殄⑧灭之，无遗育⑨，无俾易种⑩于兹新邑。

"往哉，生生！今予将试以汝迁，永建乃家。"

注释

①易：轻易。

②胥：相互。绝远：疏远。

③分：比，亲近。猷：谋划。

④中：衷，和。

⑤迪：道路，正路。

⑥颠：狂。越：越轨。

⑦暂：通"渐"，欺诈。遇：通"愚"，奸邪。

⑧劓（yì）：割鼻。殄：灭绝。

⑨育：胄，指后代。

⑩俾：使。易：延续。种：后代。

马瑞光曰

这是盘庚对人民讲的内容，体现出鲜明的等级制度，盘庚和人民基本上是统治者与被统治者的关系。君王们上承天意，下恤人民，而民意又是天意，只是人民有时候糊涂怎么办？所以君王们喜欢代民做主，实际上最后都是为了自己，甚至是家天下，人民也就不关心国家了，更不管什么人当皇帝。

"汝分猷念以相从，各设中于乃心"，你们应当按我意见行事，把"中"放在心中，也就是所谓的正道在心中。这是命令，也是建议，但也像领导讲话，不可更改。一些企业也学这种做法对待员工，但是忘记了现代社会里企业中人人平等，互相之间是一种契约关系，不可能像后文君王对臣民一样警告无效后生杀予夺。

"乃有不吉不迪，颠越不恭，暂遇奸宄，我乃劓殄灭之，无遗育，无俾易种于兹新邑"，如果有人不善，欺诈违法，为非作歹干坏事，不但要杀掉他本人，还要把其后代子孙除掉，不让这类人在新都继续泛滥。个人要服从大局，服从礼制，问题的关键是礼制是天意还是民意，实际上还是君意？

二十一章 盘庚（三）

原文

盘庚既迁，奠①厥攸居，乃正厥位，绥爰②有众，曰："无戏怠③，懋建大命④！今予其敷心腹肾肠⑤，历告⑥尔百姓于朕志。罔罪尔众，尔无共怒，协比⑦逸言予一人。

"古我先王，将多于前功⑧，适于山⑨，用降⑩我凶，德⑪嘉绩于朕邦。今我民用荡析⑫离居，罔有定极⑬。尔谓朕曷震动万民以迁，肆上帝将复我高祖⑭之德，乱越⑮我家。朕及笃敬⑯，恭承民命，用永地于新邑。肆予冲人⑰，非废厥谋，吊由灵各⑱。非敢违卜，用宏兹贲⑲。

"呜呼！邦伯、师长、百执事⑳之人，尚皆隐㉑哉。予其懋简相㉒尔，念敬我众。朕不肩好货㉓，敢恭生生㉔。鞠人谋人之保㉕居，叙钦㉖。今我既羞告尔于朕志若否㉗，罔有弗钦！无总㉘于货宝，生生自庸㉙。式敷民德㉚，永肩㉛一心。"

注释

① 奠：定，安定。

② 乃：就，于是。正：辨正。绥：告诉。爰：于。

③ 戏：游戏。怠：懒惰。

④ 懋：勉力，努力。大命：指重新建家园。

⑤ 敷：布，开诚布公。心腹肾肠：指心里话。

⑥ 历告：尽情相告。

⑦ 协比：串通，协同一致。

⑧多：通"侈"，大。前功：前人的功劳。

⑨适于山：迁往山地。适，往，迁往。

⑩用：因此。降：减少。

⑪德：升。

⑫荡析：离散。

⑬极：止，至。

⑭肆：今，现在。高祖：指成汤。

⑮乱：治，治理。越：于。

⑯及：与"汲"的意义相似，意为急迫。笃敬：指恭敬地对待天命。笃，厚。

⑰肆：故，因此。冲人：年幼的人。

⑱吊：善，指迁都善事。灵各：灵格，专门负责占卜的人，据说可传达上天的命令。

⑲宏：弘扬。贲：大宝龟，用于占卜。

⑳邦伯：邦国之长，指诸侯。师长：公卿大臣。百执事：负责具体事务的众位官员。

㉑尚：希望。隐：考虑。

㉒简相：视察，考察。

㉓肩：任用。好货：指喜好财货的官员。

㉔恭：举用。生生：营生。

㉕鞠：抚养。保：安。

㉖叙：次序。钦：敬重。

㉗羞：提供。若：赞成。否：反对。

㉘总：聚敛。

㉙庸：功劳。

㉚式：用。敷：施。德：恩德。

㉛肩：克，能够。

马瑞光曰

　　这是盘庚在迁都以后对大家的训话，基本大意就是让大家"保民"，为人民幸福着想，要为人民好。这本身是非常正面的，但问题是什么叫"好"？是大家认为"好"才是"好"，还是盘庚认为"好"或者是群臣认为"好"才是"好"？显然，这里并无具体标准，一些时候百姓认为的"好"长远看并不是真的好，实际上是明天的"坏"。多数百姓会先考虑当下，而皇帝可能看得更远，群臣则可能介于二者之间。当然，从较长一段时间来看，"好""坏"很好区分，但是长远看"好"的一些措施在当下实际是执行不了的，它只能是一个方向。

"无戏怠，懋建大命！今予其敷心腹肾肠，历告尔百姓于朕志"，不可以懈怠，不可以玩乐，要完成重建家园，这是我的心里话。这是一种领导常用的方式，我真心真意，大家也要真心真意。"罔罪尔众，尔无共怒，协比谗言予一人"，我不会惩罚你们，你们也不要不满，一起诽谤我。领导当面批评下属，下属背地里腹诽上级，似乎由来已久。

"肆予冲人，非废厥谋，吊由灵各。非敢违卜，用宏兹贲"，年轻的我并不是不听大家的意见（看来迁都反对者众），而是这是天命的意思，我不敢违背卜兆的意思。搬出天意似乎是当皇帝常用的手法，这叫名正言顺。

"无总于货宝，生生自庸。式敷民德，永肩一心"，不要贪图财物，努力让人民幸福，广施德政，同心同德，实现美好。

二十二章 太甲（一）

原文

惟嗣王不惠于阿衡①，伊尹作书曰："先王顾諟②天之明命，以承上下神祇，社稷宗庙，罔不祇肃。天监厥德，用集大命，抚绥③万方。惟尹躬克，左右厥辟④，宅师⑤，肆嗣王丕承基绪⑥。惟尹躬先见于西邑夏⑦，自周⑧有终，相亦惟终；其后嗣王⑨罔克有终，相亦罔终。嗣王⑩戒哉！祇尔厥辟，辟不辟，忝⑪厥祖。"

王惟庸罔⑫念闻。伊尹乃言曰："先王昧爽丕显⑬，坐以待旦⑭。旁求俊彦⑮，启迪⑯后人。无越厥命以自覆。慎乃俭德，惟怀永图⑰。若虞机⑱张，往省括于度则释⑲。钦厥止⑳，率乃祖攸㉑行。惟朕以怿㉒，万世有辞㉓。"

王未克㉔变。伊尹曰："兹乃不义，习与性㉕成。予弗狎于弗顺㉖，营于桐宫㉗，密迩㉘先王其训，无俾世㉙迷。"王徂㉚桐宫居忧，克终允德。

注释

① 惟：思，考虑。惠：顺，顺从。阿衡：指伊尹。伊尹功勋卓著，尊称为"阿衡"。一说，商官名或谓伊尹之号。

② 顾：瞻望，注视。諟（shì）：同"是"，此。

③ 抚绥：安定。

④ 惟：发语词，用于句首。尹：伊尹自指。躬：自身，亲自。左右：相帮，相助。厥：其。辟：君主，此指成汤。

⑤ 宅：安定。师：众，指百姓。

⑥ 肆：故，因此。丕：大。基绪：犹言基业，指国家政权。

⑦ 西邑夏：指夏王朝。

⑧ 周：忠信。

⑨ 后嗣王：指如桀一类的夏王。

⑩ 嗣王：此指太甲。

⑪ 忝：辱，有愧于。

⑫ 庸：平常。罔：不。

⑬ 昧爽：天快亮的时候。丕显：大明，谓大明其德。

⑭ 旦：早晨。

⑮ 旁求：广泛地访求。俊彦：才智过人之人。

⑯ 启迪：开导，启发。

⑰ 永图：深谋远虑。

⑱ 若：如同。虞：虞人，古时掌管山泽苑囿之官。机：指发射箭弩的机关。

⑲ 省（xǐng）：察看，检查。释：放。

⑳ 钦：严肃恭谨。止：仪态举止。

㉑ 率：循，遵循。攸：所。

㉒ 以：因。怿（yì）：喜悦。

㉓辞：谓赞美之词。

㉔未克：不能。

㉕习：习惯。性：性情，品性。

㉖弗：不。狎：亲近。弗顺：谓不遵顺义理。

㉗桐宫：离宫，地处商汤墓地的旁边，在今河南偃师附近。

㉘密迩：亲近，谓亲近成汤之墓。

㉙无：不。俾：使。世：一世，一辈子。

㉚徂（cú）：往。

马瑞光曰

这是伊尹对帝王太甲的一段"训"，即是一段劝诫，希望太甲能够做一个好皇帝，有如此直谏，王朝定然兴旺，皇帝定然是好皇帝，人民的幸福就有希望了。如此，也就由帝王上承天意，下合民心，把一个国家老百姓的生计寄托在了一个人身上，这也形成了封建社会百姓的习惯思维模式。可惜的是，令百姓失望的时候挺多的。

"先王顾諟天之明命，以承上下神祇，社稷宗庙，罔不祇肃"，先王奉上天旨意，敬奉天地神灵，对社稷宗庙无不严肃恭敬，认认真真，所以上天看到了这种品格，才将大任降于先王，让他安定四方。这是讲给太甲听的，意思是他也应该如此行事。

同时，伊尹讲自己的经历，亲眼所见："自周有终，相亦惟终；其后嗣王罔克有终，相亦罔终"，如果君王忠信会有善终，大臣们也会一样，如果后继的王不能够忠信，君王就不能善终，大臣们也是一样的。

"慎乃俭德，惟怀永图"，要保持谨慎节俭的品德，要深谋远虑，看得远久，如此后代也会赞美你。基本上都是用未来的事来激励，希望君王现在要如何如何。

如果这样劝诫不起作用，就把老祖宗搬出来。"徂桐宫居忧，克终允德"，前往墓地，穿上丧服，在先祖坟前反省，听信德教，定能迷途知返。这种做法一直影响到今天，也形成了我们文化中的一部分。

二十三章 太甲（二）

原文

惟三祀十有二月朔^①，伊尹以冕服奉^②嗣王归于亳。

作书曰："民非后^③，罔克胥匡^④以生；后非民，罔以辟^⑤四方。皇天眷佑^⑥有商，俾嗣王克终厥德，实万世无疆之休^⑦。"

王拜手稽首曰："予小子不明于德，自厎不类^⑧。欲败度，纵败礼，以速戾于厥躬^⑨。天作孽，犹可违；自作孽，不可逭^⑩。既往背师保^⑪之训，弗克于厥初^⑫，尚赖^⑬匡救之德，图惟厥终。"

伊尹拜手稽首曰："修厥身，允德协^⑭于下，惟明后^⑮。先王子惠^⑯困穷，民服厥命，罔有不悦。并其有邦厥邻，乃曰：'徯^⑰我后，后来无罚^⑱。'王懋^⑲乃德，视乃厥祖，无时豫怠^⑳。奉先思孝，接下^㉑思恭。视远惟明，听德惟聪。朕承王之休无斁^㉒。"

注释

① 三祀：殷商称年为祀，三祀，指太甲继位的第三年。朔：阴历每月初一。

② 冕服：天子所穿戴的礼帽、礼服。奉：进献。

③ 后：指君主。

④ 罔克：不能。胥：相，互相。匡：帮助，扶持。

⑤ 辟：治理。

⑥ 眷佑：爱护帮助。

⑦ 休：美，美事。

⑧ 厎：止，到。不类：不善。

⑨ 戾：罪。躬：自身。

⑩ 逭（huàn）：逃避。

⑪ 师保：古时负责教导贵族子弟的官职，有"师"，有"保"，统称"师保"。此处指伊尹。

⑫弗克：不能。初：谓继位之初。

⑬尚：还，犹。赖：依。

⑭允德：诚心诚意的实德。协：和谐。

⑮明后：英明的君主。

⑯子惠：蔡沈《书集传》："困穷之民，若已子而惠爱之。惠之若子，则心之爱者诚矣。未有诚而不动者也，故民服其命。"

⑰徯：等待。

⑱后：君主，此指成汤。罚：谓夏桀时刑罚之痛。

⑲懋：勉力，努力。

⑳豫怠：安逸怠惰。

㉑接下：谓对待臣下。

㉒休：美善，福禄。斁（yì）：厌弃。

马瑞光曰

太甲经过三年的反省反思，终于要"出关"了。伊尹还政于太甲，这段故事中既有明君，又有忠臣，成了大家津津乐道的一件事，并希望能够复制下去。只是这种故事历史上终究寥寥，或许这也是人们特别期待的原因。得知甚难才更显珍贵，真正成为常态了，不知人们是否会习惯。

"民非后，罔克胥匡以生；后非民，罔以辟四方"，人民没有君王就活不下去，君王没有人民也就不能治理天下，成光杆司令了。人们需要英雄，虽然英雄未必会给自己带来幸福，很多时候是英雄一个想象的心灵安放的对象。

"予小子不明于德，自厎不类"，因为不知道什么是品德，所以才会误入歧途。可能是不知，也可能是难为。"天作孽，犹可违；自作孽，不可逭"，这一句流传甚广，上天作孽可以避免，自己作孽是不可饶恕的。

如何做呢？"修厥身，允德协于下，惟明后"，修炼自身，具备美德，与臣下和谐相处，这才是英明的君主。还要干什么呢？基本上就是遵先王之礼，"奉先思孝，接下思恭"，事奉先人，当思孝顺，对待臣子要恭敬。看得远就是明智，能够听从谏言施行美德就是聪明，但把一切根源归结于君王，风险还是极大的。

二十四章 太甲（三）

原文

伊尹申^①诰于王曰："呜呼！惟天无亲，克敬惟亲。民罔常怀，怀于有仁。鬼神无常享，享于克诚。天位^②艰哉！德惟治，否德^③乱。与治同道，罔不兴；与乱同事，罔不亡。终始慎厥与，惟明明后。先王惟时懋敬厥德，克配上帝。今王嗣有令绪^④，尚监^⑤兹哉。若升高，必自下，若陟遐^⑥，必自迩^⑦。无轻民事，惟^⑧艰；无安厥位，惟危。慎终于始。有言逆于汝心，必求诸道；有言逊^⑨于汝志，必求诸非道。呜呼！弗虑胡获？弗为胡成？一人元良^⑩，万邦以贞^⑪。君罔以辩言乱旧政^⑫，臣罔以宠利居成功，邦其永孚于休^⑬。"

注释

① 申：重复，一再。

② 天位：指上天赐予的君主之位。

③ 否德：不行德政。否，通"不"。德，指德政。

④ 令绪：美好的传统。令，美。绪，统系、世系。

⑤ 监：通"鉴"，借鉴。

⑥ 陟：远行，长途跋涉。遐：远。

⑦ 迩：近。

⑧ 惟：思，想到。

⑨ 逊：顺。

⑩ 元良：大善，大贤。谓德行达到最高程度。

⑪ 贞：通"正"，谓君主。

⑫ 旧政：谓先王成汤的理政之法。

⑬ 孚：信。休：美好。

马瑞光曰

继续分享什么样的统治者才是好的统治者,认为基本上要达到圣人的要求,非凡夫俗子可胜任,这本身就是一种让人们很难再给君王提出建议的逻辑。

"惟天无亲,克敬惟亲。民罔常怀,怀于有仁。鬼神无常享,享于克诚",上天对大家是平等的,谁恭敬做事就偏爱谁,百姓也不会偏爱谁,谁推行仁政,谁就受百姓爱戴,鬼神也不是固定地接受哪些人的祭祀,而是享用那些有诚意的人的祭祀,故称之为有诚则灵。

如此多的要求关键是什么呢?最后还是用一个"德"字来解释:"德惟治,丕德乱",行德政就会大治,不推行德政,天下会大乱。基本上给出了当君王的标准,"敬、仁、诚、德"四个字讲完了。

"终始慎厥与,惟明明后",开始和结束都是恭恭敬敬的,怀有敬畏之心,就一定是明君。顺风不狂,逆风不弃,不是平常人。

最后总结道要重视人民:"无轻民事,惟艰;无安厥位,惟危",君王的地位是不稳的,要常怀敬畏心。"慎终于始"算是经典之笔了,像对待开始那样对待终点,基本万事大吉了。

二十五章 说命(一)

原文

王宅忧①,亮阴三祀②。既免丧,其惟弗言③。群臣咸谏④于王曰:"呜呼!知之曰明哲⑤,明哲实作则⑥。天子惟君万邦,百官承式⑦。王言惟作命,不言臣下罔攸禀令⑧。"

王庸⑨作书以诰曰:"以台正⑩于四方,台恐德弗类⑪,兹故弗言。恭默思道,梦帝赉予良弼⑫,其代予言。"乃审厥象⑬,俾以形旁求于天下。说筑傅岩⑭之野,惟肖⑮。爰⑯立作相,王置诸其左右。

命⑰之曰:"朝夕纳诲⑱,以辅台德。若金,用汝作砺⑲;若济巨川⑳,用汝作舟楫;若岁大旱,用汝作霖雨㉑。启乃心,沃㉒朕心。若药弗瞑眩㉓,厥疾弗瘳㉔;

若跣㉕弗视地，厥足用伤。惟暨乃僚，罔不同心，以匡乃辟㉖，俾率㉗先王，迪我高后㉘，以康兆民㉙。呜呼！钦予时命㉚，其惟有终㉛。"

说复㉜于王曰："惟木从绳㉝则正，后㉞从谏则圣。后克㉟圣，臣不命其承㊱，畴敢不祗若王之休命㊲？"

注释

① 宅忧：指居守父丧。宅，居。

② 三祀：三年。

③ 其：指武丁。弗言：不说话。

④ 咸：都。谏：规劝。

⑤ 知之：此处谓通晓国家政务。明哲：圣明睿智。

⑥ 作则：谓制定法规。

⑦ 承式：指按照法规行事。

⑧ 罔攸禀令：无法按照法规行事。

⑨ 庸：于是。

⑩ 台（yí）：我。正：表率。

⑪ 弗类：不似，谓不似先王德行之高。

⑫ 赉：赐予。良弼：贤能的助手。

⑬ 审厥象：《孔传》："审所梦之人，刻其形象。"审，仔细，此处指仔细回忆梦中之人的形象。

⑭ 说（yuè）：人名，即傅说。傅岩：地名，在今山西平陆与河南陕州之间的三门峡附近。

⑮ 肖：相似。

⑯ 爰：于是。

⑰ 命：辞命，文告。

⑱ 诲：教导。

⑲ 砺：磨刀石。

⑳ 济：渡过。巨川：大河。

㉑ 霖雨：连绵的大雨。

㉒ 沃：灌溉，滋润。

㉓瞑眩：形容药性发作时心中难以忍受的感觉。

㉔瘳（chōu）：病愈。

㉕跣（xiǎn）：赤足。

㉖匡：纠正，帮助。乃：你的。辟：君主。

㉗俾：使。率：遵循。

㉘迪：依照。高后：先祖。

㉙康：安，乐，谓安居乐业。兆民：众民。兆，极言其多。

㉚钦：敬。时：通"是"。命：命辞。

㉛有终：谓好的结果。

㉜说：傅说自指。复：回复，回答。

㉝绳：绳墨，木匠用以取直的工具。

㉞后：君主。

㉟克：能。

㊱臣不命其承：《孔传》曰："君能受谏，则臣不待君命，其承而谏之。"

㊲畴：谁。祗：敬。若：顺从。休命：美善的命令。美善可引申为英明。

马瑞光曰

"王言惟作命，不言臣下罔攸禀令"，百官是需要按照君王的命令行事的，如果君王不讲话，百官无所适从，不知道自己应该干什么。似乎没有君王，一切皆休。怪不得君王喜欢儒家，他们把君王放到了如此高的地位，君王自然听了舒服无比。

当然，可喜的是，明君非常谦虚，因为修行不够，不知道该讲什么，所以就干脆闭嘴。实际情况是，越没有德行的君王，越管不住自己的嘴巴，越是有德行的君王，当然知道自己该讲什么，不该讲什么。

"以台正于四方，台恐德弗类，兹故弗言"，因为将我作为百姓的准则，担心德行未到，所以闭嘴不言。遇到这样的君王真是百姓大幸，能讲出这样话的人一定是明君。

君王写下文告，讲自己德行不够，希望有人"启乃心，沃朕心"，开启你的智慧，浇灌我的心田，如此"以康兆民"，使亿万人民安康幸福。如此这般当然是好的君王了。

"惟木从绳则正，后从谏则圣"，木料只有按照绳墨才能取正，君王只有从谏如流，才能是真正的明智之主。总而言之，以民为本总是好的，只是到底如何实现才是好的方法，值得深思。

二十六章 说命（二）

原文

惟说命总①百官，乃进于王曰："呜呼！明王奉若②天道，建邦设都③，树后王君公④。承以大夫师长⑤，不惟逸豫⑥，惟以乱⑦民。惟天聪明，惟圣时宪⑧，惟臣钦若⑨；惟民从乂⑩。惟口起羞⑪，惟甲胄起戎⑫，惟衣裳在笥⑬，惟干戈省厥躬⑭。王惟戒兹⑮，允兹克⑯明，乃罔不休⑰。惟治乱在庶⑱官。官不及私昵⑲，惟其能；爵罔及恶德⑳，惟其贤。虑善㉑以动，动惟厥时。有其善㉒，丧厥善；矜㉓其能，丧厥功。惟事事㉔，乃其有备，有备无患。无启宠纳侮㉕，无耻过㉖作非。惟厥攸居，政事惟醇㉗。黩㉘予祭祀，时谓弗钦㉙。礼烦则乱，事神则难。"

王曰："旨㉚哉！说，乃言惟服㉛。乃不良于言，予罔㉜闻于行。"说拜稽首曰："非知之艰，行之惟艰。王忱㉝不艰，允协㉞于先王成德，惟说不言有厥咎㉟。"

注释

①说：傅说。总：统率。

②奉若：承受，遵从。

③建邦：指在天下分别设立国家。设都：指分别在每个国家设立都城。

④树：设立。后王：指天子。君公：指诸侯国的国君。

⑤承：通"丞"，辅佐。大夫师长：指各级官吏。

⑥逸豫：安逸享乐。

⑦乱：治理。

⑧时：通"是"，这。宪：法。

⑨钦若：恭敬地遵循。

⑩乂：治理。

⑪口：指从口中说出的话。起：引发。羞：耻辱。

⑫甲胄：古时士兵的铠甲和头盔。戎：兵戎，指战祸。

⑬衣裳：指标示官吏等级的服装。笥（sì）：盛放食品衣物的竹器。

⑭省：明白。厥：其，此处指武丁。躬：自身，也指武丁。

⑮兹：此，这。

⑯允：信。克：能。

⑰罔：无。休：美好。

⑱庶：众。

⑲私昵：与个人关系亲近的人。

⑳爵：官位爵禄。恶德：无德之人。

㉑虑善：思虑成熟。

㉒有其善：指自满其善而不思更善。

㉓矜：自夸。

㉔事事：每一件事。

㉕启宠纳侮：孔颖达疏："无得开小人以宠，自纳此轻侮也。"

㉖耻过：羞于承认错误。

㉗醇：通"纯"，纯正，不杂乱。

㉘黩：轻慢不敬。

㉙时：通"是"。弗钦：不敬。

㉚旨：美好。

㉛乃：你。服：实行。

㉜罔：无。

㉝忱：诚信。

㉞允：信。协：与……相合。

㉟咎：过失。

马瑞光曰

傅说统领百官，向王进言，认可王统治人民，这是前提，但是要想统治好，王必须是明君，具体应该如何做，就开始了建议。

我们来看看对王的要求有哪些，实际上是挺多的，就像一个企业家要把企业治理好，企业家一定要有很多能力的加持，如经营能力、管理能力，否则企业很难发展下去。"呜呼！明王奉若天道，建邦设都，树后王君公"，英明的君王应该依天道建立国家，设置首都，设立天子、大臣、诸侯等。这里有几个关键点，一个是依天道而为，再一个就是建立组织，形成治理国家的团队，形成君、臣、民的秩序，君是统治者，是通过臣去实现对人民的统治。

"惟治乱在庶官。官不及私昵，惟其能"，大乱还是大治关键在于百官如何，百官好，国家好，百官不好，国家乱。人才就成为核心。提倡不任用亲近之人，而用贤能之人，一直延续到今天。

"非知之艰，行之惟艰"，懂得这样的道理不难，难的是做到这些事情。当然，如果能从内心真正相信这些道理，做成的概率还是很高的。

二十七章 说命（三）

原文

王曰："来！汝说。台小子旧学于甘盘①，既乃遁于荒野，入宅于河②。自河徂亳③，暨④厥终罔显。尔惟训于朕志⑤，若作酒醴⑥，尔惟麴糵⑦；若作和羹⑧，尔惟盐梅⑨。尔交修⑩予，罔予弃，予惟克迈乃训⑪。"

说曰："王，人求多闻，时惟⑫建事，学于古训乃有获。事不师古⑬，以克永世，匪说攸⑭闻。惟学，逊志务时敏⑮，厥修乃来。允怀于兹⑯，道积于厥躬⑰。惟敩⑱学半，念终始典于学，厥德修罔觉。监于先王成宪⑲，其永无愆⑳。惟说式克钦㉑承，旁招俊乂㉒，列于庶位。"

王曰："呜呼！说，四海之内，咸仰朕德，时乃风㉓。股肱㉔惟人，良臣惟圣。昔先正保衡㉕作我先王，乃曰：'予弗克俾厥后惟㉖尧舜，其心愧耻，若挞于市㉗。'

一夫不获，则曰'时予之辜'㉘。佑我烈祖，格于皇㉙天。尔尚明㉚保予，罔俾阿衡专美㉛有商。惟后非贤不乂㉜，惟贤非后不食㉝。其尔克绍乃辟㉞于先王，永绥㉟民。"

说拜稽首曰："敢对扬天子之休命。"

注释

①台（yí）小子：我小子，武丁自称。台，我。旧：以往，从前。甘盘：人名。

②宅：居。河：孔颖达以为当指河洲。

③徂：往。亳：地名，殷的国都。

④暨：至，到。

⑤训：训导，教导。志：心意，愿望。

⑥醴（lǐ）：甜酒。

⑦麴糵（qū niè）：酒曲，酿酒的发酵物。

⑧和羹：使用适当的调料，调和成味道适宜的羹汤。

⑨盐梅：制作羹汤的调料。盐，味咸。梅，醋，味酸。

⑩交修：多方面培养。交，《孔传》曰："非一之义。"修，培养。

⑪克：能。迈：行，做。训：教导。

⑫时：通"是"。惟：希望，愿望。

⑬师古：效法古人。

⑭匪：同"非"。攸：所。

⑮逊志：虚心谦逊。时敏：时时努力。敏，努力。

⑯允：信。怀：怀藏，时刻想着。兹：此，这。

⑰厥躬：自身。

⑱敩（xiào）：教。

⑲监：借鉴。成宪：成法。

⑳愆：过错。

㉑钦：敬。

㉒旁：广泛。招：招揽。俊乂：杰出人才。

㉓时：通"是"。乃：你，指傅说。风：谓教化。

㉔股肱：大腿和手臂。

㉕先正：先代总领百官之臣。保衡：亦称"阿衡"，亦有解释为官职，依倚而取平正之意，指伊尹。如此称谓含有对伊尹的功劳及作用的崇高评价。

㉖弗克：不能。俾：使。厥：其，指伊尹。后：君，指成汤。惟：为，是。

㉗挞于市：形容耻辱之甚。挞，用鞭子或棍子打。

㉘一夫：一个寻常百姓。辜：罪过。

㉙格：至，及。皇：大。

㉚尚：佑助。明：通"勉"，努力，尽力。

㉛专美：谓独享美名。

㉜乂：治。

㉝不食：谓不被重用。

㉞绍：继承。乃：你。辟：君主。

㉟绥：安。

马瑞光曰

继续上一章君臣之间的对话，基本可以看得出这是一个好的时代，君明臣直，配合得也非常到位，只是这样的君臣笑谈还是太少，几十个朝代里能做到如此的甚少。

"王，人求多闻，时惟建事，学于古训乃有获"，大王啊，人们学知识、见世面的目的是成就事业，学习古人留下的古训一定会有所收获，这才是正途。无古不成今，这似乎是一种逻辑，所以才有了循旧制的做法，当然僵硬地如此理解会对创新与改变产生遏制。

"事不师古，以克永世，匪说攸闻"，如果不学习先贤，却能够让事业发扬光大，傅说认为这是不可能的，只有循旧制，才能有新的局面。这似乎是我的习惯。"惟教学半，念终始典于学，厥德修罔觉"，教别人的同时也是自己学习的过程，始终用心学习，品德就会在无形中逐渐完美。学习使人进步，学习让人德高，基本是这个逻辑。

"股肱惟人，良臣惟圣"，手足齐全才算成人，有良臣在旁辅助才能成为圣人。明君良臣自然成为美谈，人民幸事，国之幸事，成功看来真是不易。

"其尔克绍乃辟于先王，永绥民"，希望能继承先王传统，让人民平安快乐。如此延续当然就万世基业。

二十八章 高宗肜日

原文

高宗肜日[1]，越有雊[2]雉。祖己曰："惟先格王[3]，正厥事。"乃训于王，曰："惟天监[4]下民，典厥义[5]。降年有永有不永，非天夭民，民中绝命。民有不若[6]德，不听[7]罪，天既孚[8]命正厥德，乃曰其如台[9]。呜呼！王司敬民[10]，罔非天胤[11]，典祀无丰于昵[12]。"

注释

[1] 肜（róng）日：肜祭之日。肜，祭祀名，在祭祀第二天再次祭祀。

[2] 越：于。雊（gòu）：雉鸣。古人以为是变异之兆。

[3] 格王：指端正王的心思。格，格正，犹今语端正。

[4] 监：视，考察。

[5] 典厥义：意即考察他是否按照道理行事。典，主。义，按照道理行事。

[6] 若：顺。

[7] 听：服。

[8] 孚：罚。

[9] 如台：如何。台，何。

[10] 司：作"嗣"，当从。敬民：盖指不要对人民过分盘剥。

[11] 罔非天胤：意指人民也是天的后代，对人民过分盘剥便是违犯天意。天胤，天的后代。胤，后代。

[12] 典：常。昵：通"祢"，父庙。古制，生曰父，死曰考，入庙曰祢。

马瑞光曰

高宗也就是上文我们谈到的武丁，在殷商朝代中是不可多得的明君。他即位时局面并不好，人民并不幸福。这段话是说明君不易，但我们还是一直坚持着，告诉帝王如何成为明君，如此看，儒家之所以受到历代统治者的喜欢，也是有一定道理的。

"惟先格王，正厥事"，首先要端正王的心，然后再端正祭典这样的事情。正人正事先正己，这是帝王必须要明白的。如此，成为一个帝王并不容易，如果有这样的上谏制度，并且有这样的贤臣，当然，帝王要有这样的胸怀与胆魄，这些条件都具备，就是人民之幸了。

"惟天监下民，典厥义"，上天监督考察人民，主要是考察他是否按天理行事，所以不仅君要有德，民也要有德，否则会影响大家的寿命。这个压力就大了，因为上天是用这种方式惩罚人们，让人们不可"不若德"。

讲了半天，还是要"正厥德""典厥义"，端正自己的品德，按照天理行事，这才是根本。"王司敬民，罔非天胤"，帝王要敬人民，因为他们都是上天的后代，如此有德则国泰民安。

似乎这是我们很喜欢在企业中谈文化，很多企业家也希望去探讨思想的原因，因为这种商业土壤在历史中比较缺乏的原因吧。

二十九章 西伯戡黎

原文

西伯既戡黎①，祖伊恐，奔告于王。曰："天子！天既讫②我殷命。格人元龟③，罔敢知吉。非先王不相④我后人，惟王淫戏用自绝。故天弃我，不有康食⑤。不虞天性⑥，不迪率典⑦。今我民罔弗欲丧，曰：'天曷不降威？'大命不挚⑧，今王其如台？"

王曰："呜呼！我生不有命在天？"

祖伊反曰："呜呼！乃罪多参在上⑨，乃⑩能责命于天？殷之即丧，指乃功⑪，不无戮⑫于尔邦！"

注释

①西伯：指周文王。勘：战胜。黎：殷王朝的属国，在今天山西长治境内。全篇记述周文王战胜黎国之后，殷朝贤臣祖伊为殷朝安危担忧，向殷纣王进谏，规劝他改弦更张，但遭到了纣王的拒绝。

②讫：止。

③格人：能知天地吉凶的人。元龟：大龟，用于占卜的工具（周时划分卜和筮两种。卜，是以龟壳为工具，称为龟卜。筮，以蓍草为工具筮占）。

④相：帮助，辅佐。

⑤康食：安居饮食。

⑥虞：度，猜测。天性：指上天的性情。

⑦迪：由，遵循。率典：常法。率，法。典，常。

⑧大命：指天命。不挚：不再。

⑨参：到。上：指上天。

⑩乃：难道。

⑪指乃功：这句话是说从他做的事情上就可以看得出来。指，通"视"。乃，他。功，事、政事。

⑫戮：杀，消灭。尔邦：指周国。

马瑞光曰

祖伊作为贤臣，已经尽力了，但其实并没有多大作用。一个国家命系一人，国君明则国明，国君昏则国昏，如此贤臣起的作用也就有限。就纣王来讲，曾经也是文治武功，但后面自负了，骄奢淫逸。这也说明一个问题，人是会变化的，明君未必一直明，昏君未必一直昏，这才是本质。

祖伊进谏道："非先王不相我后人，惟王淫戏用自绝"，并非成汤先王不保佑我们，而是因为你沉迷于酒乐之中，自绝于先王，所以天弃我商朝，"不有康食"，不让我们安宁，社会动乱也是天意。

"不虞天性，不迪率典"，讲的是纣王不了解上天的脾气是无常的，因为王不遵守法典，如此国家灭亡也就再正常不过了。有德天会佑之，无德天必谴之，但纣王还是比较骄傲的："我生不有命在天？"我命由我不由天，老百姓能把我如何？这确实是很多君王的真实想法，认为百姓虽众，乌合众者尔，再加上有国家机器，也就没了敬畏百姓之心。昏君一般都这样想，但不是不报，时机未到，如此的国君，国家最后无一幸免，只是时间长短而已。

"乃能责命于天"，祖伊认为也不能责备上天，是因为纣王干了太多错事，才遭此报应。这里就有了我们今天的"人在做，天在看"的思想，天意其实来自民意。

三十章 微子

原文

微子^①若曰："父师、少师，殷其弗或乱正四方^②？我祖底遂陈于上^③。我用沉酗于酒^④，用乱败厥德于下^⑤。殷罔不小大，好草窃奸宄^⑥，卿士师师非度^⑦。凡有罪辜，乃罔恒获。小民方兴，相为敌仇^⑧。今殷其沦丧，若涉大水，其无津涯。殷遂丧，越至于今！"

曰："父师、少师，我其发出狂^⑨吾家，耄逊于荒^⑩。今尔无指^⑪告予，颠隮^⑫，若之何其？"

父师若曰："王子^⑬，天毒降灾荒^⑭殷邦，方兴沉酗于酒，乃罔畏畏^⑮，咈其耇长，旧有位人^⑯。今殷民乃攘窃神祇之牺牷牲，用以容^⑰，将食无灾。降监殷民，用乂仇敛^⑱，召敌仇不怠^⑲。罪合于一，多瘠罔诏^⑳。

"商今其有灾，我兴受其败^㉑。商其沦丧，我罔为臣仆^㉒。诏王子出迪^㉓，我旧云刻子^㉔。王子弗出，我^㉕乃颠隮。自靖^㉖！人自献于先王，我不顾行遁^㉗。"

注释

①微子：纣王的哥哥，因为封在微，爵位属于子，所以叫微子。他为维护殷王朝的统治，曾多次规劝纣王改恶从善，但纣王充耳不闻。

②殷其弗或乱正四方：此为诘问句，句子中包含微子对于祖国即将灭亡的无限隐痛。乱，治理。

③我祖：指成汤。厎：定，致。遂：成。陈：陈列。上：表示时间，指过去。

④用：因为，由于。酗于酒：表示喝酒没有节制。酗，发酒疯。

⑤乱：淫乱。厥德：指高祖成汤之德。下：后世。

⑥罔不小大：这句话是一个倒装句，应作"大小罔不"。小大，指群臣民众，中心词省略。罔不，无不。草窃：盗贼。奸宄：犯法作乱。

⑦师师：众官。其中前一"师"作众解，后一"师"指官长。度：法度。

⑧仇：仇敌。

⑨发：行。狂：往。

⑩耄（mào）逊于荒：孙星衍说："谓我年耄，将遁于荒远以终老。"近人曾运乾说："云'发出往吾家'，复云'耄逊于荒'者，时未奉诏就国而私出，则貌为老耄阳狂而遁者。"两说均可通，译文从曾说。耄，年老。逊，逃走。荒，荒野。

⑪指：通"旨"，想法，打算。

⑫颠：最高处。隮（jī）：坠落。

⑬王子：指微子启，微子系帝乙之子，故云王子。

⑭毒：厚，重。荒：亡。

⑮畏畏：惧怕天威。

⑯咈（fú）：违逆。耇（gǒu）：老年人。旧有位人：旧时在位的大臣。

⑰攘窃：盗窃。牺：纯毛牲畜。牷：健全的牲畜。牲：猪牛羊。用以容：从宽论处。

⑱乂：杀。仇：通"稠"，多。敛：聚敛。

⑲召：招致。怠：松懈，缓和。

⑳瘝：疾苦。诏：告诉。

㉑兴：起。败：灾祸。

㉒臣仆：奴隶多。

㉓迪：行，逃走。

㉔旧：久。刻子：箕子。

㉕我：指殷商。

㉖自靖：各自打主意。

㉗顾：顾虑。遁：逃走。

马瑞光曰

这是纣王的哥哥微子与乐师的一段沟通，在纣王无道，商朝将要覆灭的背景下，作为纣王的兄长，微子也很焦虑与无奈。眼见大厦将倾，微子却只能无所作为，充分说明"王"的重要性，一人可兴国，一人可亡国。至此，封建王朝陷入了一种明君治理天下的理想国误区，百姓认为掌握命运的，就是摸不着、看不到的上天，帝王依上天行事，或喜或悲，或国泰民安，或民不聊生，谈的一切都没有否认过一人掌握天下命运的假定前提。

"殷其弗或乱正四方？"难道我们商朝就没有办法治理好这个国家了吗？实际情况是，纣王"沉酗于酒"，导致"小民方兴，相为敌仇"，人民纷纷起来反抗，都和统治者形成仇敌了，国家败亡也就进入倒计时了。

微子很无奈："我其发出狂吾家，耄逊于荒"，他准备回到自己的封地，扮成老人家隐藏起来，当然也或许可以东山再起，同时也是一种无可奈何。一个国家、一个组织进入死亡通道，毫无办法挽回，这是最可怕的情况。

"王子，天毒降灾荒殷邦"，乐师认为这是上天降灾于殷商，所以才导致纣王如此昏败，国家陷入如此境地。讲了半天是天意，只是应天而为，自然如此，到底该逃避还是面对呢？"自靖！人自献于先王，我不顾行遁"，每个人自己决定吧，是献身于先王，不打算逃跑，还是避去企图东山再起，都一种选择。

周书

三十一章 牧誓

原文

时甲子昧爽[2]，王朝至于商郊[3]牧野，乃誓。王左杖黄钺[4]，右秉白旄以麾[5]，曰："逖[6]矣，西土之人！"王曰："嗟！我友邦冢君，御事[7]：司徒、司马、司空[8]、亚旅、师氏⑨、千夫长、百夫长⑩，及庸⑪、蜀⑫、羌⑬、髳⑭、微⑮、卢⑯、彭⑰、濮⑱人。称尔⑲戈，比尔干⑳，立尔矛，予其誓。"

王曰："古人有言曰：'牝鸡无晨㉑；牝鸡之晨，惟家之索㉒。'今商王受惟妇㉓言是用，昏弃厥肆祀，弗答㉔；昏弃厥遗王父母弟，不迪㉕；乃惟四方之多罪逋逃㉖，是崇是长㉗，是信是使㉘，是以为大夫卿士，俾㉙暴虐于百姓，以奸宄于商邑。今予发㉚，惟恭行天之罚。今日之事，不愆㉛于六步、七步，乃止齐㉜焉。夫子勖㉝哉！不愆于四伐㉞、五伐、六伐、七伐，乃止齐焉。勖哉夫子！尚桓桓㉟，如虎如貔㊱，如熊如罴㊲，于商郊。弗迓克奔，以役西土㊳，勖哉夫子！尔所㊴弗勖，其于尔躬有戮㊵！"

注释

①《牧誓》：周武王伐纣，在与纣王决战前的誓师辞。牧指牧野，在商朝都城朝歌（今河南淇县）以南七十里。这次决战以周武王大胜、商朝覆灭告终。在这篇誓词中，周武王勉励军士和助战的诸侯勇往直前。

②甲子：甲子日。按周历计算，这一天是周武王即位后第十三年的二月五日。昧爽：太阳没有出来的时候，黎明时刻。

③王：指周武王。朝：早晨。商郊：商朝都城朝歌的远郊，按照古时距离王城五十里为远郊。

④杖：拿着。黄钺（yuè）：铜制大斧。

⑤秉：持。麾：同"挥"，指挥。

⑥逖（tì）：远。

⑦冢（zhǒng）：大。冢君：对邦国君主的尊称。御事：对于办理政务的大臣的泛称。

⑧司徒、司马、司空：古代官名。司徒管理臣民内务，司马管理军队，司空管理国土。

⑨亚旅：官名，上大夫。师氏：官名，中大夫。

⑩千夫长：官名，师帅。百夫长：官名，旅帅。

⑪庸：西南方诸侯国，在今天湖北房县境内。

⑫蜀：西南方诸侯国，在今天四川西部。

⑬羌：西南方诸侯国，在今天甘肃东南。

⑭髳（máo）：西南方诸侯国，约在今甘肃境内。

⑮微：西南方诸侯国，在今天陕西眉县境内。

⑯卢：西南方诸侯国，在今天湖北南漳境内。

⑰彭：西南方诸侯国，在今天甘肃镇原东。

⑱濮：西南方诸侯国，在今天湖北郧阳与河南邓州之间。

⑲称：举起。尔：你们。

⑳比：按照次序排列好。干：盾牌。

㉑牝（pìn）鸡：母鸡。晨：这里指早晨鸣叫。

㉒索：尽，空，衰落。

㉓妇：指妲己。

㉔昏弃：轻蔑，轻视。肆：祭祀祖先的祭名。答：问。

㉕迪：用，进用。

㉖逋（bū）逃：逃亡。

㉗崇：尊重。长：恭敬。

㉘信：信任。使：使用。

㉙俾（bǐ）：使。

㉚发：周武王的名字，武王姓姬。

㉛愆：超过。

㉜止齐：意思是整顿队伍。

㉝夫子：对人的尊称，这里指将士。勖（xù）：勉力，努力。

㉞伐：刺杀，一击一刺叫作一伐。

㉟桓桓：威武的样子。

㊱貔：豹一类的猛兽。

㊲罴（pí）：一种大熊。

㊳迓（yà）：御，意思是禁止。役：帮助。西土：指周国。

㊴所：如果。

㊵躬：自身。戮：杀。

马瑞光曰

这是周武王伐纣最后决战前的誓词，在商朝都城朝歌以南七十里的牧野进行的。最终武王大胜，殷王朝覆灭。两军相战，为了鼓舞士气，一般都会有这种安排。无外乎讲的是自己多么正义，敌人多么不得人心，冒犯天意，为了拯救天下，自己是顺天意而为之。也就是我们讲的出师有名，抢占道德制高点。本来是利益问题，不同价值观的问题，但一般会找到一种道义上的支撑——顺天意而为之，这样让军队与人民觉得取胜是理所当然的，实际上就是一种出师有名的应用罢了。

"古人有言曰：'牝鸡无晨'"，古人讲，母鸡打鸣是不祥之兆。这基本上否定了目前商纣王的治理前提——"天意"，现在要改朝换代了，这是上天的旨意。同时进一步指出三个问题："今商王受惟妇言是用，昏弃厥肆祀"，商王受妇人谗言，抛弃祖制；"昏弃厥遗王父母弟"，昏庸而不用同族兄弟；"乃惟四方之多罪逋逃，是崇是长，是信是使，是以为大夫卿士，俾暴虐于百姓，以奸宄于商邑"，重用许多逃亡的罪人，他们当然会残暴地对待百姓，破坏国家法度。有这三点，基本上这个国家就坏透了，讨伐之当然是应天意，顺民心了。

三十二章 洪范（一）

原文

惟十有三祀[1]，王访于箕子。王乃言曰："呜呼！箕子，惟天阴骘[2]下民，相协厥[3]居，我不知其彝伦攸叙[4]。"

箕子乃言曰："我闻在昔鲧陻[5]洪水，汩陈其五行[6]。帝乃震怒，不畀洪范九畴[7]，彝伦攸斁[8]。鲧则殛[9]死，禹乃嗣兴。天乃锡[10]禹洪范九畴，彝伦攸叙。

"初一[11]曰五行，次二曰敬用五事[12]，次三曰农用八政[13]，次四曰协用五纪[14]，次五曰建用皇极[15]，次六曰乂[16]用三德，次七曰明用稽疑[17]，次八曰念用庶征[18]，次九曰向[19]用五福，威[20]用六极。"

注释

① 惟：发语词。十有三祀：即十三年，这里指文王建国之后的第十三年，也是武王即位之后的第四年，殷商灭亡之后二年。有，又。祀，年。

② 阴骘（zhì）：意思是庇护，保护。

③ 相：帮助。协：和。厥：他们，指臣民。

④ 彝伦：常理。攸：所。叙：顺序，这里的意思是制定、规定。

⑤ 鲧（gǔn）：人名，相传是夏禹的父亲。陻（yīn）：堵塞。

⑥ 汩（gǔ）：乱。陈：列。五行：指水火木金土这五种被人利用的物质。行：用。

⑦ 畀（bì）：给予。畴：种类。九畴指治国的几种大法。

⑧ 斁（dù）：败坏。

⑨ 殛（jí）：诛，这里指流放。

⑩ 锡：赐，给予。

⑪ 初一：第一，开始。

⑫ 次：第。五事：貌、言、视、听、思五件事。

⑬ 农：努力。八政：八种政事。

⑭ 协：合。五纪：五种计时的方法与天时相合。

⑮ 建：建立。皇极：意思是指至高无上的法则。句中省略掉中心词，联系下文第五条对皇极的解释来看，中心词应该是"原则"。

⑯ 乂：治理，指治理臣民。

⑰ 稽：考察。疑：疑问。

⑱ 念：考虑。庶：多。征：征兆。

⑲ 向：劝导。

⑳ 威：使之感到畏惧、警戒。

马瑞光曰

治国安邦是王上的首要工作职责，到底该如何治理国家，这一章对此进行了总结，当然基本上由天意决定，同时上天也会选择对象，选择遵守规则的人。

举了鲧与禹父子的故事，鲧没有遵循上天的规律，让上天发怒，没有传授他治国之法，最后失败了。而"天乃锡禹洪范九畴，彝伦攸叙"，上天赐予了大禹九种大法，大禹得到了治国理政的方法，自然成了明君。所以认为神秘的上天才是主宰，一定要顺应天意才可，而这个天意虽然摸不着，看不见，但基本上是民意的体现。天人合一，不仅适用于个人，也适用于一个组织、一个国家。

最后介绍了九种大法：五行、五事、八政、五纪、皇极、三德、稽疑、庶征、五福，基本上定下了规则，原因不必讲，因为这是上天讲的。

所以，不管干什么事，统治者搬出上天来说事，甚至自命为天子，统治合法性也就具备了，至于谎言也不重要了，因为有上天旨意。

三十三章 洪范（二）

原文

"一、五行：一曰水，二曰火，三曰木，四曰金，五曰土。水曰润下，火曰炎上，木曰曲直①，金曰从革②，土爰稼穑③。润下作咸，炎上作苦，曲直作酸，从革作辛，稼穑作甘。

"二、五事：一曰貌，二曰言，三曰视，四曰听，五曰思。貌曰恭，言曰从④，视曰明，听曰聪，思曰睿⑤。恭作肃⑥，从作乂⑦，明作哲，聪作谋，睿作圣。

"三、八政：一曰食，二曰货，三曰祀，四曰司空，五曰司徒，六曰司寇，七曰宾，八曰师⑧。

"四、五纪：一曰岁，二曰月，三曰日，四曰星辰⑨，五曰历数⑩。"

注释

①曲直：可曲可直。

②从：顺从。革：变革。这句话的意思就是说金可以依照人的要求进行变革。

③爰：作"曰"，助词，没有实义。稼穑：指庄稼。

④言：说话。从：顺从。这句话的意思是说讲话正当合理。

⑤睿：通达。

⑥作：则，就。肃：恭敬。

⑦乂：治。

⑧八政：八种政务官员。司空：掌管国土的官。司徒：掌管臣民内务的官。司寇：掌管司法事务的官。宾：掌管诸侯朝见的官。师：即司马，掌管军事的官。

⑨星：指二十八宿。辰：指十二辰。

⑩历数：日月运行经历周天的度数。

马瑞光曰

这一部分介绍了五行：金木水火土，形成了一种对万物事情发展的逻辑概括，并且深刻影响了我们的生活。五行相生相克，变化万千。"润下作咸，炎上作苦，曲直作酸，从革作辛，稼穑作甘"，向下润湿的水产生咸味，向上燃烧的火产生苦味，可曲可直的木产生酸味，顺从人意而改变形状的金属产生辛味，种植的百谷产生甜味。

然后讲了五事、八政、五纪，五事的核心是貌、言、视、听、思，即态度、言论、观察、听闻、思考。"恭作肃，从作乂，明作哲，聪作谋，睿作圣"，态度要恭敬，言论要合情理，观察要清楚，思考要通达，这基本上就是圣人水平了。所以也就造成了表现与真实的不同，就是虚伪了。当然，如果真是修行到位，这也是明君之选，同时也造就了低调、内敛、谦虚的优良定义。

八政是具体的把国家管理好的八件事情，包括管粮食，管财货，管祭祀，管国土，管内务，管治安，管接待，管军事，也由此形成了国家的组织设计。最后的五纪就是五种记时方法，包括年、月、日、星辰、日月运行所经历的周天度数。

三十四章 洪范（三）

原文

"五、皇极：皇建其有极。敛时①五福，用敷锡厥②庶民。惟时厥庶民于汝极。

锡汝保③极。凡厥庶民，无有淫朋④，人无有比⑤德，惟皇作极。凡厥庶民，有猷有为有守⑥，汝则念之。不协于极，不罹于咎⑦，皇则受⑧之。而康而色⑨，曰：'予攸好德。'汝则锡之福，时人斯其惟⑩皇之极。无虐茕独⑪，而畏高明。人之有能有为。使羞其行⑫，而邦其昌。凡厥正人⑬，既富方谷，汝弗能使有好于而家⑭。时人斯其辜⑮。于其无好德，汝虽锡之福，其作汝用咎。无偏无陂⑯，遵王之义；无有作好⑰，遵王之道；无有作恶，遵王之路。无偏无党，王道荡荡⑱；无党无偏，王道平平；无反无侧⑲，王道正直。会⑳其有极，归其有极。曰皇极之敷㉑言，是彝是训㉒，于帝其训㉓。凡厥庶民，极之敷言，是训是行，以近㉔天子之光。曰天子作民父母，以为天下王。"

注释

① 敛：集中。时：同"是"，指示代词，这。

② 用：以。敷：普遍，布。锡：赐。厥：其，代指君主，用作庶民的定语。

③ 保：保持，遵守。

④ 淫朋：通过交游结成的小集团。淫，游。朋，小集团。

⑤ 比：勾结。比德的意思是狼狈为奸。

⑥ 猷：计谋。句子中的三个"有"字都是副词，通"又"，表示几种要求应该同时做到。守：操守。

⑦ 罹：陷入。咎：罪过。

⑧ 皇：代指天子。受：宽容。

⑨ 而康而色：句子中有两个"而"字，前一个是假设连词，犹，假如；后一个是人称代词，你。康，和悦。色，脸色温润。

⑩ 斯：将。惟：想。

⑪ 茕独：指鳏寡孤独、无依无靠的人。

⑫ 羞其行：进一步提高其德行。羞，进、贡献。

⑬ 正人：指做官的人。

⑭ 方：并。谷：禄位。这句话的意思是又富又贵。有好于而家：此句为倒装句，即"于而家有好"，意思是给你王室带来好处。而，是人称代词，意为你。

⑮ 辜：罪，怪罪。

⑯陂：不平。

⑰好：私好，偏好。

⑱荡荡：宽广的样子。

⑲平平（biàn）：平坦的样子。

⑳反：违反。侧：倾侧，指违犯法度。

㉑会：聚集。

㉒敷：陈述。

㉓彝：陈列。训：教训。

㉔训：顺从。

㉕近：亲附。

马瑞光曰

"皇建其有极"，君主应该建立起至高无上、不容不遵守的最高准则。没有规矩，不成方圆，任何组织、任何国家都会建立自己的规范，这几乎是惯例，基本上是划好了红线。

"敛时五福，用敷锡厥庶民。惟时厥庶民于汝极。锡汝保极"，要把五种幸福集中起来，赐给庶民，得到好处后，庶民就会支持最高法则。所以，本质上大家并非观点之争，基本上还是利益之争，这才是根本。接下来讲了如何保持最高法则，让大家遵守法则，无外乎奖罚要到位，同时也要求君王做到"会其有极，归其有极"，团结那些遵守最高法则的人，大家就会归附。讲白了，榜样的力量是无穷的，在榜样的带动下大家就会遵守制定的规范。

"曰天子作民父母，以为天下王"，如果君王成为臣民的父母的样子，那么就可以成为天下的共主了。如此，也就形成了家天下的格局，这种思想一直影响我们几千年。

三十五章 洪范（四）

原文

"六、三德：一曰正直，二曰刚克，三曰柔克①。平康正直②，强弗友③刚克，燮友④柔克。沉潜刚克⑤，高明⑥柔克。惟辟作福，惟辟作威，惟辟玉食⑦。臣无有作福作威玉食。臣之有作福作威玉食，其害于而家，凶于而国。人用侧颇僻，民用僭忒⑧。"

注释

①正：端正。直：曲直。刚克：过于强硬。柔克：过于软弱。克，胜过。

②平康正直：想要求得国家的太平，就需要端正人的曲直。平康，中正平和，指国家。正直，与上文的正直意思相同。

③友：亲近。

④燮（xiè）：和，柔和。燮友：指柔和可亲的人。

⑤沉潜刚克：对于乱臣贼子应当镇压。沉潜，意思是抑制、压制，其中沉与潜都有在下的意思，当指乱臣贼子。

⑥高明：推崇，高扬。

⑦玉食：美食。

⑧僭忒：作恶，指犯上作乱的念头。

马瑞光曰

继续讲《尚书》认同的统治大法第六条："三德：一曰正直，二曰刚克，三曰柔克"，三种治理国家的方法分别是刚正直率，以刚取胜，以柔取胜，根据不同的情况采取不同的手段。

原因很简单，要想治理好国家，就要端正人的思想，是非曲直要明确，只有这样才会有秩序。这基本上是统治的逻辑，不是为人民服务的逻辑，不是解放思想，而是统一思想。"平康正直"，认为只有这样，国家才会太平。讲白了，这样有利于维护国家的稳定与统治者的统治。

"沉潜刚克，高明柔克"，对于那些强硬不可亲近的人镇压他，对于那些可以亲近的人，用柔和之法对待他们。基本上就是顺我者昌，逆我者亡的独裁逻辑。这实际上是很多当权者比较喜欢的模式，虽然没有规矩，不成方圆，但严格限制人的行动和思想，这样的组织也没有什么战斗力。

接下来提到只有帝王才能"惟辟作福，惟辟作威，惟辟玉食"，帝王可以作威作福，锦衣玉食，臣子如果作威作福，国将灭亡，国家作为统治工具的观念就此形成了。这里没有了人人平等的思想，如此拍君王马屁应不是夫子所为，怪不得认为《尚书》是后人所做。

三十六章 洪范（五）

原文

"七、稽疑：择建立卜筮人，乃命卜筮。曰雨，曰霁，曰蒙，曰驿，曰克，曰贞①，曰悔②，凡七。卜五，占用二，衍忒③。立时人④作卜筮。三人占，则从二人之言。汝则有大疑，谋及乃心，谋及卿士。谋及庶人，谋及卜筮。汝则从，龟从，筮从，卿士从，庶民从，是之谓大同。身其康强，子孙其逢⑤，吉。汝则从，龟从，筮从，卿士逆，庶民逆，吉。卿士从，龟从，筮从，汝则逆，庶民逆，吉。庶民从，龟从，筮从，汝则逆，卿士逆，吉。汝则从，龟从，筮逆，卿士逆，庶民逆，作内吉，作外⑥凶。龟筮共违于人，用静吉，用作⑦凶。"

注释

① 贞：内卦。

② 悔：外卦。

③ 衍：推演。忒：变化。

④ 时人：这种人，指卜筮官员。

⑤ 逢：昌盛。

⑥ 内：指国内。外：指国外。

⑦ 作：举事。

马瑞光曰

统治大法第七条"稽疑",即如何解决疑问,方法竟然是"择建立卜筮人,乃命卜筮",选择善于占卜的人,用占卜解决疑难问题。在今天看来这是笑话,一个国家的大政方针竟然是卜卦的结果,可想而知当时人们在复杂的大自然面前多么弱小,同时也充分说明当时生产力的低下。

"三人占,则从二人之言",让三个人占卜,如果有两个人的结果一样,就按这个结果来。也就是少数服从多数,如果最后还是决定不了,只能由天子乾纲独断了。

对于当时的人来讲,所谓的占卜就是一种心理暗示,这也是人们精神上的一种需求吧。

三十七章 洪范(六)

原文

"八、庶征:曰雨,曰旸①,曰燠②,曰寒,曰风。曰时五者来备,各以其叙③,庶草蕃庑④。一极⑤备,凶;一极无,凶。曰休征⑥:曰肃,时雨若⑦;曰乂,时旸若;曰哲,时燠若;曰谋,时寒若;曰圣,时风若。曰咎征:曰狂⑧,恒雨若;曰僭,恒旸若;曰豫,恒燠若;曰急,恒寒若;曰蒙,恒风若。曰王省⑨惟岁,卿士惟月,师尹惟日。岁、月、日、时无易⑩,百谷用⑪成,乂用明,俊民用章⑫,家用平康。日、月、岁、时既易,百谷用不成,乂用昏不明,俊民用微⑬,家用不宁。庶民惟星⑭,星有好风⑮,星有好雨⑯。日月之行,则有冬有夏。月之从星,则以风雨⑰。

注释

①曰:为。以下数句中的"曰"同此。旸(yáng):日出,这里指晴天。

②燠(yù):温暖、暖和、炎热。

③时:通"是",指示代词,统指上面五种现象。叙:次序,这里指时序。

④蕃:茂盛。庑:通"芜",形容草丰盛。

⑤一：指雨、旸、燠、寒、风五种现象中的一种。极：过甚。

⑥休：美好。征：征兆。

⑦若：像。

⑧狂：狂妄，傲慢。

⑨省：通"眚（shěng）"，过失。

⑩无易：不发生异常的变化。易，改变。

⑪用：因。

⑫俊：有才能的人。章：彰，显明，这里指提拔任用。

⑬微：隐没，这里指不提拔任用。

⑭庶民惟星：这一句将众民比作众星。庶，众。

⑮星有好风：马融说："箕星好风。"好，喜好。

⑯星有好雨：马融说："毕星好雨。""箕"与"毕"都是星名。

⑰月之从星，则以风雨：以上数句都是比方，以众星比百姓，是说百姓应该如众星被日月所统率一样，臣服于统治者的统治。"星有好风，星有好雨"是说百姓喜好无常，不可信从；"月之从星，则以风雨"是说政教发生改变，顺从了人们的心愿，就会大乱。

马瑞光曰

庶征，主要谈的是征兆，还是预测的问题。人对未来的探索从未停息，这也是推动社会进步的动力。这也说明儒家学说是出世学说，要大家积极应对，与道家的无欲则刚非常不同，道家讲顺其自然，当然也没有想要预测的动力了。

这里的预测无处不体现出天人合一的思想，循着气候、四季的逻辑来预测未来的时运。"曰雨，曰旸，曰燠，曰寒，曰风"，下雨，天晴，温暖，寒冷，刮风，这本是正常自然现象，但都是可以用来进行预测的。这就产生了一定的神秘性，也有了天象即代表国运的讲法。

"曰时五者来备，各以其叙，庶草蕃庑"，如果五种现象按顺序正常发生，即为风调雨顺，庄稼就会丰收，好运也会来临，否则就会有不利甚至凶险。这也非常符合当时的农业社会的现状。人们靠天吃饭，当然要循天意，顺天而为一切都会顺利。

"岁、月、日、时无易，百谷用成，乂用明，俊民用章，家用平康"，如果年月日的顺序没有改变，那么就会农业丰收，政治清明，人民幸福，一切安好了。同理，如果皇帝贤明，天气也会正常，否则夏天飘雪，冬天变暖，甚至天象发生异常，基本上说的就是天意是根本的意思。

"日月之行，则有冬有夏"，太阳与月亮的正常运行，产生了春夏秋冬。这属于客观现象，当然古人也没有办法了解到宇宙的广阔，太阳、月亮相对好观察，找到了很多与之有关的规律。

三十八章 洪范（七）

原文

"九、五福：一曰寿，二曰富，三曰康宁，四曰攸①好德，五曰考终命②。六极：一曰凶、短、折③，二曰疾，三曰忧，四曰贫，五曰恶，六曰弱。"

注释

①攸：所。

②考：老。终命：善终。

③凶：没有到换牙就死去。短：不到二十岁就死去。折：没有结婚就死去。

马瑞光曰

这一段内容确定了什么是幸福，什么是不幸。幸福有五，不幸有六，基本上在帮我们制定好坏的标准，如此也就形成了是非标准。这是价值观很核心的部分，同时也给大家形成了一种是非对错的判断依据。

五福分别是寿、富、康宁、好德、考终命，也就是长寿、富贵、健康平安、好品德、善终，基本上类似于福禄寿喜，把人间的好事都总结到了，这当然也成了人们努力的方向。但可惜的是，不可能这么多好事落到一个人身上，没有完美，好坏相伴、福祸相依才应该是常态。

六种不幸分别是："一曰凶、短、折，二曰疾，三曰忧，四曰贫，五曰恶，六曰弱"，短命、疾病、忧愁、贫穷、邪恶、懦弱。这成为所有人努力避免的，但生老病死又是自然规律，所以我们既有幸又有不幸，也就是正常的了，开心与不开心都是常态。

《尚书》里的是非标准非常直接，也容易鉴别，从这个角度来讲，也是容易理解的，但往往会让人陷入好坏之分，幸与不幸之分，实际情况不是如此简单的二元对立，很多福凶、富穷是同时存在的，不是简单的非此即彼。

三十九章 金縢

原文

既克商[1]二年，王有疾，弗豫[2]。二公[3]曰："我其为王穆[4]卜？"周公曰："未可以戚[5]我先王。"公乃自以为功[6]，为三坛同墠[7]。为坛于南方北面，周公立焉。植璧秉珪[8]，乃告太王、王季、文王[9]。

史乃册祝[10]曰："惟尔元[11]孙某，遘厉虐疾[12]。若尔三王，是有丕子之责于天[13]，以旦代某之身。予仁若考[14]，能多材多艺[15]，能事鬼神。乃元孙不若旦多材多艺，不能事鬼神。乃命于帝庭[16]，敷佑[17]四方。用[18]能定尔子孙于下地，四方之民，罔不祗[19]畏。呜呼！无坠天之降宝命，我先王亦永有依归。今我即命于元龟[20]，尔之许我，我其以璧与珪，归俟[21]尔命；尔不许我，我乃屏[22]璧与珪。"

乃卜三龟[23]，一习吉[24]。启籥[25]见书，乃并[26]是吉。公曰："体[27]！王其罔[28]害。予小子新命于三王，惟永终是图。兹攸俟[29]，能念予一人[30]。"公归，乃纳册于金縢之匮中[31]。王翼日乃瘳[32]。

注释

①既：时态副词，表示过去。克商：灭掉商朝。

②弗豫：古时天子生病的称谓。弗，否定副词，不。豫，《尔雅·释诂》："豫，乐也。"

③二公：据《史记》，当指太公和召公。

④其：表示商量语气的副词。穆：恭敬。

⑤戚：忧虑。

⑥"公乃"句：这句话的意思是说，周公打算祷告先王让自己代替武王去死。乃，就。功，质，抵押品。

⑦三坛：《孔传》："因太王、王季、文王请命于天，故为三坛。"坛，祭坛。同墠（shàn）：谓三坛同用此场地。墠，祭祀用的场地。

⑧植：通"置"，放。秉：拿着。璧，珪：均美玉，珪的形状上圆下方。

⑨太王：武王的曾祖，是周王朝开创人之一。王季：武王的祖父，名季历。文王：武王父姬昌。

⑩史：《史记》作"内史"，即史官。祝：典册上的祝词。

⑪元：长。

⑫遘（gòu）：遇。厉：病灾。虐疾：暴病。

⑬是有丕子之责于天：《史记》以"丕"为"负"，所谓"'天子病曰不豫'，言不复豫政也。诸侯曰'负子'，诸侯子民，言忧民不复子之也，三王于殷为诸侯，故称其病为'负子'"。

⑭若：通"而"。考：通"巧"，乖巧。

⑮材：通"才"，指才能。艺：也指才能。

⑯乃命于帝庭：意即在天帝之庭接受任命。

⑰敷佑：即匍有。"敷"与"溥"古时通用。

⑱用：因。

⑲罔：否定副词，不。祗（zhī）：敬。

⑳即：就。元龟：占卜用的大龟。

㉑归：回，指回到三王身边，意即死掉。俟：等候。

㉒屏（bǐng）：弃。

㉓三龟：一说在三王灵前各置一龟；一说指占卜三次（《洪范》中有三占从二之说）。两说均通，译文用前一说。

㉔一习吉：指占卜的均属吉兆。习，重。

㉕启：开。籥（yuè）：古时书写用的竹简。

㉖并：皆。

㉗体：俞樾认为是发语词，表示庆幸。一说，"体"指占卜时的卦兆，亦通。

㉘罔：无。

㉙兹：这。攸：所。俟：大。

㉚予一人：周公自称。

㉛縢（téng）：封缄。匮：匣。

㉜翼日：明日。翼，通"翌"。瘳（chōu）：病愈。

马瑞光曰

商灭亡的第二年，武王得了重病，"公乃自以为功，为三坛同墠"，周公在祭场上设了三个祭坛，准备以自己的生命为代价，希望换取武王身体的健康。如此舍己为人，可想而知周公的忠诚。发现《尚书》非常鼓励这种臣为君死的忠诚，这也就确定了人与人之间的差别，人人平等基本上就没有了。

然后就开始描述祭祀的场景。"乃命于帝庭，敷佑四方"，讲武王受天之命，拥有天下，统治四方。这是周公对武王的评价，同时也是在祭祀时候对武王的歌颂，以此来为武王祝福，希望让武王身体健康。认为天子受天之命，而天命又来自民意，所以老百姓必须服从，专制统治也就具备了合法性。

"乃卜三龟，一习吉"，在太王、王季、文王的灵位前各自放一个占卜的龟，结果三个卦象都是吉，预示着武王身体会好起来。

四十章 大诰

原文

王若①曰："猷②！大诰尔多邦③，越尔御事④。弗吊⑤！天降割⑥于我家，不少延！洪惟我幼冲人⑦，嗣无疆大历服⑧。弗造哲迪民康⑨，矧曰其有能格⑩知天命？

"已⑪！予惟小子若涉渊水，予惟往求朕攸济⑫。敷贲⑬，敷⑭前人受命，兹不忘大功！予不敢闭⑮于天降威，用宁王⑯遗我大宝龟，绍天明⑰。即命曰⑱：'有大艰于西土，西土人亦不静。'越兹⑲蠢。殷小腆诞敢纪其叙⑳。天降威㉑，知我国有疵㉒，民不康，曰'予复㉓'，反鄙我周邦㉔。今蠢，今翼日民献㉕。有十夫予翼㉖，以于敉宁、武㉗图功。我有大事㉘，休㉙？朕卜并㉚吉！"

注释

①王：指周公，武王死后，武王的儿子诵年幼，周公暂时代替诵处理国事，故此处王当指周公。若：周公暂时代理天子的职权，故谈话或发布命令时，加上"若"字，以表示是暂时代理。

②猷：发语词。

③诰：周时，最高统治者对臣僚的训语称诰。尔：你，此处当理解为你们。邦：指诸侯。

④越：连词，和。御事：指诸侯下面的官吏。

⑤弗：不。吊：善。

⑥割：《广雅·释诂》："害也。"

⑦洪惟：周公诰辞中常用的发语词。洪，通"鸿"。幼冲人：年幼的人，此处指成王。

⑧嗣：继续。无疆：谓永恒。疆，界限。大历服：指天子的职位。历，久远。服，职位。

⑨弗：不。造：通"遭"。哲：明智。迪：道，此处用作动词，谓引导。康：安康。

⑩矧（shěn）：况，何况。格：推究。

⑪已：感叹词。

⑫"予惟往"句：承上文，当指渡过深渊，深渊比喻难关。此句省略中心词，所求的是渡过难关的办法。惟，只。攸，所。济，渡。

⑬敷：布，摆开。贲：殷周时占卜用的大龟名。

⑭敷：布，谓表达。

⑮闭：关闭，此处引申为隐藏。

⑯宁王：当作"文王"，古时"文""宁"字形相近，致误。

⑰绍：卜问。天明：语倒，当作"明天"，联系上文当谓问明上天的用意。

⑱即：则。命曰：指卜辞。

⑲越：于是。兹：指示代词，这，指发动暴乱的人。

⑳腆：主持，引申为国主。诞：大。纪其叙：意思是整理其已经灭亡了的帝统，即图谋复辟。

㉑戕：害。

㉒疵：病，指武王之死及群弟见疑之事。

㉓予：我。复：复国。这是周公代述殷人的话。

㉔鄙：鄙视，瞧不起。周邦：周国。

㉕翼：飞动的样子，比喻追随叛乱的人很多。日：可能是"曰"字之误。民献：即黎献、人民（采俞樾、杨筠如说）。

㉖予翼：倒装，谓辅助我。翼，辅助。予，我。

㉗敉（mǐ）：安抚平定。宁、武：指文王和武王。

㉘大事：这里指战事。

㉙休：美，善。联系上下文当指问卜兆的好与不好。

㉚并：皆。

马瑞光曰

周公代武王儿子诵治理国家，国家并不安宁，有叛乱发生，在此背景下有了大诰。从历史看，顾命大臣往往把持权力不想撒手，甚至有的取而代之，周公能如此，实属少数，恰恰说明周王朝局面不错。

"王若曰：'猷！大诰尔多邦，越尔御事。弗吊！天降割于我家，不少延！'"周公首先宣布：各位诸侯，不好了，上天将要降祸于我们这个国家了，灾祸依然在继续，并没有停息的兆头，所以我们应该采取行动了。

"已！予惟小子若涉渊水，予惟往求朕攸济。敷贲，敷前人受命，兹不忘大功"，我的处境就像在渡深渊那样危险，只有寻求上天的帮助，摆下占卜用的大龟，看先祖们是如何获得上天的帮助的，不能忘掉这样的大恩大德。古人觉得国家在上天面前很渺小，要顺应天意，个人就更加微不足道了，更应该听从天意了，所以占卜也就是常态了。

结果是"我有大事，休？朕卜并吉"，周公决定举兵平乱，占卜的结果是"吉"，当然就可以照此天意执行了，人意与人心就这样合二为一了。

四十一章 康诰(一)

原文

王曰:"呜呼!封,汝念哉!今民将在祗遹乃文考②,绍闻衣德言③。往敷求于殷先哲王,用保乂民。汝丕远惟商耉成人,宅心知训④。别⑤求闻由古先哲王,用康保民,弘⑥于天,若德裕⑦乃身,不废在王命⑧。"

王曰:"呜呼!小子封,恫瘝⑨乃身,敬⑩哉!天畏棐忱⑪,民情大可见。小人难保,往尽乃心,无康好逸豫⑫,乃其乂民。我闻曰:'怨不在大,亦不在小。惠不惠⑬,懋不懋⑭。'已!汝惟小子,乃服惟弘。王应⑮保殷民,亦惟助王宅天命,作新⑯民。"

注释

①康诰:这篇诰文是周公的弟弟康叔被封到殷地上任之前,周公对他的训诫辞。当时,周公刚刚平定了三监和武庚发动的叛乱。他要求康叔吸取历史教训,"明德慎罚",治理好殷民,巩固已经取得的政权。这篇诰文反映了周公的统治思想和司法制度,是一篇重要文献。这里节选了其中一部分。

②在:观察。祗:敬。遹(yù):遵循。乃:你,指康叔。文:指文王。考:父。

③绍:继。闻:指旧闻。衣:通"依",依照。德言:德教。

④丕远:在这里起程度副词的作用,修饰"惟"。丕,大。惟:思,引申为理解或考虑。商:指殷商。耉成人:指商遗民。耉,老。宅:度,揣测。训:顺,顺眼。

⑤别:另外。

⑥弘:大。

⑦德裕:德政,恩德。

⑧废:停止。在:完成。王命:指周的统治。

⑨恫:痛。瘝(guān):病。

⑩敬:谨慎。

⑪棐(fěi):辅助。忱:诚。

⑫豫:安乐。

⑬惠：顺服。

⑭懋：勉力。

⑮服：责任。应：受。

⑯宅：度。作：振作。新：革新。

马瑞光曰

《康诰》这一段内容是周公弟弟康叔被封到殷地上任之前，周公对他的训诫辞，告诉康叔应该如何治理殷地，基本思想是明德慎罚，这一段更多的是"明德"，以德服人、尊重商朝留下的一些人、事、物与习惯。

"今民将在祗遹乃文考，绍闻衣德言"，你要记住，百姓一定会看你是否会遵循父王文王的传统，以德治国，继续听闻有德行的人的建议，这将是一个关键。说白了，君王能亲贤人，远小人，大家就会看到希望，对你有信心，当然治理也就顺利多了，大局应该基本初定了。

"汝丕远惟商考成人，宅心知训"，要把德高望重的老人放在心上，也就是要尊老爱老，认真听取德高望重的老人们的建议，治理自然成功。老人是宝，德高望重的老人更是宝中之宝。

"别求闻由古先哲王，用康保民，弘于天，若德裕乃身，不废在王命"，无古不成今，观今宜鉴古，了解古人治国保民之法，如此修炼自己的德行，政权就会永固。搞了半天还是为了统治，而非人民。

"天畏棐忱，民情大可见"，天网恢恢，要尊重天意，而天意又会通过百姓的情绪表达出来，天意即民心。"怨不在大，亦不在小。惠不惠，懋不懋"，民怨的可怕不在大小，而是驱动不顺从的顺从，不努力的努力。服从是关键。当然，服从了，也就认为向善了，有利于统治的就是善的，相反，就是该打压的。这是下一部分要讲的内容，对自己人爱，对敌人狠，国家自然成了统治工具，而没有成为服务人民的组织。

四十二章 康诰(二)

原文

王曰:"呜呼!封,敬①明乃罚。人有小罪,非眚②,乃惟终,自作不典③,式尔④,有⑤厥罪小,乃不可不杀。乃有大罪,非终,乃惟眚灾⑥,适尔,既道极厥辜⑦,时乃不可杀。"

王曰:"呜呼!封,有叙时⑧,乃大明⑨服,惟民其敕懋和⑩。若有疾,惟民其毕弃咎⑪。若保赤子⑫,惟民其康义。非汝封刑人杀人,无或刑人杀人。非汝封又曰劓刵⑬人,无或劓刵人。"

王曰:"外事⑭,汝陈时臬,司师⑮。兹殷罚有伦⑯。"又曰:"要囚⑰,服念⑱五六日,至于旬时,丕蔽⑲要囚。"

王曰:"汝陈时臬,事⑳罚,蔽殷彝㉑,用其义刑义㉒杀,勿庸以次㉓汝封。乃汝尽逊㉔,曰时叙,惟曰未有逊事。已!汝惟小子,未其有若㉕汝封之心,朕心朕德惟乃知。"

注释

①敬:恭谨。明:严明。

②眚:过失。

③终:经常。典:法。

④式:用。尔:如此。

⑤有:虽然。

⑥眚灾:由过失造成的灾祸。

⑦适:偶然。道:指法律。极:穷尽。辜:罪。

⑧有:能。叙:顺从。时:这。

⑨明:顺服。

⑩敕:这里指勤劳地从事生产。和:和顺,意为不犯法。

⑪毕:尽。咎:罪过。

⑫赤子:小孩。

⑬ 刵（èr）：古时割掉耳朵的刑罚。

⑭ 外事：判断案件的事。

⑮ 陈：公布。臬（niè）：法度。司：治理，管理。师：众，指臣民。

⑯ 伦：条理，法。

⑰ 要囚：幽囚，囚禁犯人。

⑱ 服念：思考。

⑲ 丕：乃。蔽：判断。

⑳ 事：从事，施行。

㉑ 彝：法。

㉒ 义：宜，应该。

㉓ 勿庸：不用。次：恣，顺从。

㉔ 逊：顺从。

㉕ 若：顺从。

马瑞光曰

这一段主要接着上一章节谈慎罚，也就是使用刑罚要谨慎，但刑罚还是要用。如此看来，儒家不反对刑罚，只是有明德在前，听起来会舒服些，光明一些，但真正执行起刑罚来，即使谨慎，很多时候也比较残酷，与法家的严刑峻法没有太多的区别。怪不得会有儒表法里之谈，实际上很多思想本来是统一的，用道家的话讲，类似于相辅相成，相伴相生。

"敬明乃罚"，要严明刑罚，小心谨慎。既要明确，又要严格，依律行事。继续建议道："人有小罪，非眚，乃惟终，自作不典，式尔，有厥罪小，乃不可不杀"，一个人犯了罪后不悔改，继续不断犯罪，屡教不改，应该杀。杀气腾腾与法家无异，坦白从宽、抗拒从严的思想已经开始萌芽。

"乃有大罪，非终，乃惟眚灾，适尔，既道极厥辜，时乃不可杀"，即使犯了大罪，如果有悔改之意，判定罪行时，可以从宽，不杀。刑罚是为了治病救人，而不只是为了惩罚，就有一定的价值，也留下了操作的空间。

"若保赤子，惟民其康乂"，对待百姓要像对待孩子一样，天下就会安定。惩前毖后，这需要掌权者有德行，且亲自抓这个工作，否则可能会适得其反。讲得好的制度被下边的人执行坏了，实际上是这种制度本身有问题，让大家执行出了问题，将责任推到下边人身上，是否值得反省？

"兹殷罚有伦"，行刑罚之事一定要有依据，有标准，并且慎重考虑，不可操之过急，能不严刑就不严刑，能宽大就宽大。人情味很重，且又要遵循章程，兼顾不易。

"汝陈时臬，事罚，蔽殷彝，用其义刑义杀，勿庸以次汝封"，要列出标准，参考殷商时代合适的法律来执行刑罚，而不以你的意愿来惩罚人。刑罚要有法可依，不可凭个人意愿，这样的规定，当然有利于受到人们的拥护。

四十三章 酒诰

原文

王若曰："明大命于妹邦②。乃穆③考文王，肇国在西土④。厥诰毖庶邦庶士越少正御事⑤，朝夕曰：祀兹⑥酒。惟天降命，肇⑦我民，惟元⑧祀。天降威⑨，我民用大乱⑨丧德，亦罔非酒惟⑪行，越小大邦用丧，亦罔非酒惟辜⑫。

"文王诰教小子有正有事⑬：无彝⑭酒；越庶国⑮，饮惟祀，德将⑯无醉。惟曰我民迪小子，惟土物爱⑰，厥⑱心臧。聪听祖考之彝训⑲，越⑳小大德，小子惟一㉑。

"妹土，嗣尔股肱㉒，纯其艺㉓黍稷，奔走事㉔厥考厥长。肇㉕牵车牛，远服贾㉖，用孝养厥父母。厥父母庆㉗，自洗腆㉘，致㉙用酒。

"庶士有正越庶伯、君子㉚，其尔典㉛听朕教！尔大克羞耇惟㉜君，尔乃饮食醉饱。丕惟曰：尔克永观省㉝，作稽㉞中德，尔尚克羞馈祀㉟。尔乃自介用逸㊱，兹乃允惟王正事㊲之臣。兹亦惟天若元德㊳，永不忘㊴在王家。"

注释

①《酒诰》：周公命令康叔在卫国宣布戒酒的告诫之辞。殷商贵族嗜好喝酒，王公大臣酗酒成风，荒于政事。周公担心这种恶习会造成大乱，所以让康叔在卫国宣布戒酒令。

②明：宣布。妹邦：指殷商故土。

③穆：尊称，意思是尊敬的。

④肇：开始，创建。西土：指周朝。

⑤厥：其，指文王。诰毖：谨慎教训，告诫。庶邦：指各诸侯国君。庶士：各位官员。少正：副长官。御事：办事的官员。

⑥兹：则，就。

⑦肇：劝勉。

⑧惟：只有。元：大。

⑨威：惩罚。

⑩用：因。大乱：造反。

⑪惟：为。

⑫辜：罪过。

⑬小子：指文王的后代子孙。有正：指大臣。有事：指小臣。

⑭无：不要。彝：经常。

⑮越：和。庶国：指在诸侯国任职的文王子孙。

⑯德将：以德相助，用道德来要求自己。将，扶助。

⑰迪：开导，教育。小子：指臣民的子孙。土物：庄稼，农作物。爱：爱惜。

⑱臧：善。

⑲聪：听觉敏锐。祖考：指文王。彝训：遗训。

⑳越：发扬。

㉑小子：指殷民。惟一：同样。

㉒嗣：用。股肱：大腿和胳膊，指手脚。

㉓纯：专一，专心。艺：种植。

㉔事：奉养，侍奉。

㉕肇：勉力。

㉖服：从事。贾：贸易。

㉗庆：高兴。

㉘洗：洁，指准备。腆：丰盛的膳食。

㉙ 致：得到。

㉚ 庶士、有正、庶伯、君子：统称官员。越：和。

㉛ 其：希望。典：经常。

㉜ 克：能够。羞：进献。惟：与。

㉝ 丕：语气词，没有意义。省：反省。

㉞ 作：举动，行动。稽：止。

㉟ 馈祀：国君举行的祭祀。

㊱ 乃：如果。介：限制。用逸：指饮酒作乐。

㊲ 允：信任。惟：是。正事：政事。

㊳ 若：善，赞美。元德：大德。

㊴ 忘：被忘记。

马瑞光曰

竟然因为酒写了一篇诰，看来酒对我们影响深远，对酒我们应该有更深刻的认知。

常讲千秋大业一壶茶，万丈红尘三杯酒，成大事不可过量饮酒，实际是一个节制的问题，理性，才有能力处理好相关事项。一个不能够控制自己行为的人，是不可能有优秀的管理能力的，更不可能管理好国家。

"天降威，我民用大乱丧德，亦罔非酒惟行，越小大邦用丧，亦罔非酒惟辜"，上天降下惩罚，因为我们丧失德行，嗜酒无度，所以一些诸侯国灭亡了。说酒能亡国，实际上核心还是人的问题。

在合适的时候适度饮酒还是可以的。"饮惟祀，德将无醉"，在祭祀的时候饮酒，不要喝多，用道德约束自己，如此自然鼓励。"厥父母庆，自洗腆，致用酒"，父母高兴，你准备了丰盛的膳食，以孝敬父母，此时可以饮酒。

最后讲："丕惟曰：尔克永观省，作稽中德，尔尚克羞馈祀"，如果能够时刻自省，完善自己，让行为符合道德，一起向上天敬献食物，一切也就好了。重点无外乎天意、道德、自省，酒只是一个引子罢了。

四十四章 召诰（一）

原文

惟二月既望①，越六日乙未，王朝步自周，则至于丰。

惟太保先周公相宅，越若来三月②，惟丙午朏③。越三日戊申，太保朝至于洛，卜宅。厥既得卜④，则经营⑤。越三日庚戌，太保乃以庶殷攻位于洛汭⑥。越五日甲寅，位成。

若翼日⑦乙卯，周公朝至于洛，则达观于新邑营⑧。越三日丁巳，用牲于郊⑨，牛二。越翼日戊午，乃社⑩于新邑，牛一，羊一，豕一。

越七日甲子，周公乃朝用书⑪，命庶殷，侯、甸、男、邦伯。厥既命殷庶，庶殷丕作⑫。

注释

①惟：发语词，无意义。二月既望：二月十六日。

②越若：犹于是。来三月：指下一月便是三月。来，表示将来时，如明日为来日，明年为来年。

③惟：语词。朏（fěi）：新月的光。曾运乾说："朏，月三日明生之名。"

④厥：语首助词，无实义。得卜：得到吉祥的卜兆。

⑤则：承接连词，犹今语"就"。经营：指建筑。

⑥洛汭（ruì）：洛之入河处。洛，洛水。汭，水的弯曲处。

⑦若：及，到。翼日：明日。翼，通"翌"。

⑧达：通。观：此处谓视察。营：区域，犹今语"营盘"。

⑨郊：古时祭天地的典礼，此处单指祭天。

⑩社：立社祭地神。

⑪朝：早晨。书：指书写的命令。

⑫庶：众。丕：大。作：动工。

马瑞光曰

为了建造洛邑，专门写了两篇"诰"，可见成王和周公对建造洛邑这件事相当看重。大兴土木往往被看作王朝兴衰的标准，所以这就不是简单的营造问题了，也是一个政治问题，也就有了接下来的一系列仪式。

"惟太保先周公相宅"，这应是营造的第一步，先选址，所以在周公到来之前，太保召公就先到达洛邑去勘察地形，看是否适合营建宫室宗庙，应该类似于现在的看风水吧。又在几天之后"太保朝至于洛，卜宅"，对该选址进行占卜，也就是要算一下吉凶。"厥既得卜，则经营"，当得到吉祥的卦象，就开始进行营建。

接下来就是"周公朝至于洛"，周公来到了洛邑，"用牲于郊，牛二。越翼日戊午，乃社于新邑，牛一，羊一，豕一"，先是在南郊用两头牛祭天，第二天戊午，在新邑祭祀，使用了牛、羊、猪各一头。讲的就是祭祀的程序了，这是营造宫室宗庙的第三个步骤，显得庄重而认真，可能会获得上天的支持。

"越七日甲子，周公乃朝用书，命庶殷，侯、甸、男、邦伯"，又过了七天的甲子日，周公便以书册的方式下达正式通知营造洛邑。流程走得认真，事情自然显得重要。

四十五章 召诰（二）

原文

太保乃以庶邦冢君出取币[1]，乃复入锡[2]周公，曰："拜手稽首，旅王若公[3]。诰告庶殷越自乃御事：呜呼！皇天上帝，改厥元子兹大国殷之命[4]，惟王受命，无疆惟休，亦无疆惟恤。呜呼！曷其奈何[5]弗敬。

"天既遐[6]终大邦殷之命，兹殷多先哲王在天。越厥[7]后王后民，兹服厥[8]命。厥终[9]，智藏瘝在[10]。夫知保抱携持厥妇子[11]，以哀吁[12]天，徂[13]厥亡，出执[14]。呜呼！天亦哀于四方民，其眷命用懋[15]，王其疾敬德。

"相[16]古先民有夏，天迪[17]从子保，面稽[18]天若，今时既坠厥命[19]。今相有殷，天迪格保⑳，面稽天若，今时既坠厥命。今冲子嗣㉑，则无遗寿耈㉒，曰其稽㉓我古人之德，矧曰其有能稽㉔谋自天。

"呜呼！有王虽小，元子㉕哉，其丕能諴㉖于小民。今休，王不敢后㉗。用顾畏于民碞㉘，王来绍㉙上帝，自服于土中㉚。旦曰：'其作大邑，其自时配㉛皇天，毖祀于上下㉜，其自时中乂㉝。王厥有成命，治民今休。'

"王先服殷御事㉞，比介㉟于我有周御事。节性㊱，惟日其迈㊲。王敬作所㊳，不可不敬德。"

注释

①以：和，与。冢君：长君。币：指币帛之类的赠送礼物。

②锡：赠予。

③旅王若公：从《洛诰》的记载看，勘察宗庙宫室的基地时，成王尚在西都，并未来洛地。周公这时将要返回旧都，所以召公把打算向成王陈述的意见陈述给周公，希望周公把这些意见转达给成王，故说"旅王若公"。旅，陈述。若，曾运乾以为读如"那"，可解作"于"或"在"。

④改：改革。厥：其。元子：即天子。兹：指示代词，这。命：指天子的大命。

⑤曷其奈何：为什么。

⑥遐：当为"假"，已经。

⑦越：与。厥：代词，其。

⑧兹：作"孜"，谓勤勉。服：本义为服从，此处可引申为遵循。厥：代词，指先王。

⑨厥：语首助词，无义。终：末世。

⑩智：有知识、有本领的人。瘝：病，这里指代奸邪之人。在：与前面的"藏"对言，指留下（在朝廷中效命）的人。

⑪夫：男人。保：通"褓"，小儿衣物。厥：代词，其，指下述男人。妇：妻。子：儿子。

⑫吁：呼告。

⑬徂：通"诅"，诅咒。厥：其，指殷纣。

⑭执：胁迫。

⑮眷：顾。懋：迁移，此指大命由殷迁之于周。

⑯相：视。

⑰天迪：上天的启迪。

⑱面：当面。稽：考。若：读为"诺"，意思是说"旅保"一类人在上天那里当面接受的命令。

⑲坠：失去。厥：其，犹今语"他的"。命：大命，指帝统。

⑳格保：即上文"旅保"，能够沟通天人意见并传达上天命令的人。

㉑冲子：年幼的人，此处指成王。嗣：继。

㉒遗：留下。寿耇：年长有德的老年人。

㉓曰：语气助词。稽：考。

㉔稽：本义为考，此处可引申为咨询。

㉕元子：即天子。

㉖其：他。丕：大。諴（xián）：和，和谐。

㉗后：推迟，此指不敢迁延建洛之举。

㉘嵒：同"岩"，险。此处"民岩"指殷的遗民，殷民初不服周的统治，故曰险。

㉙绍：曾运乾云："读为'卧'，卜问也。"

㉚自：用。服：治。土中：谓天下之中，指洛邑。

㉛自时：犹今语"从此"。自，从。时，通"是"，这。配：配享，此处是说祭天时以周的先祖配享。

㉜毖：谨慎。上下：上指天神，下指地神。

㉝中乂：居中治理国家。乂，治。

㉞服：治。御事：治事诸臣。此句大意是说，先要治服殷的遗臣。

㉟比：近。介：当作"尔"，同"迩"。比迩，谓靠近、接近。

㊱节性：意即克服殷人反抗的心理。节，节制，引申为改造。性，性情。

㊲迈：进。

㊳作所：谓以身作则。

马瑞光曰

以周朝为代表的统治者，从来是以恭敬的态度面对政权，这当然有助于统治。不管是对待百姓还是对待前朝遗民，只要有一颗恭敬之心，很难治理不好国家。当然，这要保证统治者永葆恭敬心，历史证明，这并不容易，对道德上的任何要求实现起来都不太容易。

"呜呼！皇天上帝，改厥元子兹大国殷之命，惟王受命，无疆惟休，亦无疆惟恤。呜呼！曷其奈何弗敬"，啊！上天更改天命，让周取代商，周王接受了，这是一种荣誉，同时也是一种责任，为什么不保持敬意呢？实际上是提醒周公，对于国家与百姓要保持尊敬心，否则就会再遭灭亡。恭敬用心、小心谨慎应该是正确的选择，只是随着皇帝的更换，持续成为一个难点。如此看来还是人治为主，寄希望在高位者身上。

"呜呼！天亦哀于四方民，其眷命用懋，王其疾敬德"，上天看到商无道，可怜老百姓，把天下交给了我们，周王一定要赶快敬重德行，如此才能巩固政权，保持统治。还是为统治者服务的。

"王敬作所，不可不敬德"，周王应以身作则，不可以不敬重德行，否则就会把国家丢掉。基本上就是这个意思了，好像认为江山是统治者家族的，没有江山属于百姓的逻辑，统治者自然也就喜欢了。

四十六章 召诰（三）

原文

"我不可不监①于有夏，亦不可不监于有殷。我不敢知曰，有夏服②天命，惟有历年③；我不敢知曰，不其延④。惟不敬厥⑤德，乃早坠⑥厥命。我不敢知曰，有殷受天命，惟有历年；我不敢知曰，不其延。惟不敬厥德，乃早坠厥命。今王嗣⑦受厥命，我亦惟兹二国命⑧，嗣若⑨功。

"王乃初服⑩。呜呼！若生子⑪，罔不在厥初生，自贻⑫哲命。今天其命哲⑬，命⑭吉凶，命历年。知⑮今我初服，宅新邑⑯，肆惟王其疾⑰敬德。王其德之用，祈天永命。

"其惟王勿以小民淫用非彝⑱，亦敢殄戮用乂⑲民，若有功。其惟王位在德元⑳，小民乃惟刑㉑用于天下，越王显㉒。上下勤恤㉓，其㉔曰：我受天命，丕若有夏历年，式勿替㉕有殷历年。欲王以小民，受天永命。"

拜手稽首曰："予小臣敢以王之仇民百君子越友民㉖，保受王威命明德。王末有成命㉗，王亦显。我非敢勤㉘，惟恭奉币，用供王能祈天永命。"

注释

①监：通"鉴"，戒，指可以作为教训的事。

②服：职务，此处可引申为接受职务。

③历年：年代久远。历，久。

④其：语中助词，无实义。延：长久。

⑤惟：只，独。厥：语中助词，无实义。

⑥坠：失去。

⑦嗣：继。

⑧惟：思。命：下有省略，意思是说，应当考虑二国为什么会丧失大命。

⑨嗣：继。若：其。

⑩乃：是，为。初服：指初次处理政务。服，习。

⑪若：好像。生子：十五岁的少年称生子，古人以十五岁的少年情欲初生，故称生子。

⑫贻：传。

⑬其：时态副词，将。命哲：即赐大命于明智之人。哲，明智。

⑭命：赐予（采于省吾说）。

⑮知：知道。

⑯宅：动词，居住。新邑：即洛邑。

⑰肆：故。惟：通"唯"，表希望。疾：速。

⑱其：祈使副词，犹希望。淫：放纵，过度。彝：法。

⑲殄：灭绝。戮：杀。乂：治。

⑳其：表祈使，犹希望。元：元子，指天子。

㉑惟：语中助词，无实义。刑：法。

㉒越：发扬光大。显：显德。

㉓上下：上指君，下指臣。恤：忧虑。

㉔其：庶几，犹今语"差不多"。

㉕替：废。

㉖仇民：即殷的遗民，殷民于周为仇，故称仇民。百君子：指殷的许多遗臣。百，言

其多。越：和，及。友民：与"仇民"对言，"友民"当指周的臣庶。

㉗ 末：终。成命：指营建洛邑之事。

㉘ 勤：慰劳。

马瑞光曰

继续讲如何才能治理好国家，如何才能让周朝像夏朝那样长久。发现一个规律：一个朝代的人对上一个朝代一般没有什么好印象，而对前朝的前朝一般评价颇高，有点儿敌人的敌人就是朋友的意思。

"惟不敬厥德，乃早坠厥命"，如果不敬德，国家很快就会灭亡。换句话讲，敬德是统治王朝延续下去的根本，所以在后续的内容中，不断重复的就是这些内容。同时继续道："王乃初服"，成王刚登基年龄尚小，需要有人辅助，还是要"王其德之用，祈天永命"，据道德行事，国家才能长命。基本上说的是一国之命运系于一身。

同时指出"其惟王位在德元，小民乃惟刑用于天下，越王显"，成王应居于大德之位，敬德，有圣人的大德，老百姓严格按照法度行事，将成王美德发扬光大。君臣上下一心，上天自然高兴，国运昌隆也就是必然了。这有三个核心：君敬德，君臣一心，小民遵法度。

四十七章 洛诰（一）

原文

周公拜手稽首①曰："朕复子明辟②，王如弗敢及天基命定命③，予乃胤保大相东土④，其基作民明辟⑤。

"予惟乙卯，朝至于洛师。我卜河朔黎水⑥。我乃卜涧水⑦东，瀍水⑧西，惟⑨洛食。我又卜瀍水东⑩，亦惟洛食。伻⑪来以图及献卜。"

王拜手稽首曰："公不敢不敬天之休，来相宅⑫，其作周匹休⑬。公既定宅，伻来，来视予卜，休，恒吉⑭。我二人共贞⑮。公其以予万亿年敬天之休。拜手稽首诲言⑯。"

注释

① 拜手稽首：古代男子的跪拜礼。拜手，跪下后两手拱合，俯手至于心平而不至地。稽首，叩头至地，是隆重的跪拜礼。

② 复：归还。辟：君主。

③ 基命定命：曾运乾曰："基，始；定，正也；基命定命，即举行大典也。"

④ 胤：继。保：官名，太保，此指召公。相：视察。东土：指洛地，因其在镐京以东，故称东土。

⑤ 其：祈使副词，犹希望。基：始。明辟：圣明的君王。

⑥ 河：黄河。朔：北方。黎水：黎阳故城，在现在河南浚县东北，离商的首都朝歌很近。

⑦ 涧水：水名。发源于现在河南渑池东北白石山，至洛阳西南洛水。

⑧ 瀍（chán）水：水名。

⑨ 惟：仅。

⑩ 瀍水东：此处即成周。成周也叫下都。

⑪ 伻（bēng）：使。

⑫ 相：勘察。宅：宫室宗庙的所在。

⑬ 其：代词，指周公。作：营建。周：指周的旧都宗周。匹：配。休：美。

⑭ 恒：遍。

⑮ 共贞：犹言"共同承事"（采曾运乾及杨筠如说）。贞，马融说："贞，当也。"按："贞"当作"鼎"，"贞""鼎"古通用。

⑯ 诲言：教诲之言。旧注均解为"教诲"之"诲"。于省吾说："吴大澂谓古诲字从言从每，是也。……谋言犹云咨言问言。"亦通。

马瑞光曰

今天是2023年最后一天，新年贺词写了一个短篇，恰好读到《洛诰》，强调的实际上还是礼制，还是敬德。礼制符合人性，驱动人性向善，应该是根本，可惜像周公这样辅佐成王的仁德之臣太少，像成王这样的敬德之君也甚是稀缺。

"予乃胤保大相东土，其基作民明辟"，周公讲他要继太保召公之后向东方去视察洛邑了，成王应该登基成为圣明的君主。周公要还位于成王，并行大礼讲了上面的话，如此臣下，当然是表率，君王自然爱戴。

周公继续讲，占卜发现洛邑这个地方是好地方，"惟洛食"。也就是洛邑这个地方最吉利，此处为都城，当然是上上选，也才有了建洛邑的行为，并准备还政于成王。

成王回复道："公不敢不敬天之休，来相宅，其作周匹休。"周公依上天赐予的信任来选定了宫室宗庙的基地，建成的洛邑远胜于旧都宗周，这是很好的一件事情，于是邀请周公二人共赴，一起主持朝政。如此仁义的成王当然讨人喜欢，还政也就会逐步完成了，后人甚是羡慕。

四十八章 洛诰（二）

原文

周公曰："王，肇称殷礼①，祀于新邑，咸秩②无文。予齐百工③，伻从王于周④。予惟曰庶有事⑤。今王即命曰：'记功，宗以功作元祀⑥。'唯命曰：'汝受命笃弼⑦，丕视功载⑧，乃汝其悉自教工⑨。'孺子其朋⑩，孺子其朋，其往。无若火始焰焰⑪，厥攸灼叙弗其绝厥若⑫。彝及抚事⑬如予，惟以在周工⑭往新邑，伻向即有僚⑮，明⑯作有功，惇大成裕⑰，汝永有辞⑱。"

公曰："已⑲！汝惟冲子⑳惟终。汝其敬识百辟享㉑，亦识其有不享。享多仪，仪不及物，惟㉒曰不享。惟不役志㉓于享。凡民惟㉔曰不享，惟事其爽侮㉕。乃惟孺子颁㉖，朕不暇听㉗。朕教汝于棐㉘民彝，汝乃是不蘉㉙，乃时惟不永㉚哉。笃叙乃正父㉛，罔不若予，不敢废乃命。汝往敬哉！兹予其明农哉㉜。彼裕㉝我民，无远用戾㉞。"

注释

①肇：始。称：举行。殷礼：接见诸侯的礼节。

②咸：皆。秩：秩序。

③齐：整。百工：百官。

④俾从王于周：此句为倒装，意指在旧都习礼后再跟从王去洛。俾，使。周，此指旧都。

⑤惟：表祈使、希望之意。庶：众。事：指上文"祀于新邑"的事情。

⑥宗：宗人，官名，行使礼仪的官。功：有功的人。作：举行。元祀：大祀。元，大。

⑦笃：厚。弼：辅助。

⑧丕：奉。视：披阅。载：载书。

⑨其：命令副词。悉：尽。教工：教百官习礼仪。

⑩孺子：小孩，此处指成王。其：祈使副词，希望。朋：古"凤"字。相传凤飞时，群鸟从以万计，此处比喻带领群臣。

⑪若：像。焰：火苗。

⑫厥：其。攸：所。灼：烧。叙：曾运乾说："叙，读'余'……灼余，犹言烬余也。"绝：断绝。厥若：犹言那个。

⑬彝：语气助词。及：劳碌的样子。抚事：处理政务。

⑭惟：表希望的副词。以：及。工：官。

⑮俾：使。即：就。有：通"友"。僚：官员。

⑯明：通"孟"，勉。

⑰惇：厚。裕：宽。

⑱辞：言辞，此处可引申为称道。

⑲巳：叹词。

⑳冲子：幼子。

㉑其：表希冀的副词。辟：诸侯国的国君。享：诸侯国的国君见天子时的礼节。

㉒惟：恐是衍文。

㉓役：用。志：心意。

㉔惟：只。

㉕事：王事。爽：差错。侮：轻慢。

㉖颁：分。孙星衍说："言政事繁多，孺子分其任，我有所不遑也。"

㉗暇：空闲。听：指听政。

㉘棐：辅助。

㉙彝：指方法。瞀（máng）：勉力。

㉚时：通"是"。不永：指统治地位不能长保。

㉛笃：厚。叙：顺。乃：代词，犹言"你的"。正父：天子谓同姓诸侯、诸侯谓同姓大夫，皆曰父。

㉜兹予其明农哉：大意是说，辞去官职勉力务农。兹，这。明，勉力。

㉝裕：宽容。

㉞庶：至。

马瑞光曰

周公继续给成王面授机宜，要治理好国家，首先要礼制，没有规矩不成方圆，大家要严格执行规矩。同时更为重要的是要敬德，以德服人，宽以待人，让人们心悦诚服，既要收人，又要收心，让人心服口服，国家自然昌盛，人民自然维护君王的统治。

"王，肇称殷礼，祀于新邑，咸秩无文"，王啊，你在新的都城接见诸侯的礼节是有规定的，不能乱了秩序。讲白了就是要依礼而行，形成规矩意识，同时自己要以身作则。"彝及抚事如予，惟以在周工往新邑，伻向即有僚，明作有功，惇大成裕，汝永有辞"，要辛勤处理政事，带领百官前往新都，让百官建立功勋，醇厚、宽容地统治，就可以永为后世称道了。无外乎就是要努力工作，同时要以德服人。

"彼裕我民，无远用庶"，如果你能宽以待民，以德治理国家，老百姓自然会诚心诚意归服，自然天下昌盛。

总结一下：有规矩，有奋斗，以德待人，有这三点，基本就是周公心中的明君了。

四十九章 洛诰（三）

原文

王若曰："公，明保予冲子①。公称丕显德②，以予小子扬文武烈③，奉答④天命,和恒⑤四方民,居师⑥,惇宗将礼⑦,称秩元祀⑧,咸秩无文。惟公德明光⑨于上下,勤施于四方,旁作穆穆⑩,迓衡不迷⑪,文武勤教。予冲子夙夜毖⑫祀。"王曰:"公功棐迪笃⑬,罔不若时⑭。"

王曰:"公,予小子其退,即辟于周⑮,命公后⑯。四方迪乱⑰未定,于宗礼亦未克敉⑱,公功⑲,迪将⑳其后,监我士师工㉑,诞保文武㉒受民,乱为四辅㉓。"王曰:"公定㉔,予往已㉕。公功肃将祗欢㉖,公无困哉㉗。我惟无斁㉘其康事,公勿替刑㉙,四方其世享。"

周公拜手稽首曰:"王命予来承保乃文祖㉚受命民,越乃光烈考武王弘㉛朕恭。孺子来相宅,其大惇典殷献民㉜,乱为四方新辟㉝,作周恭先㉞。曰其自时中乂㉟,万邦咸休,惟王有成绩。予旦以多子越御事笃前人成烈㊱,答其师㊲,作周孚㊳先。考朕昭子刑㊴,乃单㊵文祖德。

"伻来毖殷㊶,乃命宁予以秬鬯二卣㊷,曰明禋,拜手稽首休享㊸。予不敢宿㊹,则禋于文王武王。惠笃叙㊺,无有遘自疾㊻,万年厌㊼于乃德,殷乃引考㊽。王伻殷㊾,乃承叙㊿万年,其永观朕子㊿¹怀德。"

注释

①明:勉力。冲子:幼子。成王对自己的谦称,成王是周公的侄子,故谦称"幼冲"。

②称:称说。丕:大。显:显赫。德:功德。

③以:以为。扬:发扬光大。烈:事业。

④奉:遵奉。答:配。

⑤和恒:倒装,应为"恒和"。和,指政事治理得很好。恒,普遍。

⑥师:京师,此处指洛。

⑦惇:厚。宗:同族。将礼:倒装,言以礼接待诸侯。将,事。

⑧称:举。秩:次序。元祀:大祀,指祭祀文王事。

⑨光:广大。

⑩旁:广泛,普遍。穆:美,此处用以形容政治治理得极好。

⑪迓:本作"讶","讶"通"御",掌握。衡:权柄。

⑫毖:谨慎。

⑬"公功"句:亦倒装结构。笃,厚,是"棐迪"的状语。棐,辅助。迪,教导。

⑭罔：否定副词，犹今语“没有”。若：顺。时：通“是”，指示代词，指上文教导的话。

⑮即：就。辟：君位。周：指周的旧都。

⑯后：留后，意即留守新邑。

⑰四方：指天下。迪：导。乱：治。

⑱宗：宗人，主持行使礼仪的官。礼：指仪礼。克敉：近义词叠用。克，成功。敉，通“弭”，引申为成功。

⑲公功：犹言公的任务，总指“迪乱未定”“宗礼未克”诸事。

⑳迪：导。将：主。

㉑监：临，居上视下曰临，此处可引申为统率。士、师、工：均指负责一定政务的官员。

㉒诞：大。保：安。文武：指文王和武王。

㉓乱：率领。四辅：在王的左右辅佐理政的大臣。

㉔定：止，留下。

㉕往：指返旧都。已：通“矣”，语助词。

㉖功：指任务。肃：通“速”，迅速。将：主持政事。祗：敬。欢：通“劝”，勉。此句是倒装句，“祗”和“欢”跟“肃”一样，都是修饰“将”的。

㉗困：固留。哉：当为“我”，形近致误。

㉘惟：只。斁：厌，可引申为懈怠。

㉙替：废弃。刑：常，指常任的政务。

㉚来：指初至洛地营建新邑。乃：代词，你们。文祖：指文王。

㉛越：和。光：光大。烈：威严。此处用以形容武王。弘：大。

㉜惇典：犹言镇守。献民：即民献，众民。

㉝乱：率。辟：君。

㉞恭：恭谨。先：先导。

㉟曰：述说前时之言。时：通“是”。乂：治。

㊱以：介词，与。多子：指众卿。子，对男子的美称。越：和。御：治。笃：厚。烈：功业。

㊲答：合，此处可引申为满足。师：众。

㊳孚：信。

㊴考：成。朕：我。昭子：指成王。刑：常，法。

㊵单：大。

㊶伻（bēng）：使，让。慰：慰劳。殷：指殷民。

㊷宁：安。秬：黑黍，可以酿酒的粮食。鬯（chàng）：古时祭祀所用香酒，用秬制成。卣（yǒu）：古时酒器，其形状和樽相似。

㊸休：美。享：享献。

㊹宿：停留。

㊺惠：仁。笃：厚。叙：顺。三字均有厚待之意。

㊻遘：遇。

㊼万年：指永久。厌：饱。

㊽殷：盛。引考：长寿。以上四句是周公为自己祝福的话。

㊾殷：指殷民。

㊿承叙：承顺。

㉛子：指众民。

马瑞光曰

成王邀请周公继续辅佐他治国，看来当时的环境并不好，其言辞恳切，这里并非谦让，看来团队人才还是核心。这个观点一直持续到今天，假定的前提是帮助成王把国家治理好，因为这是周家王朝。当然治理好的一个标志是人民生活幸福，但可能成王更关注的是统治有力，权不旁落吧。

"公，明保予冲子"，周公啊，你要辅佐我这个年幼无知的人。如此谦逊，是晚辈对长辈的恳求，态度到了，同时也说明国家并不稳定，危机还是不少的。

"惟公德明光于上下，勤施于四方，旁作穆穆，迓衡不迷，文武勤教"，成王夸奖周公治理下的国家十分美好，权力统御恰当，并且把文王与武王的事迹教授于自己。如此评价周公看来还要周公继续辅佐自己才对。

"考朕昭子刑，乃单文祖德"，实现我告诉您的这一法则，就能发扬光大先祖文王的美德。"王伻殷，乃承叙万年，其永观朕子怀德"，王使殷商的人民服从我们，像我们的百姓一样，感于我们的大德，支持我们。这是周公对成王的评价，君臣互相夸奖，看来需要继续配合下去。

五十章 无逸（一）

原文

周公曰："呜呼！君子所其无逸①。先知稼穑之艰难，乃逸②，则知小人之依。相小人③，厥父母勤劳稼穑④，厥子乃不知稼穑之艰难乃逸。乃谚既诞⑤，否则侮厥父母⑥，曰：'昔之人无闻知。'"

周公曰："呜呼！我闻曰：昔在殷王中宗⑦，严恭寅⑧畏，天命自度⑨，治民祗惧⑩，不敢荒宁⑪。肆⑫中宗之享国七十有五年。其在高宗⑬，时⑭旧劳于外，爰暨⑮小人。作⑯其即位，乃或亮阴⑰，三年不言，其惟不言，言乃雍⑱。不敢荒宁，嘉靖⑲殷邦。至于小大⑳，无时㉑或怨。肆高宗之享国五十有九年。其在祖甲，不义惟王㉒，旧㉓为小人。作其即位，爰知小人之依，能保惠㉔于庶民，不敢侮鳏寡㉕。肆祖甲之享国三十有三年。自时厥后立王㉖，生则逸！生则逸！不知稼穑之艰难，不闻小人之劳，惟耽乐㉗之从。自时厥后，亦罔或克㉘寿，或十年，或七八年，或五六年，或四三年。"

周公曰："呜呼！厥亦惟我周太王、王季㉙，克自抑畏㉚。文王卑服㉛即康功田功㉜。徽柔㉝懿恭，怀保㉞小民，惠鲜㉟鳏寡。自朝至于日中昃㊱，不遑㊲暇食，用咸和㊳万民。文王不敢盘于游田㊴，以庶邦惟正之供㊵。文王受命惟中身㊶，厥享国五十年。"

周公曰："呜呼！继自今嗣王㊷，则其无淫于观、于逸、于游、于田㊸，以万民惟正之供。无皇㊹曰：'今日耽乐。'乃非民攸训㊺，非天攸若㊻，时人丕则有愆㊼。无若殷王受㊽之迷乱，酗㊾于酒德哉。"

注释

①君子：指做官的人。所其：指居其位。所，处在。逸：安逸。

②乃逸：旧注多从上读，非是，应从下读。乃，指示代词，这样。

③相：看。小人：小民。

④厥：代词，作"他"解。稼穑：泛指农业劳动。

⑤谚：粗鲁。诞：放肆，或解作"大"，亦通。

⑥否则：乃至于。否，当作"丕"。

⑦中宗：太戊，是商汤的玄孙和太庚的儿子。

⑧严：通"俨"，严肃庄重。恭、寅：均谓恭敬。"恭"指表现在外貌，"寅"指存在于内心。

⑨天命自度（duó）：谓以天命自度。度，量，衡量。

⑩祗惧：敬慎小心。

⑪荒宁：怠惰，荒废。

⑫肆：因此。

⑬高宗：即武丁，在殷代发展史上起到重要作用的著名君王。

⑭时：通"是"，犹言"这个人"，指高宗。相传高宗为太子时，其父小乙曾命令他出外行役。

⑮爰：于是。暨：及，和。

⑯作：及，等到。

⑰亮阴：作"梁暗"，"楣谓之梁，暗谓庐也"。

⑱雍：和谐。

⑲嘉靖：安定。嘉，善。靖，治、安。

⑳小大：小，指小民。大，指大臣。

㉑时：通"是"。

㉒"其在"二句：马融说："祖甲有兄祖庚而祖甲贤，武丁欲立之，祖甲以王废长立少，不义，逃亡民间，故曰'不义惟王'。"祖甲，武丁的儿子。

㉓旧：久。

㉔保：保佑。惠：好处，利益，这里指给人好处。

㉕鳏：年老无妻的人。寡：年老无夫的人。

㉖自：从。时：通"是"，这。立王：立的君王。

㉗耽乐：沉溺在享乐之中。

㉘罔：没有。克：能够。

㉙太王：文王的祖父。王季：古公亶父的儿子，文王的父亲，名季历。

㉚抑畏：谦虚小心。

㉛卑：贱。服：从事。

㉜即：完成。康功：孙星衍以为"康功"指建造房屋。田功：指田野里的劳动。

㉝徽：善良。柔：仁慈。

㉞怀保：爱护。

㉟惠鲜：爱护。惠，爱。鲜，善。

㊱朝：早晨。日中：中午。昃（zè）：太阳偏西。

㊲不遑：没有工夫。遑，闲暇。

㊳用：以。咸和：和谐。

㊴盘：耽。田：通"畋"，打猎。

㊵正：正税，指正常的贡赋。供：献。

㊶受命：接受上天的大命，指即位为君。惟：语中助词，无实义。中身：中年。

㊷嗣王：指成王。

㊸淫：过度的。观：游览。逸：安逸享受。游：游玩。田：田猎。

㊹皇：汉石经作"兄"，兄，即况，且。

㊺攸：所。训：典式，榜样。

㊻若：顺。

㊼时：通"是"，这。丕则：那就。愆：过错。

㊽殷王受：即殷纣王。

㊾酗：发酒疯。

马瑞光曰

周公继续和成王谈如何才能当好皇帝。怪不得会有帝王之术，看来皇帝也是一个职业，成为帝师是很好的选择，一旦徒弟成了皇帝，老师也就很有影响力了，师凭徒贵。亚里士多德的思想影响西方几千年，与亚历山大大帝尊亚氏为师应该有很大关系。汉武大帝独尊儒术后，从此不再是百家争鸣，而是变成了一家独大。《尚书》作为儒家经典，重点讲如何帮助帝王统御国家，所以记录周公讲的这些内容也就再正常不过了。

"呜呼！君子所其无逸。先知稼穑之艰难，乃逸，则知小人之依"，在位君主不应贪图安逸，应该了解种田人的辛苦，如此就知道百姓艰辛，当然也就应该勤政了。

"自时厥后立王，生则逸"，从此以后的君王贪图安逸，最后也就离亡国不远了。终于言之要无逸，做一个勤勉的君王，否则就不可能治理好这个国家，当不好这个君王。

五十一章 无逸（二）

原文

周公曰："呜呼！我闻曰：'古之人犹胥①训告，胥保惠，胥教诲，民无或胥诪张为幻②。'此厥③不听，人乃训④之，乃变乱先王之正刑⑤，至于小大。民否⑥则厥心违怨，否则厥口诅祝⑦。"

周公曰："呜呼！自殷王中宗及高宗及祖甲，及我周文王，兹四人迪哲⑧。厥或告之曰：'小人怨汝詈汝！'则皇自⑨敬德。厥愆⑩，曰：'朕之愆，允若时⑪。'不啻⑫不敢含怒。此厥不听，人乃或诪张为幻。曰：'小人怨汝詈汝！'则⑬信之。则若时，不永念厥辟⑭，不宽绰⑮厥心，乱罚无罪，杀无辜，怨有同，是丛⑯于厥身。"

注释

①犹：还。胥：互相。

②诪（zhōu）张：欺诳。幻：欺诈，惑乱。

③此：这，指下述那些劝诫的话。厥：其，你。

④训：典式，榜样，此处谓以为榜样。

⑤正：通"政"，指政治。刑：法律。

⑥否：三体石经作"不"，联系上文当指无所适从。一说，"否"与"则"是合成词，与"丕则"同义，作"乃至于"解，恐非是。

⑦诅祝：诅咒。祝，通"咒"，音义同。

⑧迪哲：通达明智。

⑨皇自：更加。

⑩厥：其，指上文四人。愆：过错。

⑪允：信。若：像。时：通"是"，这。

⑫不啻：不但。

⑬则：就。

⑭辟：法度。

⑮宽绰：宽宏大度。

⑯丛：积聚。

马瑞光曰

"古之人犹胥训告，胥保惠，胥教诲，民无或胥诪张为幻"，古时候的人能够相互劝诫，小民之间就不会有欺诈。也就是讲，之所以有小人，是因为上层的君臣不能够相互劝诫，或者讲所有的问题根源在上面，一个组织的问题核心在领导。

"民否则厥心违怨，否则厥口诅祝"，小民无所适从，心中自然产生怨恨，口中也会诅咒一切。小民往往没有独立的个性，这有利于英雄的出现，形成独特的文化特色。

"则皇自敬德"，"朕之愆，允若时"，皇上承认错误，并且越来越按规则办事，即敬德，有此心胸，小人自然没有了。以德服人，以德治国，否则，"不永念厥辟，不宽绰厥心，乱罚无罪，杀无辜，怨有同，是丛于厥身"，如果不遵循法度，不心胸开阔，乱杀无辜，必然让百姓心生怨念，并且把愤怒聚焦于你的身上。

五十二章 君奭（一）

原文

周公若曰："君奭①，弗吊②，天降丧于殷，殷既坠厥命。我有周既受，我不敢知曰厥基永孚于休③。若天棐忱④，我亦不敢知曰其终出于不祥⑤。呜呼！君已曰时我⑥。我亦不敢宁于上帝命，弗永远念天威。越我民罔尤违⑦，惟人。在我后嗣子孙，大弗克恭上下⑧，遏佚前人光⑨在家，不知天命不易。天难谌⑩，乃其坠命，弗克经历，嗣前人恭明德⑪。在今予小子旦非克有正⑫，迪惟前人光，施于我冲子。又曰：'天不可信，我道惟宁王德延，天不庸释于⑬文王受命。'"

注释

①君：尊称。奭（shì）：人名，即召公奭。

②弗吊：不善。弗，不。吊，善。

③厥：指示代词，这个。基：基业。孚：符。休：美。

④若：语首助词，无义。棐：辅。忱：诚。

⑤祥：长久。孙星衍说："'祥'与'荣'俱以'羊'为声。'祥'亦'永'也。《盘庚》：'丕乃察降不祥。'《熹平石经》：'不永。'"

⑥君：指召公奭。已：表示过去的时态副词。时我：意思是我能担当起治国的重任。时，通"是"。

⑦罔：无。尤违：怨恨。

⑧上下：上指天，下指地。

⑨遏：绝。佚：弃。光：光荣的传统。

⑩谌（chén）：诚，信。

⑪"乃其坠命"三句：此处语倒，应作"弗克经历，嗣前人恭明德，乃其坠命"。历，久。

⑫正：表率。

⑬庸：用。释：弃。

马瑞光曰

"我有周既受，我不敢知曰厥基永孚于休"，我们实施行德政，如此才赢得天下，但我不敢确定我们的未来是否一直美好。未来充满变数。紧接着又讲出"若天棐忱，我亦不敢知曰其终出于不祥"，即使上天支持我们，也未必就一直美好，不会不祥。如此看来，天意只是一方面，并非全部。

后面终于点题了："越我民罔尤违，惟人"，虽然现在我们的民众没有什么不满与怨言，但是也难讲啊，因为事在人为。也就是讲天意虽难违，但也可能人定胜天，如此看来，天时不如地利，地利不如人和。

最后的结论也就再清楚不过了："天难谌，乃其坠命，弗克经历，嗣前人恭明德"，天命不一定是可信的，如果不能"恭明德"，也就是继承前人之德，可能会失掉上天赐予的天命。所以遵循前人大德，遵守道统，很多事情就会自然发生。

五十三章 君奭（二）

原文

公曰："君奭，我闻在昔成汤既受命，时则有若伊尹[1]，格于皇天[2]。在太甲时，则有若保衡[3]。在太戊时，则有若伊陟、臣扈[4]，格于上帝。巫咸乂[5]王家。在祖乙时，则有若巫贤。在武丁时，则有若甘盘。率惟兹[6]有陈保乂有殷，故殷礼陟配天[7]，多历年所。天惟纯佑命则[8]，商实百姓王人，罔不秉德明恤[9]。小臣屏侯甸[10]，矧咸奔走[11]。惟兹惟德称，用乂厥[12]辟。故一人有事[13]于四方，若[14]卜筮，罔不是孚[15]。"

公曰："君奭，天寿平格[16]，保乂有殷，有殷嗣天灭威。今汝永念，则有固命[17]，厥乱[18]明我新造邦。"

公曰："君奭！在昔上帝割申劝宁王[19]之德，其集大命于厥躬[20]？惟文王尚克修和我有夏[21]。亦惟有若虢叔，有若闳夭，有若散宜生，有若泰颠，有若南宫括[22]。"又曰："无能往来，兹迪彝[23]教，文王蔑德降于国人。亦惟纯佑秉德[24]，迪知天威，乃惟时昭文王迪见冒[25]，闻于上帝，惟时受有殷命。哉武王[26]，惟兹四人尚迪有禄。后暨武王诞将天威，咸刘厥[27]敌。惟兹四人昭武王惟冒，丕单[28]称德。今在予小子旦若游大川，予往暨汝奭其济。小子同未[29]在位，诞无我责？收罔勖[30]不及，耇造德不降[31]，我则鸣鸟[32]不闻，矧曰其有能格[33]！"

公曰："呜呼！君，肆其监于兹[34]，我受命无疆惟休[35]，亦大惟艰。告君乃猷裕[36]，我不以后人迷。"

公曰："前人敷㊲乃心，乃悉㊳命汝，作汝民极㊴。曰：汝明勖偶㊵王，在亶㊶，乘㊷兹大命，惟文王德丕承，无疆之恤㊸。"

注释

①伊尹：商汤的大臣。

②格于皇天：谓汤的功劳可以和天相比，可以和天一样享受人们的祭祀。孙星衍说："格者，《释诂》云：'升也。'谓汤得伊尹辅助成功，升配于天也。"下文"格于上帝"与此同。

③保衡：官名。在王左右辅理政事的人，旧注多以为就是伊尹。

④伊陟、臣扈：均人名。

⑤巫咸：人名，殷的大臣。乂：治理。

⑥率：大抵。兹：这。

⑦陟：升。配天：和上天享受同样的祭祀。

⑧纯：大。佑：帮助。则：准则。

⑨秉：持。明：勉。恤：谨慎。

⑩小臣：内臣。屏：列。侯甸：古制去王城五百里为甸服，去王城千里为侯服。侯、甸，均指周的地方官。

⑪矧：况且。咸：都。奔走：效劳。

⑫乂：治。厥：代词，犹言"他们"。辟：君王。

⑬一人：指君王。事：事情，指君王的号召。

⑭若：好像。

⑮是：指示代词，这，指君王的号召。孚：信，符。

⑯寿：久。格：指格人，能了解天命的人。

⑰固：牢固。命：上天的命令。

⑱厥：发语词。乱：治。

⑲割：通"曷"，相当于现代汉语"为什么"。申：重，一再。劝：劝勉。宁王：文王。

⑳集：成就。躬：自身。

㉑夏：古人称中国曰夏。

㉒虢（guó）叔、闳夭、散宜生、泰颠、南宫括：文王和武王时的大臣。

㉓兹：曾运乾说："兹，读为'孜'，勉也。"迪：开导。彝：常。

㉔纯：大。佑：帮助。秉：持。德：德行。

㉕时：通"是"。昭：助。见：通"现"，显示。冒：勉励。

㉖哉武王：在武王时期。哉，在。

㉗咸：皆。刘：杀。厥：代词，其。

㉘丕：大。单：通"殚"，尽。

㉙同：通"侗"（tóng），幼稚无知。未：通"昧"，暗昧，谓不明事理。

㉚勖（xù）：勉励。

㉛耇：年老的人。降：曾运乾说："降，和同也。"谓和睦团结。

㉜鸣鸟：凤凰的鸣声，古人迷信，以凤鸣为吉祥的征兆。

㉝矧：况。格：格知，了解。

㉞肆：现在。监：视。兹：指示代词，这，指下文"受命无疆惟休""亦大惟艰"。

㉟无疆：无限。休：美。

㊱猷裕：曾运乾说："猷裕，双声联词，犹宽绰也。"

㊲前人：指武王。敷：暴露剖白。

㊳悉：详。

㊴极：中，准则。

㊵明勖：亹勉，努力。偶：合，这里指合力辅助成王。

㊶亶（dǎn）：诚。

㊷乘：担当。

㊸恤：忧虑。

马瑞光曰

继续谈国家兴盛之道。不仅是君王要圣明，臣下也要优秀，君圣臣贤，自然成就美谈。当然，人是核心。这就会有一个问题：如果君或臣出了问题，有不德不贤之人，这个国家基本上就要倒霉了。

"君奭，我闻在昔成汤既受命，时则有若伊尹，格于皇天"。这里周公举了成汤的例子，因为有伊尹辅佐，成汤才成为一代明君，来说明贤臣的重要性。

当然君臣互相影响，配合起来就会成就美好。发现这里基本上不去探讨系统与体制的重要性，讲白了就是假定当时的体制是最好的，不会因体制而产生问题。实际上体制才是根本。

"天惟纯佑命则，商实百姓王人，罔不秉德明恤"，上天帮助人的准则是被帮助的人要有准则，商朝的百姓都是按一定的原则为国家服务，如此当然国泰民安，前提是有众多贤臣参与治理国家。

"惟文王尚克修和我有夏"，只有文王这样道德高尚的人才能治理好国家，所以我们当然应该继承文王的大统，才能国家强盛，人民团结。"汝明勖偶王，在亶，乘兹大命，惟文王德丕承，无疆之恤"，尽心尽力帮助成王，诚心诚意辅佐，坦诚担当任命，继承文王光荣传统，一切就好了。基本上还是保守主义与遗传逻辑，讲白了，还是一个家天下。

五十四章 君奭（三）

原文

公曰："君，告①汝，朕允保奭②。其汝克敬以予③，监于殷丧大否④，肆⑤念我天威。予不允，惟若兹诰？予惟曰：'襄⑥我二人，汝有合⑦哉。'言曰：'在时二人，天休滋至，惟时二人弗戡⑧。'其汝克敬德，明我俊民⑨，在让后人于丕时⑩。呜呼！笃棐时⑪二人，我式克至于今日休⑫，我咸成文王功于不怠，丕冒⑬海隅出日，罔不率俾⑭。"

公曰："君，予不惠若兹⑮多诰，予惟用闵于天越⑯民。"

公曰："呜呼！君，惟乃知，民德亦罔不能厥初⑰，惟其终⑱。祗若兹⑲，往敬用治。"

注释

①告：请求。

②朕：我。允：信。保：官名。即太保。奭：召公名。

③其：表祈使，故译作"希望"。克：能够。予：我。

④否（pǐ）：天地不交、万物不通为否，意即遭逢祸害。

⑤肆：长。

⑥襄：除掉。

⑦合：合德，指品德相合的人。

⑧戡（kān）：胜任。

⑨明：作动词用，谓尊重选用。俊民：有特殊才干的人。

⑩丕时：继承。《尚书正读》："丕时犹丕承也。"

⑪笃：厚。棐：辅助。时：通"是"。

⑫式：用。克：能够。休：美好。

⑬丕冒：意指在天的覆盖之下。丕，大。冒，覆。

⑭率俾：倒装句，使服从。率，顺从，服从。俾，使。

⑮惠：通"慧"，聪明。兹：这。

⑯闵：忧虑。越：和。

⑰罔：不。初：事情的开始。

⑱惟：只。终：指事情的结尾。这一句大意是说，能善始不能善终。

⑲祗：敬。兹：这

马瑞光曰

周公与君奭两位老臣继续交流，认为二人应该配合好，一起辅佐好成王。从另一个角度说明了贤臣对于一个国家的重要。在历史的长河中，这种所谓的顾命大臣大多下场悲惨，因为新帝执掌国家后往往废除这些大臣，起用自己的势力来取而代之，这往往是新旧更迭的标志。或许也有例外吧，这种例子在周或以前的朝代大概率存在，或许孔夫子比较念旧吧。

"呜呼！笃棐时二人，我式克至于今日休，我咸成文王功于不怠，丕冒海隅出日，罔不率俾"，因我二人性情笃厚，合力辅佐，国家才如此美好，才使四海之内、普天之下法度严明，国家昌盛。人性的光辉还是让我们看见了。

"君，予不惠若兹多诰，予惟用闵于天越民"，周公继续对君奭讲，我自己笨拙，只是用心在国家和百姓身上而已。换句话讲，希望我们一起如此，以保周王朝气象祥和，国泰民安。如此一定是顶级的贤臣了。

最后提醒双方要一以贯之，不可半途而废，如此看来贤臣也有变成庸臣的情况。"民德亦罔不能厥初，惟其终"，小民办事时，开始一般挺好，尽心尽力，但结尾的时候可能不一定善终。这应该是周公与君奭的自我警示，如此下去，周王朝当然可以千秋万代了。

五十五章 蔡仲之命

原文

惟周公位冢宰①，正百工②，群叔流言③。乃致辟④管叔于商；囚蔡叔于郭邻⑤，以车七乘⑥；降霍叔于庶人，三年不齿⑦。蔡仲克庸祗⑧德，周公以为卿士⑨。叔卒，乃命诸王邦之蔡⑩。

王若曰："小子胡⑪，惟尔率⑫德改行，克慎厥猷⑬，肆⑭予命尔侯于东土。往即⑮乃封，敬哉！尔尚盖前人之愆⑯，惟⑰忠惟孝；尔乃迈迹自身，克勤无怠，以垂宪⑱乃后；率乃祖文王之彝训⑲，无若尔考之违王命。皇天无亲，惟德是辅；民心无常，惟惠⑳之怀。为善不同，同归于治；为恶不同，同归于乱。尔其戒哉！慎厥初，惟厥终，终以不困；不惟厥终，终以困穷。懋乃攸绩㉑，睦乃四邻，以蕃㉒王室，以和兄弟，康济㉓小民。率自中㉔，无作聪明乱旧章㉕；详乃视听，罔以侧言改厥度㉖。则予一人汝嘉㉗。"

王曰："呜呼！小子胡，汝往哉！无荒㉘弃朕命！"

注释

①冢宰：大宰，总理百官之长，因称冢宰。冢，大。
②正：统率，治理。百工：百官。
③群叔：指下文管叔、蔡叔、霍叔而言。叔，统指兄弟。流言：散布诬蔑挑拨离间的言论。

④致辟：杀。

⑤蔡叔：名度，周公之弟。郭邻：地名。

⑥以车七乘：《史记·管蔡世家》："放蔡叔，迁之，与车十乘，徒七十人从。"

⑦"降霍叔"二句：《孔传》："罪轻，故退为众人。三年之后乃齿录，封为霍侯，子孙为晋所灭。"

⑧蔡仲：蔡叔之子，字仲。克：能。庸：经常，常常。祗：敬。

⑨卿士：王朝或诸侯国的执政官。

⑩蔡：原为蔡叔度的封国，其地在今河南上蔡。因蔡叔度参与叛乱，平叛后蔡叔度被判处流放而国除。其子蔡仲，能改其父之过，且"克庸祗德"，并经过考察，遂复封于蔡，其地在今河南新蔡。

⑪胡：蔡仲之名。

⑫率：遵循。

⑬猷：道。

⑭肆：因此。

⑮即：就任。

⑯尚：还能。盖：遮盖，引申为改变。愆：过错。

⑰惟：思。

⑱垂宪：指垂范。宪，榜样。

⑲率：遵照。彝训：长辈对后辈教导的语言。

⑳惠：仁慈，仁爱。

㉑懋：勤勉，努力。攸：所。绩：事功。

㉒蕃：通"藩"，屏障，引申为捍卫。

㉓康济：使安居乐业。

㉔率：遵循。中：中正之道。

㉕作聪明：自作聪明，轻率逞能。旧章：指先王留存的典章制度。

㉖侧言：片面的言论。度：法度。

㉗嘉：嘉奖。

㉘荒弃：废弃。

马瑞光曰

"蔡仲克庸祗德，周公以为卿士"，蔡仲因为敬重德行，所以周公任命他为卿士。受重任的前提是要有德，而这个"德"就是最高标准，符合之才能是正道。关键问题是如何理解"德"，对此大家都有自己的理解，因为经常发现吵架双方都认为对方"无德"。是双方都"无德"，还是对"德"的理解不同造成了这种情况，这是一件需要明确的事情。

"小子胡，惟尔率德改行，克慎厥猷，肆予命尔侯于东土"，因为姬胡恪守文王的美德，并努力改正他父亲犯下的过错，信守为臣之道，所以任命你为东土的诸侯。显然，标准是文王的标准，文王之德即为美德。

"皇天无亲，惟德是辅；民心无常，惟惠之怀"，上天对人们无远近亲疏，只是辅助那些有德之人，百姓心中没有固定支持谁，只是支持那些给他们好处的人。后一句讲清楚了，实际发挥作用的是利益。这个容易理解，但是天道更重要，以德为先也就是天意了。

"为善不同，同归于治；为恶不同，同归于乱"，行善有多种方式，但都会有安邦定国的好处，为恶也有各种形式，但结果一定是国家陷入混乱。驱动人们向善才是根本。以我的经验，大部分人并未真正理解善，所以需要努力。

五十六章 多方（一）

原文

惟五月丁亥，王来自奄①，至于宗周②。

周公曰："王若曰：猷！告尔四国多方惟尔殷侯尹民③，我惟大降尔命，尔罔不知。"

"洪惟图④天之命，弗永寅念于祀⑤。惟帝降格⑥于夏，有夏诞厥逸⑦，不肯戚言⑧于民，乃大淫昏，不克终日劝于帝之迪⑨，乃尔攸闻。

"厥图帝之命，不克开于民之丽⑩，乃大降罚，崇乱有夏，因甲⑪于内乱，不克灵承于旅⑫，罔丕惟进之恭⑬，洪舒⑭于民。亦惟有夏之民叨懫日钦⑮，劓⑯

割夏邑。天惟时求民主，乃大降显休⑰命于成汤，刑殄⑱有夏。

"惟天不畀纯⑲，乃惟以尔多方之义民⑳，不克永于多享惟夏之恭㉑，多士大不克明保享于民㉒，乃胥㉓惟虐于民；至于百为㉔，大不克开㉕。

"乃惟成汤克以尔多方简㉖，代夏作民主。慎厥丽㉗，乃劝㉘。厥民刑，用劝。以至于帝乙，罔不明德慎罚，亦克用劝。要囚㉙，殄戮多罪㉚，亦克用劝。开释无辜㉛，亦克用劝。今至于尔辟㉜，弗克以尔多方享㉝天之命。呜呼㉞！"

注释

①奄：古国名。在今山东曲阜以东。

②宗周：指西周都城镐京，在今陕西西安西南。

③四国：指管、蔡、商、奄。这四国屡次发动叛变，故放在句子的开始以示警告。多方：犹四方，指各地诸侯。惟：与，和。殷侯：指中夏诸侯。孙星衍说："《释言》云：'殷，中也。'……言汝中夏诸侯。……"尹民：治理臣民的官长。尹，正。

④洪惟：即代惟，谓代替成王发布命令，是周公代替成王发布命令时常用的发端词。图：度。

⑤寅：敬。祀：祭祀。

⑥格：格人，深通天命的人，此处指主持占卜的官员或贤能超众的人。

⑦诞：大。厥：其。逸：安逸，享受。

⑧戚言：指安慰之类的好话。戚，忧。

⑨克：能够。劝：劝勉。帝之迪：指上天开导的话。古人认为这类事大都由格人传达。迪，开导。

⑩开：开释，解除。丽：通"罹"，遭逢。

⑪甲：通"狎"，习常。

⑫灵承于旅：意即能很好地承担上天所赐的大命。灵，善。旅，祭上天之尸。"不克灵承于旅"的大意是说，不按照上天的意旨行事。

⑬罔：无。丕：不。惟：只。进：财。"罔丕惟进之恭"的大意是无不竭力搜刮民财。

⑭洪：大。舒：通"荼"，毒害。

⑮民：指统治阶层。叨：贪婪。懫：忿。钦：崇尚。

⑯劓：割鼻的刑罚。

⑰显:光。休:美。

⑱刑殄:谓给予灭亡的惩罚。刑,谓惩罚。殄,灭绝,灭亡。

⑲不畀纯:意即不给大福。省略中心词。畀,给予。纯,大。

⑳义民:即贤民,指夏的统治集团中行为较好的官长。

㉑"不克"句:这句话的意思是说,由于那些坏人为非作歹,好人们也受到牵连,不能永远保持夏朝给予的禄位。恭,通"供",指所供之职位。

㉒"多士"句:意思是说,臣子们不努力为百姓造福。明,勤勉。保,安。

㉓胥:通"与",相与,皆。

㉔百为:意即无所不为。百,言其多。

㉕大不克开:意言不能把人们从痛苦中解脱出来。开,开释,解脱。这一段话是倒装,开始两句说的是结果,后面几句说的是原因。顺读之,应为:"多士大不克明保享于民,乃胥惟虐于民,至于百为,大不克开,惟天不畀纯,乃惟以尔多方之义民,不克永于多享惟夏之恭。"

㉖克:能够。尔多方:谓你们四方诸侯。简:择,意即为四方诸侯所选择、所拥戴。

㉗慎厥丽:句子有省略,顺承前后文,这句大意应是:谨慎地把人们从灾难中解脱出来。慎,谨。厥,其,指人民。丽,通"罹",遭逢。

㉘乃劝:是为了勉励。乃,是,为。劝,勉励。

㉙要囚:细察狱辞。详见《康诰》注。

㉚殄:灭绝。戮:杀。多罪:指多罪的人,省中心词。

㉛开释:开脱。无辜:无罪。辜,罪。

㉜尔:你们。辟:君主,指诸侯。

㉝以:率领。享:承受,意谓由于殷纣作恶多端,使你们受到牵连。

㉞呜呼:叹词,放在句末,表示惋惜

马瑞光曰

敬天爱民自然是好君主,问题是敬天爱民是为了稳定自己的统治,目的就不纯粹了。这是《尚书》一直的出发点,它是一本教人如何做帝王的书,并非一本讲如何服务老百姓的书籍。后世之人批判性学习，也能挖掘出为人、治企的智慧。

"王若曰：猷！告尔四国多方惟尔殷侯尹民，我惟大降尔命，尔罔不知"，成王讲：告诉四方诸侯及百官，接下来要传达天命，大家可不能不认真听。接下来讲出了商为何代夏，以及周为何代商，二者基本上是一个道理，以证明目前周代商合乎天理。当然，目的是让殷商遗民服从管理，服从周的统治。

"天惟时求民主，乃大降显休命于成汤，刑殄有夏"，上天就找了能为民做主的商汤，授其天命，于是就有了商灭夏，商朝得以建立。

最后总结道："今至于尔辟，弗克以尔多方享天之命"，纣王登基后，不能够敬天爱民，反而涂炭生灵，逆天而行，所以上天也就以周代商，这和以商代夏是一个道理。如此证明周王朝代表天意，商殷遗民当然应该服从周王朝。

五十七章 多方（二）

原文

王若曰："诰告尔多方，非天庸释①有夏，非天庸释有殷，乃惟尔辟以②尔多方，大淫图③天之命，屑有辞④。乃惟有夏图厥政，不集于享⑤，天降时丧⑥，有邦间之⑦。乃惟尔商后王逸厥逸⑧，图厥政，不蠲烝⑨，天惟降时丧。惟圣罔念作狂⑩，惟狂克念作圣。天惟五年须暇之子孙⑪，诞作民主⑫，罔可念听⑬。天惟求尔多方，大动以威⑭，开厥顾天⑮。惟尔多方罔堪顾⑯之。惟我周王灵承于旅，克堪用德，惟典⑰神天。天惟式教我用休⑱，简畀⑲殷命，尹⑳尔多方。今我曷敢㉑多诰，我惟大降尔四国民命。尔曷不忱裕之于尔多方㉒？尔曷不夹介乂㉓我周王，享天之命？今尔尚宅尔宅㉔，畋尔田，尔曷不惠王熙㉕天之命？尔乃迪屡不静㉖，尔心未爱㉗。尔乃不大宅㉘天命，尔乃屑播㉙天命。尔乃自作不典㉚，图忱于正㉛。我惟时其教告之，我惟时其战要囚㉜之，至于再至于三。乃有不用我降尔命，我乃其大罚殛之。非我有周秉德不康宁，乃惟尔自速辜㉝。"

注释

①庸释：舍弃不用。庸，用。释，舍。

②辟：君主。以：与。

③图：闭塞。

④屑有辞：犹今语"振振有词"。屑，形容说话时发出的声音。

⑤集：就。享：祭祀。

⑥时丧：这样的大祸。时，通"是"，这。丧，谓大祸。

⑦有邦：此处当指商。邦，国。间：代替。之：指天命。

⑧商后王：此处当指殷纣。逸厥逸：言其行为放纵不遵法度。厥，其，指殷纣。

⑨不蠲（juān）烝：字面的意思是说祭祀不清洁，实际上是指政治十分昏暗，没有美德上闻于天。蠲，清洁。烝，指祭祀。

⑩惟：虽然。圣：通达明白，与下面的"狂"意思相反。念：谓放在心里，此处指把上天的意旨放在心里。狂：愚狂无知。

⑪须：等待。暇：宽暇，意言放宽了时间。子孙：指纣王，纣王于成汤为子孙后代。

⑫诞：语气词。民主：臣民的主人，意即君主。

⑬罔：不。念：存念。听：听从。

⑭大动以威：谓以灾异警告。

⑮开：开导。厥：其，指上文多方。顾天：顾念上天的威严。

⑯罔堪：即不堪，不胜任。堪，胜任。顾：顾念。

⑰典：主。

⑱式：用。休：美。

⑲简：通"拣"，拣选。畀（bì）：给予。

⑳尹：治理。

㉑曷敢：岂敢，欲擒故纵之词。

㉒"尔曷不忱裕"句：即尔多方曷不忱裕。忱裕，劝导。

㉓夹介：曾运乾说："犹洽比也，亦双声连辞。"洽比，亲附。乂：治理。

㉔宅尔宅：前一"宅"动词，谓居住；后一"宅"指居住的地方。下一句句法与此同。畋，仍读"田"，动词，治田曰畋。后一"田"作"田地"讲。

㉕惠：顺从。熙：光明，此处当指发扬光大。

㉖迪：作。屡：屡次。不静：指反叛作乱之事。

㉗爰：顺服。

㉘宅：度，考虑。

㉙屑：轻视。播：弃。

㉚典：法。

㉛图：企图。忱：诚信，此处谓取信。正：执政者。

㉜战：意指用战争去征服。要囚：细察犯人供词以便根据罪情的轻重分别给予惩处。

㉝速：召。辜：分裂肢体的酷刑，泛指祸害。

马瑞光曰

继续"多方"的内容，周公代表成王对殷商遗民发布的诰令，一再提及天意，以及周朝对天意的贯彻执行。天意不可违，讲白了，周代商与商代夏是一个逻辑，都是天意，大家应顺应天意，不应该逆天而行，更不应该叛乱，对抗周朝。

"诰告尔多方，非天庸释有夏，非天庸释有殷，乃惟尔辟以尔多方，大淫图天之命，屑有辞"，告诉各方的诸侯们，并非是上天抛弃夏朝与殷商，是因为夏朝的国君以及你们殷商的国君与各方诸侯行为放肆，不知悔改，还不断地找理由为自己的罪行辩解，才降下天意。基本就是这个意思，问题的根源是你们自己，所以周代商是顺天而为，当然不应该反叛了。

"惟圣罔念作狂，惟狂克念作圣"，即使本来是圣明的人，如果不将上天的意思放在心上，不遵循上天，就会狂悖，不通事理。相反，即使是狂悖之徒，如果按照上天的意思行事，也可能变成圣明的人。总而言之，逆天意是根本，问题来了：天意为何？当然是要敬德惠民。

"非我有周秉德不康宁，乃惟尔自速辜"，这不是周朝施行德教导致的不安宁，而是大家一再违反，自然招致这样的祸端。自作孽，自然不可活。

五十八章 多方（三）

原文

王曰："呜呼！猷，告尔有方多士暨殷多士，今尔奔走①，臣我监五祀②。越惟有胥伯小大多正③，尔罔不克臬④。自作不和⑤，尔惟⑥和哉；尔室不睦⑦，尔惟和哉。尔邑克明，尔惟克勤乃事⑧；尔尚不忌于凶德⑨，亦则以穆穆在乃位。克阅于乃邑谋介⑩。尔乃自时洛邑，尚永力畋尔田，天惟畀矜尔，我有周惟其大介赉⑪尔，迪简⑫在王庭；尚尔事⑬，有服在大僚⑭。"

王曰："呜呼！多士，尔不克劝忱⑮我命，尔亦则惟不克享⑯，凡民惟曰不享。尔乃惟⑰逸惟颇⑱，大远王命，则惟尔多方探天之威，我则致天之罚，离逖尔土。"

王曰："我不惟多诰，我惟祗告尔命。"又曰："时惟尔初⑲，不克敬于和，则无我怨。"

注释

①奔走：效劳。

②监：侯国称监，此处当指周的宗国。五祀：五年。从周公摄政三年灭奄至成王即位元年，时为五年。

③胥：力役。伯：通"赋"，即赋税。曾运乾说："'伯'当为'赋'，声之误也。"小大：就力役和赋税的数量言。正：正常的标准。

④臬（niè）：法度。

⑤和：和睦。

⑥惟：思。

⑦室：家庭。睦：和睦。

⑧"尔邑克明"二句：这句话也是倒装，"克勤乃事"是原因，"尔邑克明"指效果。尔邑，指尔邑之臣民。明，勉，努力。

⑨忌于凶德：打算做坏事。忌，谋划。

⑩阅：通"悦"，高兴。介：善。

⑪大介：大。赉：赐予。

⑫迪：进。简：择。

⑬尚：加。事：职务。

⑭服：事。僚：官。

⑮劝：勉。忱：信。

⑯享：享祭。

⑰凡：凡是。惟：语中助词，无义。

⑱逸：安逸。颇：邪。

⑲时惟尔初：谓从头开始把关系搞好。

马瑞光曰

继续告诫殷商遗民与众诸侯，要服从周朝管制，否则后果很严重。这应该恰好说明周朝初立，根基不稳，既有警告，又有引导，恩威并施。

并且把上天搬出来，赋予其上天的旨意，显得有根有据，大势所趋，因为是天意使然，也就具备了正统性。

"越惟有胥伯小大多正"，周公对百姓讲，我们施行的田赋和力役都是按规矩来的，符合正常的标准，是遵守法度的。统治者首先遵守法度才是关键，然后才有人民会心服口服，否则难以服众。真正难的不是治理人民，而是如何规范权力的行使，如何把权力关在笼子里。所以克己奉公就很重要，要靠制度约束，靠官员们的修炼。

"尔乃自时洛邑，尚永力畋尔田，天惟畀矜尔，我有周惟其大介赉尔，迪简在王庭；尚尔事，有服在大僚"，如果你们服从我们，种好自己的田地，上天会怜悯你们，周国也会赏赐你们，也会让你们入朝当官。这基本上就是用名利诱之了。按规则来就能共赢，不按规则来而想着复辟，那就不客气了。后面一段把这些内容讲透了："尔乃惟逸惟颇，大远王命"，贪图享乐，不遵王命，"惟尔多方探天之威，我则致天之罚，离逖尔土"，挑战上天权威，必将依天意惩罚你们，驱离现在的土地。

五十九章 立政（一）

原文

周公若曰："拜手稽首①，告嗣天子王矣。"用咸戒②于王，曰："王左右常伯、常任、准人、缀衣、虎贲③。"

周公曰："呜呼！休兹知恤④，鲜哉！古之人迪惟有夏⑤，乃有室大竞⑥，吁俊⑦，尊上帝迪⑧，知忱恂于九德之行⑨。乃敢告厥后曰，拜手稽首后矣，曰：宅乃事⑩，宅乃牧⑪，宅乃准⑫，兹惟后矣。谋面用丕训德⑬，则乃宅人⑭，兹乃三宅无义民⑮。

"桀德⑯，惟乃弗作往任⑰，是惟暴德，罔后⑱。

"亦越成汤陟⑲，丕厘上帝之耿⑳命。乃用三有宅㉑，克即宅㉒，曰三有俊㉓，克即俊㉔。严惟丕式㉕，克用三宅三俊㉖。其在商邑，用协于厥邑㉗；其在四方，用丕式见㉘德。

"呜呼！其在受㉙德。暋惟羞刑暴德㉚之人，同于厥邦；乃惟庶习逸㉛德之人，同于厥政。帝钦罚㉜之，乃伻我有夏式㉝商受命，奄甸万姓㉞。"

注释

①拜手稽（qǐ）首：古代男子的跪拜礼。

②用：因。咸：遍。戒：告诫。

③常伯：官名，管理民事的大臣。常任：治事之官。准人：平法之官。缀衣：掌衣服之官。虎贲（bēn）：武官，王的卫官。

④休：美好。兹：指示代词，这。恤：忧。

⑤迪惟有夏：意言古人道说有夏的故事。迪，道。惟，语中助词。

⑥乃：代词，指夏。有室：指诸侯。竞：争着做。

⑦吁：呼。俊：贤能的人。联系上文，意指诸侯争着选拔贤人。

⑧尊：通"遵"，循。迪：导，教导。

⑨知忱：通过审查了解。知，了解。忱，通"审"，审查。恂：信。行：指行为。

⑩宅：度，考虑。事：此处与下文"牧""准"相对而言，指政务，意言考虑政务搞得好坏。

⑪牧：管理。

⑫准：准则，法度。

⑬谋面：以貌取人。丕训德：即不依据原则办事。丕，通"不"。训，顺。德，道德。

⑭宅人：曾运乾说："宅事者，验诸行事而事举；宅人者，和诸亲昵而事替。"

⑮三宅：指上文事、牧、准三个方面。义民：即贤人。民，同"人"。意思是说，如果不按照原则办事而一味任用亲昵的人，就不会得到贤能的人了。

⑯桀：夏桀。德：升，此处指即帝位。

⑰作：起用。往任：指过去老成持重的人。往，旧。

⑱罔后：指国家灭亡。

⑲越：及，到了。陟：升，与上文"桀德"的"德"同，指即帝位。

⑳丕厘：大福。整，受福。耿：明。

㉑三有宅：即指上文"三宅"而言，意言从三方面考核官吏。

㉒克：能够。即：就。宅：任职，居官。

㉓俊：杨筠如说："俊谓诚有其德。"

㉔克即俊：意即任用。俊，进用。

㉕严：严格。丕：大。式：法。此处大法即指"三宅三俊"之法。

㉖克用三宅三俊：谓从此把"三宅三俊"之法作为选拔人才的定式。

㉗协：协和。厥邑：即商邑。厥，其。

㉘丕式：大法。见（xiàn）：显现。

㉙受：商纣。

㉚暋（mǐn）：强横。羞：进用。刑暴德：意即性情残暴只知用刑。

㉛庶：众多。习：亲近。逸：失。

㉜钦：察。钦罚，意即重重地惩罚。

㉝伻（bēng）：使。有夏：非指夏朝，而是周的旧称。式：曾运乾说："读为'代'。"

㉞奄：覆，谓大而有余。甸：治理。万姓：指臣民。万，言其多。

马瑞光曰

接下来继续告诉君王该如何用人，如何理政，基本上成了后续儒家在治理国家、用人选人方面的基本框架。这是周公给予成王的劝诫，这种做法基本成了惯例。

"呜呼！休兹知恤，鲜哉"，处在美好优越的环境中，依然有忧虑，居安思危的人是比较少的，而这往往是盛世能否持续下去的关键。具体治国关键在于以下三点："宅乃事，宅乃牧，宅乃准，兹惟后矣"，大家各司其职，负责政务的去处理政事，负责管理的官员要考虑百姓能否安居乐业，负责法度与执法的官员要考虑的是执法如何公平合理。

如此也形成了选拔任用官员的依据："乃用三有宅，克即宅，曰三有俊，克即俊"，讲成汤登上君主之位，以德政治天下，以三宅，即政务、理民、司法三个方面考核官员，证明官员们恪尽职守，并从这三方面选拔人才为官，也证明官员们合格优秀，三宅三俊从此成为了一个标准。当殷纣登基之后，"帝钦罚之，乃伻我有夏式商受命，奄甸万姓"，上天因为纣王无道，让周取而代之，治理天下。由此可见德为先，三宅三俊讲的是为数不多的具体细节。

六十章 立政（二）

原文

"亦越文王武王克知三有宅心[1]，灼见三有俊[2]心。以敬事上帝，立民长伯[3]。立政[4]：任人、准夫、牧作三事。虎贲、缀衣、趣马小尹[5]、左右携仆、百司庶府[6]。大都小伯、艺人、表臣百司、太史、尹伯[7]、庶常吉[8]士。司徒、司马、司空、亚旅[9]。夷微卢烝[10]。三毫[11]阪尹。

"文王惟克厥宅心[12]，乃克立兹常事司牧人[13]，以克俊有德。

"文王罔攸兼于庶言[14]。庶狱庶慎[15]，惟有司之牧夫是训用违[16]。庶狱庶慎，文王罔敢知于兹。

"亦越武王率惟敉功[17]，不敢替厥义德[18]，率惟谋从容[19]德，以并受此丕丕基[20]。"

注释

①越：及，到了。三有：指前文所说政务（任人）、司法（准人）、管理臣民（牧作）三方面的事情。宅心：谓通过以上三方面的事情明确而深切地了解其内心。

②灼见：看得清楚。灼，明。俊：进用，选拔。

③长、伯：同义词叠用。

④立政：设立官长。

⑤趣马小尹：负责养马的官。

⑥百、庶：均言其多。司、府：都是官名。

⑦大都：是三公的采邑，小都，是卿大夫的采邑。伯：长。这句话完整地说当是大都伯、小都伯，文中有省略。艺人：征收赋税的官。表臣：外臣，与朝内对言。百司：指百官。太史、尹伯：均属朝内官员。太史，指史官；尹伯，泛指每官之长，比如太史为史官之长，大司乐为乐官之长。

⑧庶：众。常：祥。吉：善。总括上文所举各官，说他们在位都很吉祥。

⑨亚旅：次于三公的众卿。亚，次。

⑩夷：指东方的少数民族。微：南方的少数民族。卢：西方的少数民族。烝：指国，此处指少数民族的国君。

⑪三亳：汤的旧都。

⑫克：能够。厥：其，指被任用的官长。宅心：意谓考核他们的心地，并看他们的行为是否合乎九德。宅，度。

⑬常事：即上文所说的常任。司：即上文准人。牧：即上文牧作。"常"当为事、司、牧的总定语。

⑭冈：不。攸：所。兼：兼有，此处谓包办代替。庶言：教令。

⑮庶：众。狱：指狱讼，即司法案件。慎：谨慎，联系上文当指慎刑。

⑯"惟有司"句：言处理上述事情都是按有司和牧夫的意见来办。之，与，和。训，顺。违，违背。

⑰率惟：语助词，无义。敉（mǐ）：完成。功：指文王之功。

⑱替：废弃。厥：其，指文王。义德：意谓传统与法度。

⑲谋：通"敏"，勉力从事。容：宽。

⑳并受：言君臣同受。丕丕：伟大。基：基业。

马瑞光曰

继续强调三宅三俊，并且说明武王就是按照文王的思路进行传承，所以劝诫成王也应该循旧制，这样国家自然强大，人民自然支持。

"亦越文王武王克知三有宅心，灼见三有俊心。以敬事上帝，立民长伯"，文王与武王对官员们一般从政务、理民、司法三个方面来考察，并以此判断人们的内心，这样的官员也能按照文王的意愿行事，并贯彻下去。所以也就有了以下总结：立政，即设立官员应该按照以下三个方面进行安排，分别是任人、准人、牧作三事，负责政务、司法、理民等三个方面的事情。不仅事要清楚，德也要配位，这也成了我们一贯坚持到今天的内容，凡事德为先，但这个"德"又容易被利用，这是值得我们注意的。

"文王惟克厥宅心，乃克立兹常事司牧人，以克俊有德"，文王对于被考察人员的"心地"十分重视，一般会任用那些有德之人。这种观点一直影响到我们今天，追求德才兼备。

"庶狱庶慎，惟有司之牧夫是训用违"，对于狱讼案件和敕告训诫等，文王不加干涉，而是由负责这些事务的官员确定如何处理。显然，这里依然提倡的是法制，是人治，并非法治，司法的独立性实现就较为困难，容易被人为利用，或通过权力进行干预，这也是一个值得思考的问题。

六十一章 立政（三）

原文

"呜呼！孺子①王矣，继自今我其立政。立事、准人、牧夫。我其克灼知厥若②，丕乃俾乱③，相我受民，和我庶狱庶慎。时则勿有间④之，自一话一言。我则末惟成德之彦⑤，以乂我受民。

"呜呼！予旦已受人之徽言⑥，咸告⑦孺子王矣！继自今文子文孙，其勿误于庶狱庶慎⑧，惟正是乂⑨之。

"自古商人，亦越我周文王立政，立事、牧夫、准人。则克宅⑩之，克由绎⑪之，兹乃⑫俾乂。国则罔有立政，用憸人⑬，不训于德，是罔显在厥世。继自今立政，其勿以憸人，其惟吉士，用劢相⑭我国家。

"今文子文孙，孺子王矣。其勿误于庶狱，惟有司之牧夫。其克诘尔戎兵⑮，以陟禹之迹⑯，方行⑰天下，至于海表，罔有不服。以觐文王之耿⑱光，以扬武王之大烈。

"呜呼！继自今后王立政，其惟克用常人⑲。"

周公若曰："太史、司寇苏公⑳，式敬尔由㉑狱，以长我王国。兹式有㉒慎，以列用中㉓罚。"

注释

①孺子：长辈对年幼的晚辈的称呼，此处指成王。

②灼：明。厥若：代词，指上文立事、准人、牧夫。

③俾：使。乱：治。

④时：通"是"。勿：不。间：代替。

⑤末：终，此处当译为"始终"。成德：指具备九德。彦：有才有德的人。

⑥徽言：美言。

⑦咸告：全都告诉。

⑧误：自误，意指自作主张包办代替而产生的错误。庶狱庶慎：谓对众多狱事要慎重。

⑨惟：只。正：官长。乂：治。

⑩宅：考察。

⑪由绎：曾运乾认为是双声词，犹言筹著审慎，大意是反复考虑，十分慎重。

⑫兹乃：这样。

⑬憸（xiān）人：贪利之人。

⑭劢（mài）：勉力。相：帮助。

⑮诘：责问。戎兵：军队方面的事。

⑯陟禹之迹：意言循禹之迹。陟，升。

⑰方行：遍行。方，旁。

⑱觐：见。耿：光明。

⑲常人：吉士贤人。

⑳ 司寇：官名，负责司法事务，即上文"准人"。苏公：即苏忿生。
㉑ 式：用。由：杨筠如说："'由'读为'修'，《广雅》'修，治也'。"
㉒ 兹：这。式：法式，榜样。有：通"又"。
㉓ 列：布。中：符合，适当。

马瑞光曰

这是《尚书》最后一节的内容，基本上是告诫君王如何统治国家，治理人民，执行法度，成为一代明君，起用贤臣。说明了明君的重要性，贤臣的必要性，基本上"以人为核心"。这就有一个前提——人人可以成为贤人，所有君王都可能成为圣贤，历史上也确实出现了很多明君，但可惜的是昏君也不少。复杂之处在于明君与昏君并无绝对的界限，转化好像也不困难。很多人还是在寻求外力的护佑，实际上自己的内驱与反思才是根本。

周公对成王继续给出建议："立事、准人、牧夫"，称王以后要任命官员，选贤任能，主要是处理政务的官员、司法官员、管理人民的官员，具体事情由这些人去处理。作为君王，"时则勿有间之，自一话一言"，不要去干涉官员们的行为，也不要讲什么，最后能成就他们的美德，并且可以涌现一批德才兼备的人。当然，前提是臣员一定是贤能之人。

"继自今立政，其勿以憸人，其惟吉士，用劢相我国家"，进一步强调，君主任命官员一定要任用贤良，不要任用奸佞小人，这样才能造福老百姓。这种思想也深刻影响了如今的我们。接下来进一步强调，"呜呼！继自今后王立政，其惟克用常人"，即位的君主一定要任用贤明官员。问题是如何判断这个官员是否贤明，人性的稳定与多变共存，让这件事变得更加不易了。

最后，周公总结道："兹式有慎，以列用中罚"，要慎罚，适当进行处罚，宽仁为本。这也成为儒家一直倡导的思想，而这本身就可能是对于"刑罚"的干涉，因为严罚是过了，慎罚是不及，恰当的做法应该是依律而行，无所谓"慎与严"。思想上可以"慎"，但这在行为上并不好操作。这或许是儒家与法家的不同，但恰恰又是相同的地方，儒表法里也就成为可能。

礼记

曲礼

曲礼上（一）

曲礼指的是礼的各类仪式礼节。本篇内容包括吉、凶、军、宾、嘉这五礼，还有日常言谈举止、进退应对等生活礼仪，内容丰富，教人识礼、懂礼、守礼。

原文

《曲礼》曰：毋不敬，俨①若思，安定辞②，安民哉。

注释

①俨：通"严"，庄严、庄重的意思。

②辞：所说的话。

马瑞光曰

今天开始学习《礼记》，《礼记》通过孔子与各弟子之间的交流与问答论述了先秦时期的礼制与礼仪，实际上是儒家修身养性的行为准则。

所谓的"礼"实际上就是人和人交往时的原则，或者人们生活时应遵循的原则。总而言之，礼就是一个社会的一些标准与规制。

"毋不敬"，待人处事要恭敬，让人觉得靠谱、有礼貌。敬别人实际上就是敬自己。"俨若思，安定辞，安民哉"，神态要庄重，言辞要审慎，如此才能安定人心。这基本上就是领导的日常风格，或者讲是有识之士的礼貌与表现。

当然，这种要求也导致人们缺乏了个性的张扬，难免会有虚伪之嫌，毕竟每一个人都是有个性的，但是为了人和人的交往，对大家有所限制也是必要的。没有规矩，不成方圆。

曲礼上（二）

原文

敖①不可长，欲不可从②，志不可满，乐不可极。

注释

①敖：通"傲"，骄傲，傲慢。
②从：通"纵"，不加约束，纵容。

马瑞光曰

讲了四句话，为人处事的原则也就这样定下来了。

"敖不可长"，不可傲慢。谦虚使人进步，取得些成就更要低调，过于傲慢容易招致祸事。实际上原因并不复杂，骄傲会让人自满自大、自以为是，犯大错误的概率也就大了。同时，骄傲会给别人带来负面情绪与压力，本身也是一种损害别人的行为，当然会让人反感，甚至导致其伤害骄傲之人，所以骄傲实际是自找麻烦。

"欲不可从"，不能放纵自己的欲望，应节欲。当然并未讲无欲，否则也会带来祸事。欲望是驱动我们进步的动力，同时也会是麻烦的制造者，克制、自律就成为必修课。

"志不可满"，满招损，心中之志不可满，低调行事才是正道。一般来讲，满都会带来问题，不满之满才是圆满，适度为好。

"乐不可极"，乐极生悲，极度享乐是人们都想有的体验，却往往会因此付出巨大代价。当然，这种极致也会有产生创造性。从维护稳定与有序延续的角度来讲，恰到好处应是更好的选择。

曲礼上（三）

原文

临财毋苟得，临难毋苟免。很①毋求胜，分毋求多。疑事毋质②，直而勿有。

注释

①很：通"狠"，谓争讼。

②质：自我肯定的意思。

马瑞光曰

这一段继续制定标准，类似于语录，且导向非常鲜明，黑白分明，正确与错误相对。这是好的一面，但难免会过于绝对，缺乏变通。

"临财毋苟得，临难毋苟免"，面对财物的时候，不能够随意占用，要取之有道，面对困难、危险时应积极应对，而不是随意逃避，当然也要理性分析，非要自不量力未必好。当然这里指的是不能随意逃避，并非不可逃避，不能把这个问题绝对化了。从这个角度来讲，对反共存似乎才是大道，颇有意思。

"很毋求胜"，争讼时未必要狠辣争胜，要留有余地。这应该成了我们为人处事的智慧，处处透露出中和之道。"分毋求多"，分配东西的时候适可而止，不求多。多与少本身不好界定，心里认为多或少可能才是关键。该过度过度，该不及不及，该中间中间，这似乎才是适度，关键是如何评价"该不该"，这就是我们所讲的变数了，人和人的区别应该在这方面表现得比较明显。

曲礼上（四）

原文

若夫坐如尸①，立如齐②。礼从宜，使从俗。

注释

①尸：古代祭祀时代替神鬼受祭的人。

②齐：通"斋"，斋戒。

马瑞光曰

"若夫坐如尸，立如齐"，我们坐着的时候，就像在受祭时那样，庄重严肃，姿势端正，站着的时候像斋戒那样恭敬。坐如钟，站如松，也就成为标准，表示对场合与场景的重视。如此看来似乎有些死板，后面一句内容对此进行了补充，这样可能会更全面一些。

"礼从宜，使从俗"，礼仪要合乎时宜，要入乡随俗。也就是讲上文讲的坐与立也要据实际情况调整，不能僵化处理。没有什么东西是一成不变的。问题是一变大部分人会无所适从，害怕改变、希望确定是人们一直面临的纠结。

曲礼上（五）

原文

夫礼者，所以定亲疏、决嫌疑、别同异、明是非也。礼，不妄说①人，不辞费。礼，不逾节②，不侵侮，不好狎③。修身，践言，谓之善行。行修，言道，礼之质也。礼，闻取于人④，不闻取人；礼，闻来学，不闻往教。

注释

①说：通"悦"，使人愉快。

②节：有节制，有限度。

③狎（xiá）：不恭敬的样子。

④取于：请教于。

马瑞光曰

"夫礼者,所以定亲疏、决嫌疑、别同异、明是非也",所谓礼,就是用来确定亲疏关系,分析事情嫌疑,判断事物异同,用来明辨是非的,也就是是非对错的判断标准。所谓的礼不是简单的礼仪,范围要大得多,更多的是一种标准。

"礼,不妄说人,不辞费。礼,不逾节,不侵侮,不好狎",礼,是不讨好别人,不讲无用之言,不逾越,不侮辱他人,不轻佻他人,当然就是有礼貌,有修养。由此,好坏标准也就清晰了,什么是合乎礼节也就定了。礼既是一种规范,又是一种观念,同时实际上也是一种选择,从此后就成了真理,甚至成了一种流淌在血液里的东西,逐渐成为所谓的文化。

"修身,践言,谓之善行",修养身心、实践诺言是善行。这在一定程度上有了善恶标准。"行修,言道,礼之质也",举止有修养,讲话有道理,是礼的本质。

"礼,闻取于人,不闻取人",听说过向别人请教礼的知识的,没有听说要求别人来请教的。要让人们自己来请教学习礼,如此才是正道,而不是要求人们来请教。最后一句话讲得更加清楚了,且范围大得多:"礼,闻来学,不闻往教",只听说人们来学习,没有听说我们非要去教授的。不可能把知识、礼仪塞到别人脑袋里,关键是别人有自主性,方可真正掌握。由此也就有了来学有效,往教无用,学习的核心还是自己,要尊重老师,多向老师请教,但真正的关键与根源还是自己。

曲礼上(六)

原文

太上①贵德,其次务施报。礼尚往来,往而不来非礼也;来而不往,亦非礼也。人有礼则安,无礼则危。故曰:礼者,不可不学也。夫礼者,自卑而尊人,虽负贩者②,必有尊也,而况富贵乎?富贵而知好礼,则不骄不淫;贫贱而知好礼,则志不慑③。

注释

①太上：指传说中的三皇五帝之世。

②负贩者：做买卖时用肩挑着东西来卖的人，一般认为他们道德不高，利欲熏心，但实际上也不都如此。

③慑（shè）：胆怯，胆小。

马瑞光曰

"太上贵德，其次务施报"，上古推崇以德为贵，后世推崇施恩与报答，有来有往。所以也就有了"礼尚往来，往而不来非礼也；来而不往，亦非礼也"这样流传甚广的金句。实际上可以看作一种公平交易，实现多赢，但《礼记》的描述却颇有礼，而且很是文雅。这也应该是我们赞成的，但把握不好容易产生道德绑架，讲好听的，却是干不好听的，需要多多注意。

"人有礼则安，无礼则危"，有礼，社会就会平安，没有，社会就会混乱。问题的关键实际上还是什么礼是否符合人的天性的，是否真正对老百姓有益，这本身是一个难题。当然，封建社会提出的这些观点更多还是出于维护统治，这些礼往往成了工具，估计夫子始料未及。

最后进一步总结："富贵而知好礼，则不骄不淫；贫贱而知好礼，则志不慑"，不管是富人还是穷人都要知礼，就不会因富而骄，也不会因穷而志短。实际上，规范人们向善是好的，但又要符合人性，这非常不易。

曲礼上（七）

原文

人生十年曰幼，学。二十曰弱①，冠②。三十曰壮，有室。四十曰强，而仕。五十曰艾③，服④官政。六十曰耆⑤，指使。七十曰老，而传⑥。八十、九十曰耄⑦，七年曰悼。悼与耄虽有罪，不加刑焉。百年曰期，颐⑧。

注释

①弱：身体还没有完全发育成熟。

②冠：古时候，男子二十岁时要行加冠之礼，意味着男子长大成人。

③艾：形容人年纪大了，白头发就好像艾草一样。

④服：担任，掌管。

⑤耆（qí）：年老。

⑥传：分配家产，交代家事。

⑦耄（mào）：指人因年老而视听能力下降、活动能力明显衰弱的状态。

⑧颐：赡养老人。

马瑞光曰

把人的一生总结了个通透，从十岁开始，一直谈到了一百岁，应该讲相当有道理。从这也能看出很多传统文化都是历史的沉淀，是经验总结，也可以讲是大数据分析的结果，从经验最后变成规律，并开始进行预测，这似乎是我们的一贯行为。

"十年曰幼，学"，十岁称之为幼，可以开始学习了，现在加了幼儿园，从四五岁就开始学习了。我们也发现十岁之前的学习可能更重要，三岁看大，七岁看老，所以才有一个民族的未来是在小学讲台上完成的这个说法。如此来看，十岁以后才开始学习实际上已经晚了。"二十曰弱，冠"，二十岁称为"弱冠"，开始行冠礼，要承担责任了，甚至已经结婚了。

"三十曰壮，有室。四十曰强，而仕"，三十有家室，四十入朝当官，这个时候属于青壮年，这个人开始成熟，变得强大。很多人在这个阶段取得了一生的成功。

"五十曰艾，服官政"，到五十岁的时候，才真正可以独当一面处理大事，也就知天命了。这个时候人应该比较成熟了，处理问题的能力应是很强的。"六十曰耆，指使"，六十岁开始指挥别人干活，因为身体状态大不如前。现在则未必，六十岁健步如飞，在现代社会也平常得很，冲到一线也是常态。

"七十曰老，而传。八十、九十曰耄，七年曰悼"，七十岁就老了，应该交代后事，分配家产了；八十与九十岁称为耄；七岁以下称为悼，这种情况会免除刑罚。一种是未成年人，一种是老人，出于人道主义可以免刑。这种做法与现在有很多类似之处。百岁老人颐养天年，那就是长寿了，是子孙之福了。人的一辈子，短短数语，总结完毕了。

曲礼上（八）

原文

凡为人子之礼，冬温而夏清①，昏定②而晨省，在丑夷③不争。夫为人子者，三赐④不及车马，故州闾乡党称其孝也，兄弟亲戚称其慈也，僚友称其弟⑤也，执友⑥称其仁也，交游⑦称其信也。见父之执⑧，不谓之进不敢进，不谓之退不敢退，不问不敢对。此孝子之行也。

夫为人子者，出必告，反⑨必面，所游必有常，所习必有业，恒言不称老。年长以倍，则父事之；十年以长，则兄事之；五年以长，则肩随⑩之。群居五人，则长者必异席⑪。

为人子者，居不主奥⑫，坐不中席，行不中道，立不中门。食飨⑬不为概，祭祀不为尸。听于无声⑭，视于无形⑮。不登高，不临深，不苟訾，不苟笑。孝子不服暗⑯，不登危，惧辱亲⑰也。父母存，不许友以死⑱，不有私财。

为人子者，父母存，冠衣不纯⑲素。孤子⑳当室，冠衣不纯采。

幼子常视㉑毋诳。童子不衣裘裳，立必正方，不倾听。长者与之提携，则两手奉㉒长者之手。负、剑，辟咡诏之，则掩口而对㉓。

从于先生，不越路而与人言。遭先生于道，趋㉔而进，正立拱手。先生与之言则对，不与之言则趋而退。从长者而上丘陵，则必向长者所视。

注释

①清（qīng）：凉。

②定：摆放好枕头和席子。

③丑夷：同辈众人。

④三赐：指的是三命之赐。在周朝，官吏制度是有等级之分的，从一命到九命，每一命的待遇都不相同，都有标志各自等级的礼服与赏赐等，三命以上的人就可以享有周王赏赐的车马。文中是指由于父母健在，因此不敢接受这样的待遇。

⑤弟：通"悌"，尊敬兄长。

⑥执友：指志向相同的人或者朋友。

⑦交游：交往的朋友。

⑧父之执：与父亲志同道合的人。

⑨反：通"返"，返回。

⑩肩随：与人并行往前走，身体略微靠后一些表示尊敬。

⑪群居五人，则长者必异席：古人围坐桌案的时候需席地而坐，通常每席只能坐四个人，如果超过四人，那么其中年龄最大的人就要另坐一席，也是表示敬长之意。

⑫奥：屋子的西南角，古人认为是最尊的地方。

⑬食（sì）飨（xiǎng）：食礼与飨礼。

⑭听于无声：在父母未说话之时，就已经知道父母的意图。

⑮视于无形：在父母还没有做出动作就已经看出父母的意思。

⑯不服暗：指不向父母隐瞒任何事情。

⑰惧辱亲：隐瞒父母一些事情与登上很高、很危险的地方，都是辱亲的行为。

⑱不许友以死：是指不做为朋友卖命的事情。

⑲纯（zhǔn）：指衣冠的花边。

⑳孤子：指还没等到而立之年就失去父亲的人。

㉑视：通"示"，显示，示范。

㉒奉：捧。

㉓必掩口而对：在与长者说话时，要掩口回答。

㉔趋：快走。

马瑞光曰

用了一大段的篇幅，和大家交流的是如何成为一个"儿子"的礼仪，把传统的尊老文化讲得很细，如此则人人为孝子了。这也是家庭伦理的核心，有助于家庭的稳定。其中的一些思想一定程度上会阻碍创新，因为过度强调尊老很容易让人无原则地顺从、接受，这个问题实际上在历史长河中出现过。

"凡为人子之礼，冬温而夏凊，昏定而晨省，在丑夷不争"，为人子者，冬天让父母温暖，夏天让父母清凉，晚上让父母休息好，早上去问好请安，不与同辈的人争斗争胜，谦逊恭让，风气自然柔和，氛围当然亲切。

"夫为人子者，出必告，反必面，所游必有常，所习必有业，恒言不称老"，作为人子，出门要向父母汇报，回到家要亲自告知父母，游玩应有常去的地方，学习有所成，嘴里不能讲"老"字。这基本上就规范到位了，当然也有些地方显得多余。变老实际并无不好，平常心即可，自然规律而已。

尊老，成为一个孝子，基本上应该是儒家的标准了。当然，作为"子"的附属性也就形成了，独立性似乎并不存在，有点儿为了家庭放弃自我独立的意思，核心问题是人性是否真的如此，这实际上才是争议所在。

曲礼上（九）

原文

登城不指，城上不呼。将适舍，求毋固①。将上堂，声必扬。户外有二屦②，言闻则入，言不闻则不入③。将入户，视必下④。入户奉扃⑤，视瞻毋回；户开亦开，户阖亦阖；有后入者，阖而勿遂。毋践屦，毋踖⑥席，抠衣趋隅，必慎唯诺。

注释

①固：平时固有的样子。

②户外有二屦（jù）：古人在去别人家做客入室之前，要将鞋子脱在室外。若室外有两双鞋，则说明室内有两个人或三个人，因为长者可以将鞋子放在室内。

③言闻则入，言不闻则不入：若在外面的人听到屋内人说话，那么可以进入室内；若没有听到室内人说话，那么室内人很可能在商量一些秘密的事情，就不要进去打扰。

④视必下：眼睛要向下看，以免看见他人隐秘之事。

⑤奉扃（jiōng）：形容双手好像举着门闩的样子。这里是表示恭敬与谦卑的意思。扃，门闩、门杠，是关闭大门用的横木。

⑥踖（jí）：踩，踩踏。古人入席的时候是有次序之分的，要从席子的后方走上去坐下，而不能从席子的前面走上去，否则就犯了踖席的错误。

马瑞光曰

"登城不指，城上不呼"，登上城墙不指手画脚，也不大呼小叫。这好像缺乏些英雄气概，应该指点江山才对，如此看来，内敛的气质也就此形成了，尤其是身处顺境的时候，似乎更应低调才合适。

"将适舍，求毋固。将上堂，声必扬"，去住宾馆酒店也要注意，不可像家里一样随便，即将进入别人的房屋，应该发出声音让别人知道。想起小时候在农村爷爷进人门前都会咳嗽一声，人未到，声要先到。这种礼仪深刻影响了我们每一个人。

"将入户，视必下"，进入别人的屋子，眼睛要向下看。既是一种尊重，又是一种客气，免得别人有什么不方便的被自己看到。没有规矩，不成方圆，我们几千年的文化源远流长。只要是规矩，就有一定的束缚，所谓的人性如何适合是关键。

"毋践屦，毋踖席，抠衣趋隅，必慎唯诺"，进入人家的屋子，不要踩到别人的鞋，不要从人的前面入席，谨慎交流。

曲礼上（十）

原文

凡与客入者，每门让于客。客至于寝门，则主人请入，为席，然后出迎客。客固辞，主人肃客①而入。主人入门而右，客入门而左。主人就东阶，客就西阶。客若降等②，则就主人之阶。主人固辞，然后客复就西阶。主人与客让登，主人先登，客从之，拾级聚足③，连步以上。上于东阶，则先右足，上于西阶，则先左足。

注释

①肃客：引领客人进入。肃，进入的意思。

②降等：按照旧时的礼制规定，宾客的等级要比主人的等级略低。

③拾（shè）级聚足：指每上一级台阶，都要并拢一次双脚，然后再登下一个台阶。

马瑞光曰

本章节讲的是迎客之礼，很多内容都延续到了今天，强大的传统文化可见一斑，对于谨慎礼貌、以礼待人的民族性格形成也起到了重要作用。所讲的内容基本上已到细节，完全可以操作，这也可能是儒家思想容易普及的原因，既有思想，又有落地，不像道家，很多地方让人很难理解，玄之又玄，最后只能成为部分人的"专利"。

"凡与客入者，每门让于客"，主人迎客一起前行，应该让客人先进屋。"客至于寝门，则主人请入，为席"，但如果是客人走到寝室门口，就要主人先走进去，为客人摆好席位，再让客人入寝室。进入外屋客人先入，进入卧室显然要主人先入，个人隐私的保护看来是很到位的。

"主人就东阶，客就西阶。客若降等，则就主人之阶"，主人走到东阶，客人走到西阶前，如果客人的身份地位比不上主人，那么就要跟随主人到东阶前。"主人固辞，然后客复就西阶"，主人一再推辞，然后客人可以走回到西阶。身份地位与行走顺序规定得非常明确，所以这里根本就没有什么人人平等之说，等级、伦理由此逐步形成。最后又讲到上东阶先迈右足，上西阶先迈左脚，细致入微，有规矩自成方圆。

曲礼下（一）

原文

凡奉者当心，提者当带①。执天子之器则上衡②，国君则平衡，大夫则绥③之，士则提之。凡执主器，执轻如不克。执主器，操币④、圭、璧，则尚左手，行不举足，车轮曳踵⑤，立则磬折⑥垂佩。主佩倚，则臣佩垂；主佩垂，则臣佩委⑦。执玉，其有藉者则裼，无藉者则袭⑧。

注释

①带：指古代贵族系于衣服外面的大带。

②上衡：比心脏高的地方。

③绥：比心脏低的地方。

④币：古代行礼时使用的束帛。

⑤车轮曳（yè）踵（zhǒng）：好像车轮滚动一样低调。曳，拽、拉。踵，脚跟。

⑥磬折：弯下腰。

⑦佩委：指腰佩要垂到地上。

⑧有藉者则裼（xī），无藉者则袭：这句话是讲古代使臣与他国行聘礼时对执玉及礼服的规定，这个礼节由两部分组成，首先要行聘礼，代表己国国君向对方国君及夫人献上圭、璋，然后行享礼，向国君及夫人献上琮、璧等礼物。进献圭、璋的时候无须用其他物品遮盖，所以叫"无藉"，进献琮、璧的时候要放在束帛上，所以叫"有藉"。而所穿的礼服之外要穿一件罩衣，称为"裼"，裼之外再穿上正服，如朝服等，叫作"袭"。在非重大礼仪上，贵族要解开正服的前襟，露出里面的裼衣，叫作"裼"［动作］。遇到重大礼仪，要掩藏衣服的前襟，叫作"袭"［动作］。

马瑞光曰

"凡奉者当心，提者当带"，讲拿东西的标准，凡是双手捧东西时，双手应处于心口的位置，提东西时，手要向上弯曲到衣服外面系的大带的位置。我们现在好像没有这么严格的限制了。

"执天子之器则上衡，国君则平衡，大夫则绥之，士则提之"，拿天子的器物要拿高于心脏，拿国君的器物要与自己的心脏平齐，拿大夫的器物双手的位置要比心脏低，拿士的器物就用手提在腰际。基本上是越贵重的人的东西越重视，等级分明。

最后又来强调如何表现出主人的物件很重要。"凡执主器，执轻如不克"，凡是主人的器物即使很轻，也要表现得像拿不动的样子。显然这样是为了体现恭敬，认真对待的不是物品，而是地位。

下文讲的基本是类似的标准。"执玉，其有藉者则裼，无藉者则袭"，行礼时手执玉器，如玉器下面有衬托物和没有衬托物会有不同的结果。正服的前襟解开，露出裼衣或不解开，等等，如此详细，真是不易。

曲礼下（二）

原文

国君不名卿老①、世妇②。大夫不名世臣③、侄、娣④。士不名家相⑤、长妾⑥。君大夫⑦之子，不敢自称曰"余小子⑧"。大夫、士之子，不敢自称曰"嗣子某⑨"，不敢与世子⑩同名。

注释

①卿老：指上卿。

②世妇：指地位仅在夫人之下的陪嫁者，通常指夫人的侄女或者妹妹。

③世臣：父辈时期的老臣。

④侄（zhí）、娣（dì）：指随夫人陪嫁过来的侄女或妹妹。

⑤家相：指统领家臣的人。

⑥长妾：指最先生下儿子的妾。

⑦君大夫：指在天子那里得到封地的大夫。

⑧余小子：天子服丧期间的一种自称。

⑨嗣子某：诸侯在丧的一种自称。

⑩世子：这里指的是太子。

马瑞光曰

这一小段《礼记》谈的是称谓。

"国君不名卿老、世妇。大夫不名世臣、侄、娣",国君也不可以直接叫上卿、世妇的姓名,大夫也不可以直接叫父时老臣、妻侄女和妻妹的名字。这算是一种尊敬了吧。就像有的公司必须叫老总,有的只能叫伙伴,有的必须直呼其名,没有对错,只有选择。

"大夫、士之子,不敢自称曰'嗣子某',不敢与世子同名",大夫、士的孩子在居丧期间,不能称"嗣子某",不能与太子同名,要避讳。等级体系就这样形成了,并且成了日常生活形式,自然也就变得本该如此,不问所以。

曲礼下(三)

原文

君使士射①,不能,则辞以疾,言曰:"某有负薪之忧②。"

侍于君子,不顾望③而对,非礼也。

注释

①君使士射:这里说的是士人与君为耦而进行的一种射箭的礼仪。古人在举行射箭比赛之前,会安排参赛的人两两配对,然后再进行比赛,被称为"射耦"。

②负薪之忧:背柴累得病倒了,是古时候自称有病的一种谦辞。

③顾望:看看周围是不是有强于自己的人。

马瑞光曰

"君使士射,不能,则辞以疾,言曰:'某有负薪之忧。'"国君命令士参加射箭比赛,假设士对射箭一窍不通,不能直接讲不会,要说自己有病,不方便射箭。这样做当然是为了表示尊重,这叫善意的谎言。好像与诚心正意不同,当然发心是关键。为了营造一种良好氛围,虚伪与礼貌此时应该相通。

"侍于君子,不顾望而对,非礼也",在君子身边侍奉,如果君子提出问题,不要立马回答,要看看旁边是否有更优秀的人在场,如果贸然回答,是一种失礼的行为。让更博学的人先讲，既是尊敬，又是自保。没有什么是恰当的，只是选择不同而已。

曲礼下（四）

原文

君子行礼，不求变俗。祭祀之礼，居丧之服，哭泣之位，皆如其国之故①。谨修其法，而审行之。去国三世，爵禄有列于朝，出入有诏于国。若兄弟宗族犹存，则反告于宗后②。去国三世，爵禄无列于朝，出入无诏于国，唯兴③之日，从新国之法。

注释

①皆如其国之故：都与在自己国家时一样。

②宗后：指宗族的后裔。

③兴：指做了卿大夫。

马瑞光曰

读了这一段文章发现，君王的后代三代之内即使去了他国，也要遵守本国的礼法，当然最好的方式是不到他国。当然，了解他国也是需要的，当君王不易，当君王的后代也不易，权责对等很多时候是古今相通的。

"君子行礼，不求变俗"，君子即使在其他国家，也不能放弃本国的礼俗，当然也要尊重他国的礼俗。"去国三世，爵禄有列于朝，出入有诏于国"，离开故国已经三代，如果家族中还有在故国做官的，有吉凶之事还要向故国通告。离开故国后还能保持对故国的尊重很不易，当然交流也是需要的。如果超过三代不食君之禄就可以不向本国君王汇报了，如果在他国做了卿大夫，就可以只去遵守他国的法令制度。当官的后代也不易啊。

曲礼下（五）

原文

君子已孤①不更名，已孤暴贵②，不为父作③谥。

注释

①孤：指幼年丧父或父母双亡的人。
②暴贵：大富大贵的意思。
③作：拟定。

马瑞光曰

"君子以孤不更名"，君子在父亲去世以后，不能再更改自己的名字。"已孤暴贵，不为父作谥"，如果在父亲去世后，自己突然大富大贵，也不可以再为亡父拟定谥号。在现实生活中，我们会发现一些人在发迹后会为父母树碑立传，大肆宣传，实际上更有价值的应该是父母在世时候的孝顺吧。

这些礼法绵延数千年，很多内容对今天的习俗仍有深刻影响。不得不讲文化长青，多少王侯将相已随风飘散，物是人非，但文化长存，人很渺小，人的思想很强大。

当然有些内容也在随着时代的变化而与时俱进，文化自信是关键，文化升华兼容也颇值得推崇。

曲礼下（六）

原文

君子将营①宫室，宗庙为先，厩库②为次，居室为后。凡家造③，祭器为先，牺赋④为次，养器⑤为后。无田禄者，不设祭器，有田禄者，先为祭服。君子虽贫，不粥⑥祭器；虽寒，不衣祭服。为宫室，不斩于丘木⑦。

注释

① 营：修建。

② 厩库：指马厩、仓库。

③ 家造：专指古代大夫置办家中所用的器物与用品。

④ 牺赋：大夫拥有采邑，可以向老百姓征收祭祀时使用的牲畜抵为赋税。

⑤ 养器：指是生活中使用的各种器具。

⑥ 粥（yù）：通"鬻"，变卖。

⑦ 丘木：坟地上的树木。

马瑞光曰

"君子将营宫室，宗庙为先，厩库为次，居室为后"，国君建造宫室的时候，首先要建设宗庙，因为这是根，其次是马厩与仓库，最后才是生活起居所用房子。到了今日，虽然已经没有了这种硬性规定，但类似的文化影响还有影子可见。我们在很多地方都无形中保留自己的文化之根。

"凡家造，祭器为先，牺赋为次，养器为后"，如果大夫置办家中使用的器具，首先应该考虑的是祭器，其次是收取祭祀用牲，最后才是自己家中使用的用品。首先考虑祖先所用，最后才是自己，似乎自己是最不需要重视的，或者讲对自我考虑不需要强调罢了。

"无田禄者，不设祭器，有田禄者，先为祭服"，把人分成了有田地与俸禄的人以及没有田地及俸禄的人，前者才可以置办祭祀用的器具，后者并不需要。如此也成为一种区分尊贵卑下的标志。

"君子虽贫，不粥祭器；虽寒，不衣祭服"，君子即使再穷也不能卖祭器，再寒冷也不能穿祭服，以表示对祖先的尊重与祭祀的神圣。既是礼法，又是原则。同时"为宫室，不斩于丘木"，修建宫室也不能用坟地上的树木。这是同样道理，祖宗为大。

曲礼下（七）

原文

大夫、士去国①，祭器不逾竟。大夫寓祭器于大夫，士寓祭器于士。大夫、士去国，逾竟为坛位，乡国而哭，素衣，素裳，素冠，彻缘，鞮屦②，素幦③，乘髦马，不蚤鬋④，不祭食，不说人以无罪，妇人不当御⑤，三月而复服⑥。

注释

①大夫、士去国：这里指多次向国君进谏都失败而离开国家的大夫、士人。

②鞮（dī）屦：没有装饰的草鞋。

③素幦（mì）：用白色的狗皮盖在车厢前用作扶手的横木上。

④蚤鬋（jiǎn）：通"爪剪"，剪指甲、理发。

⑤御：接近、服侍。

⑥复服：恢复成本来的样子。

马瑞光曰

大夫、士人如果离开本国，去到其他国家，祭器是不能带出国家的，充分体现了祭器的神圣。农耕文明给我们留下了深刻的印记，虽然在当今的数智化时代有了很多变化，但刻印在血液中的信仰与礼法深刻地影响着我们。

"大夫寓祭器于大夫，士寓祭器于士"，离开自己的国家，大夫要把祭器存放在其他大夫家，士人要将祭器存放于其他士人家中。"大夫、士去国，逾竟为坛位，乡国而哭，素衣，素裳，素冠，彻缘，鞮屦，素幦，乘髦马，不蚤鬋，不祭食，不说人以无罪，妇人不当御，三月而复服"，大夫、士人出了国境，设置祭坛来祭祀，要朝着国家的方向哭泣，同时要穿上白衣，按照规范，不近女色三月。离开故国，心中装着故国，爱国观念自古有之。

曲礼下（八）

原文

国君春田不围泽①，大夫不掩群②，士不取麛卵③。岁凶，年谷不登，君膳不祭肺④，马不食谷，驰道不除，祭事不县⑤，大夫不食粱，士饮酒不乐⑥。君无故玉⑦不去身。大夫无故不彻县。士无故不彻琴瑟。

注释

①泽：水草杂生的地方，这里指行猎的围场。

②掩群：追捕成群的野兽。

③麛（mí）卵：是指鸟类动物的卵和幼兽。

④不祭肺：不杀生祭祀。

⑤县：通"悬"，指悬挂钟等乐器。

⑥乐：演奏乐曲。

⑦玉：指贴身戴着的玉质佩饰。

马瑞光曰

"国君春田不围泽，大夫不掩群，士不取麛卵"，君王在春天打猎的时候，不会把猎场全部围起来，大夫也不会追捕成群的野兽，士人也不能猎杀幼兽，掏取鸟的卵。一年之计在于春，让动物有休养生息的机会，不可竭泽而渔，要留有余地，符合天时。这种遵循天时天道的思想在儒家学说中比较普遍，有一种朴素的天人合一的思想，天命不可违，人意须与天意合才能掌握大道，不可逆天行事。

如果遇上"岁凶，年谷不登"，"君膳不祭肺，马不食谷，驰道不除，祭事不县，大夫不食粱，士饮酒不乐"。如果遇到灾荒年，庄稼收成不好，君王不能杀生祭祀，马匹不能用谷物喂养，不再修路，祭祀时不再演奏乐器，大夫也不吃稻粱，士人不饮酒作乐。有点儿与民同苦、共渡难关的味道。如果所有的君王能这样为民着想，也就不会有"朱门酒肉臭，路有冻死骨"了。礼法本身驱动向善，关键是实际执行的情况未必如此，很多时候我们还是低估了人性的善变，更是忽视了封建社会人们思想的局限性，与民共渡难关，但还是不会与民相同，百姓就是百姓，大夫就是大夫。

"君无故玉不去身。大夫无故不彻县。士无故不彻琴瑟"，如果没有特别的原因，君王身上的玉不离身，大夫不会撤掉家中的钟磬，士人也不会撤去家中摆放的琴瑟。这是一种稳定，也是一种标志。有规制可循，人们总会踏实一些，虽然不一定合理与方便。

曲礼下（九）

原文

士有献于国君，他日君问之曰："安①取彼？"再拜稽首而后对。大夫私行②出疆，必请，反必有献。士私行出疆，必请，反必告。君劳之则拜。问其行，拜而后对。

国君去其国，止③之曰："奈何去社稷也？"大夫，曰："奈何去宗庙也？"士，曰："奈何去坟墓也？"国君死④社稷，大夫死众⑤，士死制⑥。

君天下曰"天子"。朝诸侯、分职、授政、任功，曰"予一人"。践阼⑦，临祭祀，内事⑧曰"孝王某"，外事⑨曰"嗣王某"。临诸侯，畛⑩于鬼神，曰"有天王某甫⑪"。崩，曰"天王崩"。复，曰"天子复矣"。告丧，曰"天王登假⑫"。措之庙，立之主，曰"帝"。天子未除丧，曰"予小子"。生名之，死亦名之。

天子有后，有夫人，有世妇，有嫔，有妻，有妾。天子建天官，先六"大"⑬，曰大宰、大宗、大史、大祝、大士、大卜，典司六典。天子之五官，曰司徒、司马、司空、司士、司寇，典司五众⑭。天子之六府，曰司土、司木、司水、司草、司器、司货，典司六职⑮。天子之六工，曰土工、金工、石工、木工、兽工、草工，典制六材⑯。

五官⑰致贡曰"享"。五官之长曰"伯"，是职方。其摈⑱于天子也，曰"天子之吏"。天子同姓谓之"伯父"，异姓谓之"伯舅"。自称于诸侯曰"天子之老"，于外⑲曰"公"，于其国曰"君"。九州之长入天子之国曰"牧⑳"。天子同姓谓之"叔父",异姓谓之"叔舅",于外曰"侯",于其国曰"君"。其在东夷、北狄、西戎、南蛮,虽大曰"子"。于内自称曰"不榖",于外自称曰"王老"。庶方小侯入天子之国曰"某人",于外曰"子",自称曰"孤"。

注释

①安:怎么。

②私行:为了私事而出行。

③止:制止、劝告。

④死:为……而死。

⑤众:指军事行动,军事作战。

⑥制:按君主的命令行事。

⑦践阼(zuò):这里特指天子、君王、皇帝登临皇位。

⑧内事:指在宗庙举行祭祀等郊内之事。

⑨外事:指在郊坛举行祭祀,对外用兵,田猎等郊外之事。

⑩畛(zhěn):告诉,告知。

⑪甫:古代加在男子的名字之下,表示一种美称。

⑫登假(xiá):升天的意思。

⑬大:通"太"。

⑭众:指各自的下属官员。

⑮职:事情、内务。

⑯材:这里指器材。

⑰五官:这里是指公、侯、伯、子、男五等。

⑱摈(bìn):通"傧",引导宾客。

⑲于外:指封地之外的地方。

⑳牧:指州的最高长官。

马瑞光曰

这一节基本上事无巨细,建立了一套人伦标准,把行为、称谓等进行了规范，系统地构建了儒家的君君臣臣、父父子子、夫夫妻妻的规矩。

"大夫私行出疆，必请，反必有献。士私行出疆，必请，反必告"，大夫如果因私出境，事先必须请示批准后方可，返回后应该进献礼物给国君；士人如果因私出境，出去前也应申请，返回后应该向君王汇报。基本上形成了标准，今天依然有其变通后的做法。

"国君死社稷，大夫死众，士死制"，君王应该为国家社稷而死，大夫应该为率众统军而亡，士应该为遵行君主教令、国家制度而死。忠君爱国一直是儒家提倡的。

"君天下曰'天子'。朝诸侯、分职、授政、任功，曰'予一人'"，统领天下的君王，称之为"天子"，应天之命，代天行使权力，这基本上是儒家的逻辑；朝会诸侯，分派职务，委任政务，自称"予一人"，基本上体现的是一人之功，一人成为圣人也才能顺其自然。

接下来继续讲关于天子的礼仪，他的后宫之人有夫人、妻、妾等各种称谓，各种规矩不一而足。"五官致贡曰'享'"。五官之长曰'伯'，是职方"，公侯伯子男为国家上贡的东西，叫"享"，五官之首为"伯"，管理一方的政务。整个一个官僚体系，并形成了伦理，也就成了秩序，自以为很有道理。

檀弓

檀弓上（一）

檀弓是人名，由于本篇第一章记录的是与檀弓有关的事情，因此以"檀弓"作为篇名。本篇主要记载当时人们礼行得失的言语或者事迹，与丧礼有关的内容居多。

原文

公仪仲子①之丧，檀弓②免③焉。仲子舍其孙而立其子④。檀弓曰："何居⑤？

我未之前闻也。"趋而就子服伯子⑥于门右,曰:"仲子舍其孙而立其子,何也?"伯子曰:"仲子亦犹行古之道也。昔者文王舍伯邑考而立武王,微子舍其孙腯而立衍也。夫仲子亦犹行古之道也。"子游问诸孔子,孔子曰:"否!立孙⑦。"

> **注释**
>
> ①公仪仲子:春秋时期鲁国人,姓公孙,字仲子,被郑玄称为"盖鲁同姓"。
>
> ②檀弓:鲁国通晓礼仪的人,姓檀名弓,与公仪仲子是很好的朋友。
>
> ③免(wèn):头上的丧饰。
>
> ④舍其孙而立其子:舍弃嫡长孙而立庶子为继承人。依周制,王位要传给正妻所生的嫡长子,嫡长子在父王之前死的,王位要传给嫡长孙。
>
> ⑤居(jī):句子末尾的语气词,表示疑问。
>
> ⑥子服伯子:公仪仲子的同宗兄弟。
>
> ⑦立孙:即立嫡长孙为后。这是孔子以周礼作为依据而得出的结论。

马瑞光曰

开始进入《檀弓》篇,檀弓是鲁国通晓礼仪的人,这一段主要交流王位传承的规制。不管是帝位还是财富,都有一个传承问题,涉及组织有序发展和各方利益。

"仲子舍其孙而立其子",公仪仲子的儿子不幸去世了,他将继承权留给了庶子,并没有立嫡长孙,这是不符合周礼的。"孔子曰:'否!立孙'",孔子也认为应该立长孙为继承人,不应该是庶子。当然,公仪仲子也有自己的理由,这个时候发生过的案例,尤其是著名人物的案例就很关键了。

"昔者文王舍伯邑考而立武王,微子舍其孙腯而立衍也",文王舍长子而立武王,微子也是让他的弟弟衍作为继承人,而并没有立他的孙子。如此看来,这是有先例的,并且结果都挺好。这最后很容易就形成高位者一个人讲了算的局面,礼治变成了人治,可能只是力量对比罢了。

檀弓上（二）

原文

事亲有隐而无犯，左右就养无方①，服勤②至死，致丧三年。事君有犯而无隐，左右就养有方，服勤至死，方丧三年。事师无犯无隐，左右就养无方，服勤至死，心丧三年。

注释

①无方：没有固定的位置或方位。陈澔（hào）说："左右，即是方。子之于亲，不止饮食之养，事事皆当理会，言或左或右，无一定之方。"

②服勤：从事各种劳苦的事情。

马瑞光曰

"事亲有隐而无犯，左右就养无方，服勤至死，致丧三年"，在侍奉父母的时候，要将父母的过失隐瞒下来，不要直接去劝导，认为父母永远是正确的，而不是试图去改变父母的错误，尤其是已经年迈的父母，服侍在父母的身边，没有固定的奉养方式，直到父母去世以后守孝三年。这基本上就是为儿为女之道。

"事君有犯而无隐，左右就养有方，服勤至死，方丧三年"，在国君身边侍奉的时候，可以冒犯天威，不要隐瞒君王的过失，可以直接劝诫，有固定的职责，尽心尽力侍候君王直到去世，后守丧三年。君与父的待遇类似，认为天地君亲师是我们最应该尊敬的，也就形成了儒家的基本人伦，接下来就谈谈老师了。

"事师无犯无隐，左右就养无方，服勤至死，心丧三年"，在老师身边侍奉不可冒犯，敢于劝谏，以学生的身份勤恳地侍奉老师，老师去世后在心里悼念三年。对待师与父的差别不大，古人认为一日为师，终生为父，这个做法也就再正常不过了。在当代社会，师者的概念更加泛化，这种礼仪也有调整，一日为师，终生为友可能更为贴近现实。

檀弓上（三）

原文

季武子①成寝，杜氏之葬在西阶之下。请合葬②焉，许之。入宫而不敢哭。武子曰："合葬，非古也③，自周公以来未之有改也。吾许其大④而不许其细⑤，何居？"命之哭。

注释

①季武子：鲁公子季友的曾孙季孙凤，谥号"武"。

②合葬：将后死的人附葬在先死的人的墓穴中。

③合葬，非古也：这是季武子为掩饰自己过失而说的漂亮话，其实就是想证明他将杜氏坟墓夷平然后修建住宅的做法是正确的。

④大：指合葬。

⑤细：形容非常细微的哭泣声。

马瑞光曰

"季武子成寝，杜氏之葬在西阶之下"，季武子修建了一套新的房子，杜家的坟墓本来在这个房子的西阶下。显然这是有问题的。杜家最后选择把坟墓迁出去合葬，接下来主要介绍的是迁坟的一些细节。

"入宫而不敢哭"，杜家的人进入季武子的新家中不敢哭泣，显然是有些惧怕的。季武子很大方地说："合葬，非古也，自周公以来未之有改也"，合葬这种礼仪并非古制，而是从周公以后才有的礼仪。实际上这是季武子为了掩饰自己的过失讲的一句话，讲的也没错，但是周礼往往是标准。

最后季武子继续讲："吾许其大而不许其细，何居？命之哭"，既然允许你们迁坟合葬这种大事都答应你们了，号哭这种小事自然更不会不允许。如此看来，季武子还是做了一些让步的。土地一直是农耕社会的核心资源，核心用途有几个：坟墓占地，住宅占地，种植占地，可惜的是在封建社会，人们好像一直没有拥有这些土地的使用权利，更不用谈所有了。

檀弓上（四）

原文

子上①之母②死而不丧③。门人问诸子思④曰："昔者子之先君子⑤丧出母乎？"曰："然。""子之不使白也丧之，何也？"子思曰："昔者吾先君子无所失道：道隆则从而隆，道污则从而污⑥。伋则安能？为伋也妻者，是为白也母；不为伋也妻者，是不为白也母。"故孔氏之不丧出母，自子思始也。

注释

①子上：名白，字子上，是孔子的曾孙，子思的儿子。

②母：即"出母"，指被赶出家门的母亲，也就是被迫解除婚姻关系。

③不丧：须不穿孝服。根据规定，若父亲健在，儿子为"出母"穿孝服一年；若父亲已经去世，儿子又是父亲的继承人，就不需要再为"出母"穿孝服了。

④子思：名伋，字子思，是孔子的孙子、子上的父亲。

⑤先君子：对死去先祖的尊称。这里指孔子。

⑥污：减省、减少。

马瑞光曰

"子上之母死而不丧"，子上被解除婚姻关系的母亲去世后，不穿孝服尽孝。很多人不是很理解，因为子上的曾祖孔子是同意在同样情况下穿孝服的。

子思回复大家这种疑问："昔者吾先君子无所失道：道隆则从而隆，道污则从而污。"讲自己的先君子，也就是孔子，同意为出母穿孝服是正确的，并无失礼，该提高标准的时候就提高标准，应该降低标准的时候就降低标准。并且认为"伋则安能"，我自己怎么能和祖父相提并论呢？讲白了就是自己改了祖制，不再让儿子为出母穿孝服，以证明自己的道理。

"故孔氏之不丧出母，自子思始也"，所以孔家自子思起，不再让儿子为出母穿孝服。这就又形成了新的标准。

如此，定下的礼仪并非不变化，而是与时俱进的。这既是创新，又是为了实用，只是需要一个理由使其顺其自然。

檀弓上（五）

原文

孔子曰："拜而后稽颡①，颓②乎其顺也。稽颡而后拜，颀③乎其至也。三年之丧，吾从其至者。"

孔子既得合葬于防④，曰："吾闻之，古也墓而不坟⑤。今丘也，东西南北之人也，不可以弗识⑥也。"于是封⑦之，崇⑧四尺。孔子先反。门人后，雨甚。至，孔子问焉，曰："尔来何迟也？"曰："防墓崩。"孔子不应。三。孔子泫然⑨流涕曰："吾闻之，古不修墓。"

注释

①稽颡（sǎng）：跪拜时用头碰触地面，是古代居丧答拜时的一种礼仪。

②颓：恭顺。

③颀（kěn）：通"恳"，诚恳。

④防：地名。

⑤墓：墓地。坟：墓地上堆起的土。

⑥识（zhì）：标记，记号。

⑦封：堆土。

⑧崇：高。

⑨泫（xuàn）然：形容眼泪滴落的样子。

马瑞光曰

孔子在自己的父母去世后，将他们合葬于防，并且讲了一段很重的话，似乎就成了坟头的来源。"吾闻之，古也墓而不坟。今丘也，东西南北之人也，不可以弗识也"，我听说古时的坟墓是不在坟上堆土的，现在因为本人到处流浪，怕到时候找不到父母之墓，所以要堆一个土堆，这样方便更好辨认。"于是封之，崇四尺"，就堆了一个高达四尺的土堆，让父母的坟墓更加醒目。结果适逢大雨，发现这个土堆很容易被冲刷消失，所以弟子们进行了善后维修。

直至今日，坟墓上不仅堆土，还有庄重的墓碑，周围植树。只是若干年后，最后难免都夷为平地，回归自然。对于亲人的思念的表达，有形的坟茔、墓碑固然是一种方式，但在心里的无形怀念却更加重要。有形之物在岁月中基本上是尘归尘，土归土，无形的想念却可以穿越千古。

檀弓上（六）

原文

孔子哭子路①于中庭，有人吊者，而夫子②拜之。既哭，进使者而问故。使者曰："醢③之矣。"遂命覆醢。

注释

①子路：孔子的学生，名仲由，字子路，后来因卫国内乱而死。

②夫子：这里指孔子。

③醢（hǎi）：古时候的一种酷刑，是将人杀死后剁成肉酱。

马瑞光曰

"孔子哭子路于中庭，有人吊者，而夫子拜之"，孔夫子在中庭拜祭子路，为其哭泣，有人来吊唁，夫子还礼答谢对方。这是丧礼上的标准动作，圣人也行凡人礼，或者讲人人皆可成为圣人，圣人本身在一定程度上也是凡人。

后面了解到，在卫国内乱当中，子路被乱刀砍死，子路是跟随孔子时间最长的学生，孔子自是非常悲伤。只是子路死得有些迂腐，原因是他过分追求君子之道，在双方互相攻击中，为了捡帽子而被击杀，并剁成肉泥，属实悲惨。如此看来，凡事还是要有一个边界，不及与过度都不是好事。

"遂命覆醢"，当孔子听说子路被剁成肉泥后，就赶紧让人把正要吃的肉酱全部倒掉，以免睹物思人。这也是现在人们都可能会有的行为。

檀弓上（七）

原文

曾子①曰："朋友之墓有宿草②而不哭焉。"

注释

①曾子：孔子的学生，名参，字子舆，鲁国人。

②宿草：这里指过了一年时间。

马瑞光曰

"曾子曰：'朋友之墓有宿草而不哭焉。'"曾子认为当朋友的坟墓上有了去年的草，就不需要再为他哭泣了，也就是为朋友去世伤心一年即可，不像至亲需要守孝三年。人生如梦，来去本是规律。

讲了这么多丧葬礼节，也算是对人生去处的安排。儒家一直有"出世"之说，对于来世也是有很多安排的，只是更多地从在世的人角度安排，是对一个人最后离开人世间的一种安排，安排完一生也就结束了，留给后世的只是一个坟墓和无尽的怀念。

人生如此，也是自然规律，生者该干啥干啥，总要往前走。亲情与友情作为人生的重要组成部分，也算是人的重要部分，只是没有讲明这是爱自己的延伸，更多的是把爱别人与爱自己进行了分离，并且爱别人往往在儒家那里受到表扬与鼓励。

檀弓上（八）

原文

子思曰："丧三日而殡①，凡附于身者必诚②，必信③，勿之有悔焉耳矣。三月而葬，凡附于棺者④，必诚，必信，勿之有悔焉耳矣。丧三年以为极，亡则弗之忘矣，故君子有终身之忧⑤，而无一朝之患，故忌日不乐⑥。"

孔子少孤，不知其墓。殡于五父⑦之衢，人之见之者，皆以为葬也。其慎也，盖殡也。问于郰⑧曼父之母，然后得合葬于防。

邻有丧，舂不相。里有殡，不巷歌。丧冠不緌⑨。

有虞氏瓦棺⑩，夏后氏堲周⑪，殷人棺椁，周人墙、置翣⑫。周人以殷人之棺椁葬长殇⑬，以夏后氏之堲周葬中殇⑭、下殇⑮，以有虞氏之瓦棺葬无服之殇⑯。

夏后氏尚⑰黑，大事⑱敛用昏，戎事乘骊⑲，牲用玄⑳。殷人尚白，大事敛用日中，戎事乘翰㉑，牲用白。周人尚赤，大事敛用日出，戎事乘騵㉒，牲用骍㉓。

注释

①殡：死者入殓之后停柩等待安葬的状态。这里说的"三日而殡"，是以大夫、士的礼仪为依据的。

②附于身：对死者进行装扮的衣衾之类。必诚：必定会尽心竭力而无所保留。

③必信：必定会遵照礼仪而不会有所违背。

④附于棺者：跟着棺材入土的各种明器。

⑤终身之忧：指终生都会思念自己的双亲。

⑥忌日不乐：在父母去世的那天不演奏乐曲。

⑦五父：指四通八达的路口。

⑧郰（zōu）：地名，位于今山东曲阜东南。

⑨緌（ruí）：古代贵族冠的两侧各有一根丝绳，方便使用者在领下打结起固定作用，称为"缨"，缨结的下垂部分称为"緌"，主要起装饰作用。

⑩瓦棺：陶制的葬具。

⑪堲（jì）周：将土烧成砖，围在棺的周围，起椁的作用。

⑫翣（shà）：长柄布扇，出殡时由人拿着在灵车两旁作为装饰。

⑬长殇：十六岁到十九岁期间死去的人。

⑭中殇：十二岁到十五岁期间死去的人。

⑮下殇：八岁到十一岁期间死去的人。

⑯无服之殇：还未长到八岁就死去的人。殇，指不足三个月就夭亡的婴孩。

⑰尚：崇尚。

⑱大事：丧事。

⑲骊：黑色马。

⑳玄：黑色。

㉑翰：白色马。

㉒骤（yuán）：赤色马。

㉓骍（xīng）：赤色（牛马等）。

马瑞光曰

继续讲一些丧葬礼节。"三日而殡""三月而葬""丧三年以为极"，去世三天后要入殓，三月后要下葬，守丧最多是三年。相关物品配置要符合礼制，因为不同级别的人的配置标准是不同的，但都比较严肃认真。

"故君子有终身之忧，而无一朝之患，故忌日不乐"，君子会长久想念自己的父母，但不致毁伤身体，所以，在忌日那天不做娱乐之事。父母在时有来处，父母不在时，就只剩归途了，这也是人生的宿命，所以父母去世也是最重要的事情，需要在礼节上特别安排。

"邻有丧，舂不相。里有殡，不巷歌。丧冠不緌"，如果邻居家在办丧事，舂米时就不唱歌，同里有丧事，不在巷子里唱歌，戴丧冠的时候，不要在系好帽带之后还让其他部分下垂，这也是一种礼貌。尊重邻居悲伤的内心，否则容易让别人觉得不敬，应该有同理心。邻里和睦，远亲不如近邻，一直是我们的观点，这样的行事风格、价值观逐渐渗透到了我们的日常生活当中。

檀弓下（一）

原文

君之嫡长殇，车①三乘。公②之庶长殇，车一乘。大夫之嫡长殇，车一乘。

注释

①车：死人生前坐过的车，这里指运载灵魂的车。

②公：与上"君"，皆指诸侯国君

马瑞光曰

这节讲的是灵车使用的标准，级别越高的人灵车可以越豪华，有规定的规制，不可逾越。这里人和人之间的等级差别也非常明显，人分上中下，货有三等价，封建社会里显然人人平等并没有实现。每一个人都有自己的诉求，人人平等并不是简单的财富平等，而应该是追求的机会平等，最后各得其所。准确的表达是，人和人是有差别的，不应该是有差距的。

"君之嫡长殇，车三乘。公之庶长殇，车一乘"，国君的长子去世，灵车可用三辆，庶子去世则适合用灵车一辆。封建社会里，级别不同，待遇也不同，生下来如此，离开这个世界了依然如此。大夫的嫡长子去世了，"车一乘"，和国君的庶子标准类似。

儒家受批评较多的地方也在这里，把人分成三六九等，造成社会的不公平，有利于皇权专制。很多企业也有类似安排，只是企业里更多的是一种自愿选择，很难形成所谓的独断专行，并且人们来去自由。在一个君主专制社会，想来去自由是不可能的，因为普天之下，莫非王土。不同的组织有不同的逻辑，这也应是题中之义。

檀弓下（二）

原文

君于大夫，将葬，吊于宫；及出，命引之，三步则止，如是者三①，君退。朝②亦如之，哀次③亦如之。

注释

①如是者三：这样反复做三次。

②朝：下葬前要先将灵柩运到宗庙举行朝庙礼。

③次：指宗庙之外供吊唁者准备的次舍。

马瑞光曰

这一小段讲君王吊唁大夫的礼节，细节入微，君臣有别，死者为大，基本上是这个逻辑。

我们经常讲，一个人只有在一种情况下会只受到表扬，只有正面评价，没有负面的评论，那就是在这个人的葬礼上，相当于对他一生的盖棺定论。人走了，死者为大，就只讲好听的，平时的一些问题、纠结也就不再谈了，而且还得显得比较悲伤才合乎礼仪。

"三步则止，如是者三，君退"，大夫灵车出殡，国君要命人拉住灵车，走三步就停下，这样反复三次，国君才可以离去，以表示尊重与重视。应该只有去世的大夫才能享受国君的如此待遇，为什么是三次可能也有什么含义吧。

檀弓下（三）

原文

季武子①寝疾，蟜固②不说齐衰而入见曰："斯道也，将亡矣。士唯公门脱齐衰③。"武子曰："不亦善乎！君子表微。"及其丧也，曾点④倚其门而歌。

注释

① 季武子：鲁国大夫季孙凤，做了很多世公侯，势力很广，所以人们都惧怕他。

② 蟜（jiǎo）固：鲁国士人。

③ 士唯公门脱齐衰：按照礼法，士进入君主宫门时应脱掉孝服。

④ 曾点：字皙，是曾参的父亲，也是孔子的学生。

马瑞光曰

"季武子寝疾，蟜固不说齐衰而入见曰：'斯道也，将亡矣。士唯公门脱齐衰。'"季武子作为鲁国大夫，势力强大，很多人都惧怕他，但是作为士人的蟜固，不脱孝服就去拜访生病在床的季武子，并且讲道：这样的礼仪很快就要丢失了。士只有进入国君家的大门才脱掉孝服的。像季武子这样的人，因为势力强大，很多人见他也会脱掉孝服。

蟜固穿着孝服见季武子按礼仪实际上也是恰当的。很多礼法遵守起来并不容易，因为大家内心有利益指向，有意无意地就会进行更改，嘴上说是灵活运用，实际上是利益导向，也算是正常的虚伪，像娇固这样的人反而成了少数。

檀弓下（四）

原文

大夫吊①，当事而至，则辞焉。吊于人，是日不乐。妇人不越疆而吊人。行吊之日，不饮酒食肉焉。吊于葬者，必执引②。若从柩，及圹③，皆执绋④。

丧⑤，公吊之，必有拜者，虽朋友、州里⑥、舍人⑦可也。吊曰："寡君承事⑧。"主人曰："临。"君遇柩于路，必使人吊之。

大夫之丧，庶子不受吊。

注释

①大夫吊：指大夫来吊唁。

②引：指拉灵车的绳子。

③圹（kuàng）：坟墓。

④绋（fú）：下葬时拉棺材入穴的绳子。

⑤丧：指死在外地，没有亲人在身边的丧事。

⑥州里：这里同指在异地的老乡。

⑦舍人：死者生前一起居住在家舍中的人。

⑧承事：找点活干，这里指帮忙操办丧事。

马瑞光曰

"大夫吊，当事而至，则辞焉"，如果大夫前来吊唁，主人正好忙于相关事务，不能去迎接，应该让引路的人把事情讲清楚，免得失礼。安排上细致入微，礼仪周到，不愧为礼仪之邦。

"吊于人，是日不乐"，在吊唁那天不能有音乐，不可以庆祝，表示对逝者的尊重。同时，"行吊之日，不饮酒食肉焉"，在吊唁当日不应该饮酒吃肉。这一点与现在的葬礼还是有一些区别的，基本的逻辑是葬礼上以悲伤气氛为主基调，不能够有快乐与庆祝的因素。逝世对亲人来说不是一件好事，哪怕逝者长寿，是所谓的喜丧，因此葬礼的氛围应是悲伤、庄重的。

同时，平民、大夫、国君的葬礼有不同的标准。这里，人和人的等级观念较为明显，长幼有别也比较突出。"大夫之丧，庶子不受吊"，如果大夫去世，他的葬礼上，大夫的庶子不可以用主人的身份感谢吊唁的人，这应该是长子的"专利"。封建社会的人认为等级有别，长幼有序，从来就没有什么平等的逻辑，更多讲的还是秩序。

檀弓下（五）

原文

子张死，曾子有母之丧，齐衰而往哭之。或曰："齐衰不以吊。"曾子曰："我吊①也与哉？"有若之丧，悼公②吊焉，子游摈由左③。齐谷④王姬之丧，鲁庄公为之大功。或曰："由鲁嫁，故为之服姊妹之服。"或曰："外祖母也，故为之服。"

注释

①吊：安慰死者的亲属。

②悼公：即鲁悼公，姓姬名宁，是鲁哀公的儿子，鲁悼公在任时，鲁国国势更衰微。

③子游摈由左：按照礼法，帮助君主发布命令的人要站在君主的右面，帮助君主吊丧的人要站在君主的左面。

④谷：通"告"，告诉。

马瑞光曰

"子张死，曾子有母之丧，齐衰而往哭之"，子张去世后，曾子直接穿着丧服去哭子张，因为他还在为母亲服丧期间。有的人就会认为这样不妥，"曾子曰：'我吊也与哉？'"曾子说：难道我是去吊唁子张的吗？显然曾子认为自己不是去吊丧的，只是在哭悼自己的兄弟，所以着孝服也没关系。

类似的情况有很多，自己的角色不同，所执的礼仪也有所差别。鲁庄公为齐襄公的夫人王姬穿重孝，有人说是因为王姬是从鲁国嫁出去的，庄公把她看作自己的姐妹，也有人说是因为王姬是鲁庄公的外祖母，当然应该穿戴重孝。遵循何种礼仪，关键看从哪个角度来讲。

礼仪秩序，亲疏界定，成了关键，既形成了规范，又造成了人与人的不同。家庭为核心的国家秩序在形成，当然家天下也在形成，有国才有家，家国情怀就会出现。实际上也有的文明认为家是家，国是国，二者是独立存在的。这种不同的认知往往成为大家不同的思维的根源。

檀弓下（六）

原文

晋献公之丧，秦穆公使人吊公子重耳①，且曰："寡人闻之，亡国恒于斯，得国恒于斯。虽吾子俨然在忧服之中，丧亦不可久也，时亦不可失也，孺子其图之。"以告舅犯②。舅犯曰："孺子其辞焉！丧人无宝，仁亲以为宝。父死之谓何？又因以为利，而天下其孰能说之？孺子其辞焉！"公子重耳对客曰："君惠吊亡臣重耳。身丧，父死，不得与于哭泣之哀，以为君忧。父死之谓何？或敢有他志，以辱君义。"稽颡而不拜，哭而起，起而不私。子显③以致命于穆公。穆公曰："仁夫，公子重耳！夫稽颡而不拜，则未为后也，故不成拜④。哭而起，则爱父也。起而不私，则远利也。"

注释

① 公子重耳：即晋文公，姓姬名重耳。
② 舅犯：即狐突的儿子狐偃，字子犯，是重耳的舅舅，所以被称为"舅犯"。
③ 子显：即秦公子絷，字子显，是秦献公的使者。
④ 不成拜：按照礼仪，只有嫡子才能做丧主，对前来吊唁的人拜礼致谢，叫作成拜。重耳不是晋献公的嫡子，所以称"不成拜"。

马瑞光曰

"虽吾子俨然在忧服之中，丧亦不可久也，时亦不可失也，孺子其图之"，虽然你此时处于严肃忧伤的服丧期间，但不宜在外太久，不能丧失这个机会，要及时谋取自己的利益，争得王位。晋献公去世了，秦穆公派人去慰问公子重耳，重耳心情复杂，君主大丧的时候，也是新君即位的时刻，所以才会这么讲。当然，这是有一定挑战的，在考验人性：到底是更关心自己，还是更关心父母？结果是很清楚的，只是我们要求大家要以德为先，也就是应更关心父母，更应该有的是失去亲人的伤心，不是获得利益的喜悦。

"父死之谓何？或敢有他志，以辱君义"，父亲去世是很悲伤的事情，怎么还会有其他的想法，去玷污贵国国君的大义。这里的国君指秦穆公，显然这是言不由衷之语，但大家必须这样讲，在道义上要站住脚，也实际上助涨了虚伪，这可能是值得我们深思的。如何能够让人自然地开心或伤悲，而不是陷入纠结，需要思考和摸索。

檀弓下（七）

原文

穆公①问于子思曰："为旧君反服②，古与？"子思曰："古之君子进人以礼，退人以礼，故有旧君反服之礼也。今之君子进人若将加诸膝，退人若将队③诸渊，毋为戎首④，不亦善乎？又何反服之礼之有？"

注释

①穆公：即鲁穆公，姓姬名显，战国初期鲁国国君。

②反服：返回故国，为君主服丧。反，通"返"，返回。

③队：通"坠"。

④戎首：带领别国的部队来攻伐自己的国家。

马瑞光曰

鲁穆公向子思询问问题："为旧君反服，古与？"为故国的国君服丧三月，这是古来就有的礼节吗？潜台词是现在好像没有这种情况了。为什么会出现这种不守古制的情况呢？子思后边表述得很清楚，原因实际上不在下面，问题的关键在于高层，上行下效才是关键。

"古之君子进人以礼，退人以礼，故有旧君反复之礼也"，因为古代的君王以君子之礼待臣下，不管是任用还是辞退，当然臣下也会以礼对待君王，也就会有以前的旧臣为故国国君服丧。这也算是以心换心吧。"今之君子进人若将加诸膝,退人若将队诸渊,毋为戎首,不亦善乎?又何反服之礼之有?"现在的君王用臣下的时候态度好得很,不用臣下的时候,像要把人推入万丈深渊,置于死地。如此,旧臣不带兵回来攻伐故国已经是很好了,更谈不上为故君服丧了。

总而言之,有因才有果,种瓜得瓜,种豆得豆,一切都有原因。

王制

王制(一)

《王制》记载的是古代君王治理国家的各种规章制度,内容涉及十分广泛,包括职官、爵禄、祭祀、葬丧、刑罚、建立成邑、选拔官吏、教育等多个方面。从法的思想意识与精神内涵来看,《王制》篇集中揭示了古代国家诸法之间的联系,对当世及后世意义深远。

原文

王者之制禄爵,公、侯、伯、子、男,凡①五等。诸侯之上大夫卿、下大夫、上士、中士、下士,凡五等。

注释

①凡:总共、共有。

马瑞光曰

"王者之制禄爵,公、侯、伯、子、男,凡五等",对爵位进行了规定,公为首,侯为次,下依次为伯、子、男。这相当于现代企业人力资源讲的晋升通路,形成了官僚体制,当然也就形成了官大一级压死人的现象,人和人的差别开始形成。

诸侯又分成了五级：上大夫、下大夫、上士、中士、下士，如此形成了规则与秩序。实际上高级职位不一定好，低级的也不一定坏，关键还是要适合自己，适合自己的位置才能带来最大的幸福。

王制（二）

原文

天子之田方千里，公、侯田方百里，伯七十里，子、男五十里。不能五十里者，不合①于天子，附于诸侯，曰附庸②。天子之三公③之田视公、侯，天子之卿视伯，天子之大夫视子、男，天子之元士④视附庸。

注释

①不合：不能朝会，这里指没有朝见天子的资格。

②附庸：这里指诸侯国的附属小国。

③三公：君王身边最为重要的三位大臣，一说为太师、太傅与太保，一说为司马、司徒与司空。

④元士：即上士。

马瑞光曰

"天子之田方千里，公、侯田方百里，伯七十里，子、男五十里"，这是不同级别王公贵族的分封土地的标准，天子应该拥有一千平方里的土地，公爵、侯爵应该拥有一百平方里土地，以此类推。讲了半天，大家都是地主，在农业社会，级别越高，拥有的土地越多，也就越有实力。这也就成了多少年来各个国家的争端，都是在抢土地，实际上是在抢利益，抢资源。

到了数字化社会的今天，情况已经有很大变化，一个国家的体制、系统越来越重要，土地的重要性相对下降。所以我们也看到一些国家不是去抢占别国的土地，更多的是输出价值观，输出系统，投入最少成本，以获取最大价值。

尤其是数智化时代的到来，随着AI的迅速发展，情况可能更是不同。

王制（三）

原文

制：农田百亩。百亩之分，上农夫①食②九人，其次食八人，其次食七人，其次食六人，下农夫食五人。庶人在官者③，其禄以是为差也。诸侯之下士视上农夫，禄足以代其耕也。中士倍下士，上士倍中士，下大夫倍上士。卿四大夫禄，君十卿禄。次国之卿三大夫禄，君十卿禄。小国之卿倍大夫禄，君十卿禄。

注释

①上农夫：能够耕种上等农田的农夫。上等田指的是土地肥沃且收成好的田地。

②食（sì）：供养，供给。

③庶人在官者：指在官府服务的普通百姓，这些人是由官吏自行选用的，因为并不是正式的官员，身份并没有变更，因此称为"庶人在官"。

马瑞光曰

这里讲的相当于农耕社会的工资制度了，规定较为详细，以一百亩为单位，叫百亩之分，然后再把土地进行分级，分为上等田、二等田、三等田、四等田、五等田。"食九人"就是可以养活九个人，一直到五等田养活五个人。如果有更多人群怎么办？显然要开发更多耕地。如果耕地不够开发了，就要加强与不同国家的商贸交流，通过贸易创造更多价值。国际贸易都解决不了问题了，就可能引起很多矛盾，包括国内矛盾乃至国际矛盾。

当然，科技的进步应该有助于解决这一问题，通过提高生产水力水平，使得地球上可以承载更多人。当然，这种改善也不是无限的，还是需要我们多方考虑，早做筹谋。

接下来继续定工资标准。"诸侯之下士视上农夫，禄足以代其耕也"，诸侯国下士的工资与种百亩上等田的农夫接近,然后以此类推,到中士、上士、下大夫、卿、君,最后君是"十卿禄"。等级分明,农民还是社会的底层,金字塔结构基本成型了,人往高处走也就是必然的了。古代重农轻商,商人在这里应该算流民了,主流工资体系、职位晋升中没有做安排。

王制(四)

原文

凡四海之内九州,州方千里。州建百里之国三十,七十里之国六十,五十里之国百有二十,凡二百一十国。名山大泽不以封①。其余以为附庸、间田②。八州③,州二百一十国。

注释

①名山大泽不以封:即"不分封名山大泽"。

②附庸、间(xián)田:除分封给二百一十国之外的其余土地,如果已经被分给了人,便称作大国的"附属",如果没有分给人,则被称作"间田",也就是可供调配、还没有固定主人的田地。

③八州:古时称全国为"九州",所谓"八州"指除天子直辖土地之外的土地。

马瑞光曰

对中国的疆域进行了划分,有了所谓的九州,从此中国有了九州的称谓。

"凡四海之内九州,州方千里",四海之内共分成九州,每一州有一千平方里,也就是共九千平方里。科技的进步让我们深刻了解了整个地球、太阳系,乃至整个宇宙。观世界才有世界观,世界观早已今非昔比。除了眼睛可见的九州万方,所谓的二百一十国以外,随着互联网的发展,又生成了一个无限的虚拟世界,并且有不断发展的趋势。AI的快速发展正在让虚拟世界与现实世界的界限变得模糊,真亦假来假亦真。

王制（五）

原文

天子之县内，方百里之国九，七十里之国二十有一，五十里之国六十有三，凡九十三国。名山大泽不以盼①，其余以禄士，以为间田。

注释

① 盼（bān）：赏赐，分封。

马瑞光曰

"天子之县内，方百里之国九，七十里之国二十有一，五十里之国六十有三，凡九十三国"，天子直接管辖的范围内方圆百里的国家有9个，方圆七十里的国家有21个，方圆五十里的国家有63个，共有93个国家。实际上，纵观中国历史，这应该是一个变数。分封割据既显示了天子的奉天行事，又形成了大一统的一种习惯。

最后还是剩下一些田地，除了名山大泽不分配，剩下的"以禄士，以为间田"，一部分可以分给臣下，作为俸禄田，或者作为调配使用的闲田。统一集中为主，灵活调整只是补充，单一制的国家组织形成始终如一。

王制（六、七）

原文

凡九州，千七百七十三国，天子之元士①、诸侯之附庸不与②。

注释

① 元士：周代对在中央辅佐天子者的一种称谓。
② 与：参与，这里为计算在内的意思。

原文

天子百里之内以共①官，千里之内以为御。

注释

① 共（gōng）：通"供"，供给。

马瑞光曰

"凡九州，千七百七十三国"，天下九州一共包括一千七百七十三国。认为自己是中央之国，所以称中国，其他的都称为蛮夷，并且从礼的角度进行了规范。

"天子之元士、诸侯之附庸不与"，天子上士的封地与诸侯的附庸并不在这一千七百多个国家之内。并且认为"天子百里之内以共官，千里之内以为御"，天子用百里之内的赋税来供应官员开销，千里之内的赋税作为天子的膳食、服饰、车马等开销。基本上讲的就是官员统御百姓，百姓养着官员，并没有为百姓服务的意思。当然，如果天子仁义，官员尽责，似乎这并没有什么不恰当的，只是很多情况下并非如此。

君仁民忠，父慈子孝，这是最美好的结果，在此假定下，不管是统治百姓还是服务百姓，实际上区别并不大。问题恰恰出在，君仁不仁，民忠不忠，是一种变数。

王制（八）

原文

千里之外设方伯①。五国以为属，属有长；十国以为连，连有帅；三十国以为卒，卒有正；二百一十国以为州，州有伯。八州，八伯，五十六正，百六十八帅，三百三十六长。八伯各以其属属于天子之老②二人，分天下以为左右，曰二伯。

注释

①方伯：管理一个地方的长官。

②天子之老：这里指上公，也就是天子三公中有德行的人。

马瑞光曰

在京畿千里之外的地方设置职位"方伯"来进行管理，接下来五国作为一属，设置管理者叫属长；十国为一连，每连设置一个统帅；三十国为一卒，设置管理职位叫"正"；二百一十国为一州，每州设一"伯"。如此天下的八州，也就有八伯进行管理，下辖五十六正，一百六十八帅，三百三十六长。如此，就把管理全国的组织架构弄清楚了，官僚体系就此形成。基本上还是大一统的逻辑，稳定压倒一切，以管控为核心，由上而下的权力架构得以强化。

"八伯各以其属属于天子之老二人，分天下以为左右，曰二伯"，八伯各以其统帅的部属归属三公中有德之二人，从而天下分为左、右两部分，二人称为"二伯"。社会层级的金字塔结构形成了。

官在全国流动，吏在一定辖区内流动，役基本上保持一定范围内的稳定，同时也避免了一个地区形成铁板一块，有助于帝王的统治与社会稳定。

这种划分很详细，可惜的是这里面没有看到百姓的权利，也没有发现统治者服务百姓的导向，管控才是他们追求的根本。

王制（九、十）

原文

千里之内曰甸，千里之外曰采，曰流①。

注释

①采：九州之内的地方。流：九州之外夷狄等民族居住的地方。

原文

天子三公、九卿、二十七大夫、八十一元士。

马瑞光曰

"千里之内曰甸,千里之外曰采,曰流",京畿周围千里之内的地方叫甸,千里之外的地方叫采,也称为流。看来超过千里天子的掌控基本上够不着了,将重点放在千里之内。

"天子三公、九卿、二十七大夫、八十一元士",天子的下属官僚有三公、九卿、二十七大夫、八十一上士。这些人构成了国家的权力核心。

由此看出在当时国家的治理体系已非常完备,统治体系比较系统,并且形成了基本的框架,在专制社会延续下来。

王制(十一)

原文

大国三卿,皆命①于天子,下大夫五人,上士二十七人。次国三卿,二卿命于天子,一卿命于其君,下大夫五人,上士二十七人。小国二卿,皆命于其君,下大夫五人,上士二十七人。

注释

①命:被任命、受命。

马瑞光曰

这一段主要讲不同大小的诸侯国管理岗位的设置问题,同时规定了哪些岗位由诸侯国任命即可,哪些必须是中央的天子才能任命,确保稳定与制衡。

"大国三卿，皆命于天子，下大夫五人，上士二十七人"，大一些的诸侯国下设三卿，并且这三卿都由天子进行任命，另设五名下大夫，二十七名上士，如此大的诸侯国的核心岗位就规范下来了。

"次国三卿，二卿命于天子，一卿命于其君，下大夫五人，上士二十七人"，次一等诸侯国的编制与大诸侯国基本一致，唯一不同的是三卿中有二位是由天子任命，一位由诸侯国国君任命，天子在职官员任命上给予了诸侯一定的空间。

"小国二卿，皆命于其君，下大夫五人，上士二十七人"，小的诸侯国只设两位公卿，并且由诸侯国国君任命即可，其他配置类似。这样小的诸侯国在人事任命上有更大空间。天子的基本逻辑是抓大放小，最低成本进行诸侯国的管控，统一领导的前提下，允许有一定的自由空间。

王制（十二、十三）

原文

天子使其大夫为三监，监①于方伯之国，国三人。

注释

①监：监督，监察。

原文

凡官民材，必先论①之，论辨②，然后使之。任事，然后爵之。位定，然后禄之。

注释

①论：对个人的才艺德行进行考核。

②辨：辨别。

马瑞光曰

"天子使其大夫为三监，监于方伯之国，国三人"，天子为了监管诸侯国，设置三监，委派京畿大夫对所属的诸侯国进行监察，并且每一个诸侯国一般派遣三人，既进行全面监督，又相互之间有一个制衡，确保全面与精准。这也应该是管理诸侯经验的沉淀，检查与监督不可省去。

"凡官民材，必先论之，论辨，然后使之"，从庶民中选择优秀的人才为官，要先进行考核，如合格可以进行工作分配。体现这种思想的做法中最有影响力的应该是科举制度，影响深远，今天的高考制度也从中有所借鉴。

"任事，然后爵之。位定，然后禄之"，对于胜任工作的人，可以授予官爵，有点儿临时工转正的意味，官位定了，就可以发放俸禄，可以为人民服务了。当然，更多的还是执行上司的指令，是天子的官员，并不一定是百姓的官员。

王制（十四）

原文

爵人于朝，与士共之。刑人于市，与众弃之。是故公家不畜①刑人；大夫弗养，士遇之涂②弗与言也。屏③之四方，唯其所之，不及以政，亦弗故生也。

注释

① 畜：养，与"大夫弗养"中的"养"互文。
② 涂：同"途"。
③ 屏（bǐng）：摒弃。

马瑞光曰

"爵人于朝，与士共之"，授予一个人爵位的时候，一定要在朝堂上，要让百官共同参与。这既是一种仪式与重视，实际上也是一种宣示，更加有助于今后工作的开展，要明示，非暗示。

"刑人于市，与众弃之"，对犯罪的人用刑罚要光明正大，公布于众，让大众嫌弃他。将坏人坏事公之于众，也是一种惩罚，让大家对坏人给予道德上的谴责，也是一种常用的手段。这样做的好处是震慑了坏人，坏处是有些人可能趁机落井下石，给这些坏人带来不应有的伤害。实际上，某些坏人也有可能变好，只是需要机会与环境。

"是故公家不畜刑人，大夫弗养，士遇之涂弗与言也"，所以公家不能收留犯罪之人，士大夫也不能收容他们，士在路上遇也不跟他们说话。"屏之四方，唯其所之，不及以政，亦弗故生也"，把他们流放到四方，随他们去那儿，不给予任何生存的机会。看来那时犯罪的人下场悲惨，甚至都不想让他活在世上。如此看来，礼制对犯罪之人非常严苛，基本上是一棍子打死，让其无翻身的机会。

王制（十五）

原文

诸侯之于天子也，比年一小聘①，三年一大聘②，五年一朝。

注释

①小聘：古代礼节，指诸侯派遣大夫去朝见天子。
②大聘：古代礼节，指诸侯派遣卿去朝见天子。

马瑞光曰

这节介绍诸侯朝见天子的标准，有严格的规范，朝见不能够随意，以显示天子威严。没有规矩，不成方圆，既是礼仪，又是规矩，彰显权威。态度重要，仪式同样重要，既要里子，同时也要面子。

"诸侯之于天子也，比年一小聘，三年一大聘，五年一朝"，每一年诸侯都要委派大夫作为本人代表去问候拜见天子，不需要自己亲自拜见，每三年派遣卿为代表去拜见天子，表示更加重视，如果是五年的话，就要诸侯亲自去拜见天子，以示尊重，形成了如此的惯例。

有威严，地位就得以彰显，人们创造的仪式与规范，成为社会的重要组成部分，形成了秩序，既要保证天子对诸侯的统御，又要避免诸侯经常来到天子身边，产生收买天子身边人员的嫌隙，也给予诸侯一定的自由空间。这种制度有点儿像联邦制，只是诸侯是由天子所封，并非百姓推选。

王制（十六）

原文

天子五年一巡守①。岁二月，东巡守，至于岱宗②，柴，而望祀山川。觐③诸侯，问百年者，就见之。命大师陈诗，以观民风。命市纳贾④，以观民之所好恶，志淫好辟⑤。命典礼考时月，定日，同律、礼、乐、制度、衣服，正之。山川神祇有不举者为不敬，不敬者君削以地；宗庙有不顺⑥者为不孝，不孝者君绌以爵；变礼易乐者为不从，不从者君流；革制度衣服者为畔，畔者君讨。有功德于民者，加地进律。五月，南巡守，至于南岳，如东巡守之礼。八月，西巡守，至于西岳，如南巡守之礼。十有一月，北巡守，至于北岳，如西巡守之礼。归假⑦于祖祢⑧，用特。

注释

①巡守（shòu）：指天子巡游天下。守，通"狩"。

②岱宗：东岳泰山。

③觐：古代礼仪，指诸侯朝见天子。

④市：掌管市场买卖的官员。贾（jià）：同"价"，指物价。

⑤辟：偏邪不正。

⑥不顺：指宗庙中牌位的排序不当或祭祀时不按照时序。

⑦假（gé）：至。

⑧祖祢（mí）：泛指宗庙。祖，大祖、高祖、曾祖、祖父等先人的宗庙。祢，先父的宗庙。

马瑞光曰

"天子五年一巡守",天子每隔五年就会巡视天下一次,一般按照东南西北四个方向的顺序进行,了解各地的情况。巡视领地,可以彰显天子权威,传播国家的相关意识形态。

同时在巡视游览过程中,"命典礼考时月,定日,同律、礼、乐、制度、衣服,正之",命令负责典礼的相关官员对各地的季节、月份、日期进行校正统一,对各地法律、礼教、乐律、制度、服装等统一标准。这里是大一统的逻辑,以检查、实施国家的相关制度、礼仪,形成"莫非王臣"的天下归一的局面,基本上是一种专制思想。

"变礼易乐者为不从,不从者君流;革制度衣服者为畔,畔者君讨",随意改变礼数、乐律的人视为不服从,应该给予流放;任意对于制度、衣服进行变革的,视为叛道,国君应该进行讨伐。惩罚够严的,听话照做才是王道,乖乖听话应该是题中之义,要严格执行,不折不扣。

"有功德于民者,加地进律",对有功德于百姓的诸侯,天子要封赏土地,晋升爵位。

王制(十七)

原文

六礼:冠、昏、丧、祭、乡、相见。七教:父子、兄弟、夫妇、君臣、长幼、朋友、宾客。八政:饮食、衣服、事为、异别①、度、量、数、制。

注释

①异别:这里指五方用器各不相同。

马瑞光曰

进一步明确了社会的秩序,理得非常清晰,六礼、七教、八政,也基本上形成了社会运行的相关标准，有章可循成为很多重要事项的特征。

"六礼：冠、昏、丧、祭、乡、相见"，六礼包括冠礼、婚礼、丧礼、祭礼、日常的饮酒及乡射礼、相见礼。六礼基本上把一个人一生的大事梳理清晰了，从长大成人到离开这个世界，还有重要的交往环节都进行了标准化，基本上是围绕着人生的重要节点展开的。

"七教：父子、兄弟、夫妇、君臣、长幼、朋友、宾客"，七教是围绕人和人之间的关系进行的，把人伦关系进行了规范。先讲个人的生命过程，即六礼，再讲到现在人和人之间的关系，从亲到疏介绍了一遍。人生活在社会中，实际上就是生活在人和人之间的关系当中，这样的秩序也就是我们常讲的伦理，没有一个人是可以独立存在的。

最后谈到八政，主要是社会生活中的一些事情，即饮食；衣服；事为，也就是百工技艺；异别，即各种用器；度，即长度单位；量，即容量单位；数，即计数单位；制，物品的规格。如此，所有事情都有了依据，社会规则也就形成了。

文王世子

文王世子（一）

文王世子指的是周文王在位时期，就将周武王立为自己的继承人。从那时起，文王世子制度从无到有并延续下来。

原文

文王为世子，朝于王季①日三。鸡初鸣而衣服，至于寝门外，问内竖②之御者③曰："今日安否？何如？"内竖曰："安。"文王乃喜。及日中又至，亦如之。及莫④又至，亦如之。其有不安节⑤，则内竖以告文王，文王色忧，行不能正履⑥。王季复膳，然后亦复初。食上，必在视寒暖之节⑦。食下，问所膳，命膳宰曰："末有原。"应曰："诺。"然后退。

武王帅而行之，不敢有加⁸焉。文王有疾，武王不说冠带而养。文王一饭，亦一饭；文王再饭，亦再饭。旬有二日乃间。

文王谓武王曰："女何梦矣？"武王对曰："梦帝与我九龄。"文王曰："女以为何也？"武王曰："西方有九国焉，君王其终抚诸。"文王曰："非也。古者谓年龄，齿亦龄也。我百，尔九十，吾与尔三焉。"文王九十七乃终。武王九十三而终。

成王幼，不能莅阼。周公相，践阼而治。抗世子法于伯禽，欲令成王之知父子、君臣、长幼之道也。成王有过，则挞⁹伯禽，所以示成王世子之道也。《文王之为世子》也。

注释

①季：周文王的父亲姓姬名历，季为排行，被尊称为"公季""王季"。

②内竖：上古时代在宫中负责传达王令的小官，后来逐渐变成宦官。

③御者：正在当值的人。

④莫：同"暮"，指夜幕降临。

⑤安节：舒适，舒服。

⑥正履：正常走路。

⑦节：程度。

⑧不敢有加：不敢有所逾越。

⑨挞（tà）：用鞭子打。

马瑞光曰

文王世子指的是文王在位期间，将周武王作为自己的继承人，并对其进行培养，从而形成了文王世子制度，试图实现国家的永续传承。如果世子有德有才，则国家昌盛，否则百姓与国家就会倒霉。大家的命运基本上系于一身，这也是儒家的基本逻辑。君王修炼成为圣贤也就是唯一出路了，否则也很难被人民认可，改朝换代也就不奇怪了。

"文王为世子，朝于王季日三"，文王为世子的时候，每日向他的父亲请安三次，早上、中午、傍晚各一次。如果父亲病了，文王也吃不下饭，非常焦虑。"王季复膳，然后亦复初"，等到父亲病愈，文王才会回归正常，才吃得下饭，以突显文王爱父之深，突出他的德行。

"武王帅而行之，不敢有加焉"，武王按照文王的标准也这样对待父亲文王，不敢认为自己会做得更好，可以超越父辈。这种做法虽然突显自己的德行，但问题是这样尊老是否会产生一代不如一代的隐患呢？

"成王幼，不能莅阼。周公相，践阼而治"，武王去世时成王年幼，不能理政，周公为相，代为监国理政，并对成王进行培养。"成王有过，则挞伯禽，所以示成王世子之道也"，如果成王有过，则惩罚周公的儿子伯禽，用这种方法让成王明理。这还真是个好办法，成王很是受用，只是伯禽就惨了。

文王世子（二）

原文

凡学①世子，及学士，必时。春夏学干戈②，秋冬学羽籥③，皆于东序。小乐正学干，大胥赞之；籥师学戈④，籥师丞赞之。胥鼓《南》⑤。春诵，夏弦，大师诏之。瞽宗⑥秋学礼，执礼者诏之。冬读《书》，典《书》者诏之。礼在瞽宗，《书》在上庠。

凡祭与养老乞言⑦、合语⑧之礼，皆小乐正诏之于东序。大乐正学舞干戚，语说、命乞言，皆大乐正授数，大司成论说在东序。

注释

① 学（jiào）：教育，教授，后作"教"。
② 干戈：武舞所用的道具。小舞用干戈，大舞用干戚。
③ 羽籥（yuè）：舞器和乐具。
④ 戈：戈为"龠"字。
⑤ 《南》：乐曲名。
⑥ 瞽（gǔ）宗：商代对大学的称谓，主要负责教授贵族子弟礼乐。

⑦乞言：在老者面前乞求善言。

⑧合语：指与君臣、父子、长幼之道相合的言辞。

马瑞光曰

"凡学世子，及学士，必时"，要教育好世子、学士，一定有严格的内容与时间安排。读完后发现世子不好当，君王更不是普通人能干的，这么严格的培养制度，很多人就扛不过来。

"春夏学干戈，秋冬学羽籥，皆于东序"，春夏学操持干戈的武舞，秋冬学习手拿雉羽和籥的文舞，学习地点在东序。"春诵，夏弦，大师诏之"，春天吟诗，夏天练琴，都是大师来教。秋季适合学礼，冬季适合读书，都是由不同的官员进行教授。真是没有什么休息的时间，培养仁君也是系统工程。

"凡祭与养老乞言、合语之礼，皆小乐正诏之于东序"，凡是与祭礼、养老有关事项，需要向老人请教，这方面的礼仪由小乐正教授，地点也在东序。小乐正负责教授君臣、父子、长幼的相关礼节，教授内容、标准、时间、地点都有详细安排。这种安排既有趣，又无趣，更多的是为了维护统治，没有创新突破，或者说更多的是按要求来的，没有太大的自主空间。

这样看，生在帝王家也不完全是好事，既幸福，又悲惨，帝王人生是普通人生的放大版，人才的培养必须按照皇室要求来进行，有固定的规范。儒家思想主导下的国家体制似乎也是如此，强调依礼而行，定下执行标准，变革常常是在被迫情况下进行的，目的实际上还是维持秩序，主动革新似乎缺乏可能性。

文王世子（三）

原文

《世子之记》曰："朝夕至于大寝之门外，问于内竖曰：'今日安否？何如？'

内竖曰：'今日安。'世子乃有喜色。其有不安节，则内竖以告世子，世子色忧，不满容①。内竖言'复初'，然后亦复初。朝夕之食上，世子必在，视寒暖之节。食下，问所膳。羞，必知所进②，以命膳宰，然后退。若内竖言疾，则世子亲齐，玄③而养。膳宰之馔④，必敬视之；疾之药，必亲尝之。尝馔善，则世子亦能食；尝馔寡，则世子亦不能饱。以至于复初，然后亦复初。"

注释

① 色忧：脸上现出忧虑的神情。不满容：没有布满整个脸庞。

② 必知所进：一定要知道父王吃的食物是什么。

③ 玄：穿戴着黑色的斋戒衣冠。

④ 馔（zhuàn）：食物、饮食。

马瑞光曰

这段内容在前文有类似表述，本来是发自内心的孝顺，是父子情深，本来是自觉自愿，最后发现成了照章办事，缺乏了情感，甚至出现了虚伪。这也是儒家受人诟病的地方之一，提倡的很多行为到了某些人那里似乎成了作秀，当然也确实有人是作秀的，尤其是帝王家有的父子之间的"表演"令人叹为观止。

"朝夕之食上，世子必在，视寒暖之节"，早上与晚上给父亲上的饭菜，世子一定要检查过，看冷热是否合适。"食下，问所膳"，吃完以后，世子一定要问父王吃得如何，以便以后改进，颇是孝顺。

"疾之药，必亲尝之"，父亲吃的药，世子一定要自己先尝过。"以至于复初，然后亦复初"，父王吃不下东西，世子也不能多吃，等到父王胃口恢复正常了，太子才能恢复正常。这显然就有点形式主义了，一人得病，全家都要表现得有病，一人不开心，全家要陪着不开心。家庭伦理超过个人情感，本来情真意切的父子关系，在被强调的过程中，似乎正逐渐变了味道。应该是集体优于个体，团队利益最大。

礼运

礼运（一）

"运"即运行，讲的是礼的源流以及运行、运用，因此本篇被称为《礼运》。本篇通过孔子答言偃问的形式，对五帝三王之间"大同""小康"的治世局面进行了讨论，展现了"礼"从起源、发展、演变到完善的全过程，对圣王制礼的原则进行了探讨，对周朝末期礼崩乐坏的局面进行了批评，对天子诸侯违礼失政进行了批判，深入揭示了礼在治国安民方面的重要地位和角色，同时也对人与天地、阴阳、鬼神、五行之间的密切关系进行了强调。

原文

昔者仲尼与于蜡宾①，事毕，出游于观②之上，喟③然而叹。仲尼之叹，盖叹鲁也。言偃④在侧曰："君子何叹？"孔子曰："大道之行也，与三代之英⑤，丘未之逮也，而有志⑥焉。大道之行也，天下为公，选贤与⑦能，讲信修睦。故人不独亲其亲，不独子其子，使老有所终，壮有所用，幼有所长，矜⑧寡孤独废疾者，皆有所养；男有分，女有归；货恶其弃于地也，不必藏于己；力恶其不出于身也，不必为己。是故谋闭而不兴，盗窃乱贼而不作，故外户而不闭，是谓大同。"

注释

①蜡（zhà）宾：蜡祭的助祭者。蜡，古代的一种祭祀，在每年的十二月举行，合祭百神。

②观（guàn）：也称阙或者台。

③喟（kuì）：叹气的样子。

④言偃：孔子的弟子，字子游，春秋末期吴国人，为"孔门十哲"之一，与子夏、子张齐名，是孔子的著名弟子之一。

⑤英：才德出众的人，这里指下文所说的禹、汤、文、武、成王、周公等。

⑥志：记载。

⑦与（jǔ）：通"举"，举荐。

⑧矜（guān）：通"鳏"，指丧妻或无。

马瑞光曰

本章开始进入《礼运》篇，讲"礼"的运行规律，对何为大同，何为小康进行了讨论。

"大道之行也，与三代之英，丘未之逮也，而有志焉"，大道在夏、商、周三代得到推行，孔子感慨自己没赶上英明君王。孔子在此感叹以前，看到现在礼崩乐坏，对过往的向往油然而生。

紧接着，孔子继续讲："大道之行也，天下为公，选贤与能，讲信修睦"，大道推行的时候，天下是百姓公有的，不是一些人私有的，选择贤能之人，推荐有才华的人作为领袖，讲求诚信、修行、和睦，当然社会就很安定和谐了。

"是故谋闭而不兴，盗窃乱贼而不作，故外户而不闭，是谓大同"，和和气气，没有阴谋、盗贼，门不闭户，路不拾遗，这就是大同社会了。

礼运（二）

原文

"今大道既隐，天下为家，各亲其亲，各子其子，货力为己，大人世及①以为礼。城郭沟池以为固，礼义以为纪；以正君臣，以笃父子，以睦兄弟，以和夫妇，以设制度，以立田里，以贤勇知。以功为己，故谋用是作，而兵由此起。禹、汤、文、武、成王、周公，由此其选也。此六君子者，未有不谨于礼者也。以著其义，以考其信，著有过，刑仁讲让，示民有常。如有不由②此者，在势者去，众以为殃。是谓小康。"

注释

①世及：即世袭制度。诸侯的传位，父子相传称为世，兄弟相传称为及。

②由：用。

马瑞光曰

"今大道既隐，天下为家，各亲其亲，各子其子，货力为己"，意思是讲世风不好，大道隐去了，这当然是坏事情。具体表现在天下成为君王一家所有，莫非王土，莫非王臣，人变得都很自私，只孝敬自己的父母，疼爱自己的儿子、女儿，财货人力也只是为了自己。如此看来，孔子对人的标准是很高的，提倡共有，反对私有，应该如何做呢？

"礼义以为纪；以正君臣，以笃父子，以睦兄弟，以和夫妇，以设制度，以立田里，以贤勇知"，将礼仪视为纲纪，以此来规范、端正君臣关系、父子关系，令兄弟和睦，调和夫妻关系，以礼仪为基础设立规范制度，进行田地分配，给予勇士与智者尊重。"以功为己，故谋用是作，而兵由此起"，由于成就功业都是为自己，各种阴谋诡计也就产生了，战争也可能由此爆发。这种情况下，当然大道就会隐没了。很明显，应该推行礼制去端正人们的思想。

讲白了，还是要圣贤成为领袖，"刑仁讲让，示民有常"，推行礼仪，用仁爱谦让来处理人和人之间的关系，向人们昭示治国的常法，"是谓小康"，如此便是小康社会。

礼运（三）

原文

言偃复问曰："如此乎，礼之急①也？"孔子曰："夫礼，先王以承②天之道，以治人之情，故失之者死，得之者生。《诗》曰：'相③鼠有体，人而无礼④。人而无礼,胡不遄⑤死?'是故夫礼,必本于天,殽⑥于地,列于鬼神,达于丧、祭、射、御、冠、昏、朝、聘。故圣人以礼示之,故天下国家可得而正也。"

注释

①急:急需,急用。

②承:承奉,承接。

③相(xiàng):观察。

④礼:礼貌。

⑤遄(chuán):迅速。

⑥殽(xiào):通"效",效法。

马瑞光曰

"孔子曰:'夫礼,先王以承天之道,以治人之情,故失之者死,得之者生。'"孔子说,礼是古代先王用来顺应天道、治理人情的,是相当重要的,所以依礼而行,就会生,丧失礼,便会消失、死亡。夫子给予"礼"很高的评价。

"相鼠有体,人而无礼。人而无礼,胡不遄死?"这是《诗经》里的诗句,说的事连老鼠都有形体,人怎么能没有礼呢?没有礼还不如死去!只说必须循"礼",原因没有讲明白,当然最重要的还是上合天意,下体人心,这应该是夫子最充分的理由。

"是故夫礼,必本于天,殽于地,列于鬼神",所以礼必须循天道,效法大地,与鬼神连接。并且礼要在具体的日常生活中得到落实执行,体现在丧、祭、射、御、冠、昏、朝、聘,即丧事、祭祀、射箭、驾御、冠礼、婚嫁、朝觐、聘问等各方面,如此也就规范了人们的行为,形成了标准。既有高度又易于操作,这才是夫子的高明之处。

"故圣人以礼示之,故天下国家可得而正也",所以圣人用礼来影响、规范人们,才能治理好国家。这样就形成了价值观,形成了行为,数千年的历史证明,相当有效果。

礼运（四）

原文

言偃复问曰："夫子之极言①礼也，可得而闻与？"孔子曰："我欲观夏道，是故之杞，而不足征也，吾得《夏时》焉。我欲观殷道，是故之宋，而不足征②也，吾得《坤乾》③焉。《坤乾》之义④，《夏时》之等⑤，吾以是观之。"

注释

①极言：尽力诉说。

②征：同"证"，证明，验证。

③《坤乾》：殷时所著的以阴阳理论为基础的卜筮书。

④义：功用，这里指阴阳的功用。

⑤等：等级，等次。

马瑞光曰

子游继续追问夫子，礼会如此重要，到底是什么原因，孔子开始讲历史，好像是以史为鉴，让自己的观点看上去很有道理。

"孔子曰：'我欲观夏道，是故之杞，而不足征也，吾得《夏时》焉。'"孔子讲自己想去了解夏朝时候的礼，去了夏朝旧址杞国，但年代久远，没有发现什么有价值的东西，只发现了一本历书《夏时》。"我欲观殷道，是故之宋，而不足征也，吾得《坤乾》焉"，孔子想了解殷朝的礼，于是到宋国去，但也没发现什么有价值的东西，而是找到一本占卜书籍《坤乾》。

"《坤乾》之义，《夏时》之等，吾以是观之"，孔子从这两本书中挖掘夏朝、殷朝的礼制。但这里孔子似乎并没有说明礼的重要性，只是讲明自己很了解情况。当然，夫子更推崇的是周礼。

礼运（五）

原文

夫礼之初始诸饮食。其燔黍捭豚①，污尊而抔②饮，蒉桴③而土鼓，犹若④可以致其敬于鬼神。及其死也，升屋而号告曰："皋⑤某复。"然后饭腥而苴孰⑥。故天望⑦而地藏⑧也，体魄⑨则降，知气在上。故死者北首，生者南乡，皆从其初。

注释

①燔黍捭豚（fán shǔ bǎi tún）：指上古时期对食物进行简单加工的一种流程。

②污（wū）尊：在地上挖作酒樽。污，凿地，挖地。抔（póu）：用手捧东西状。

③蒉桴（kuài fú）：一说用土块做鼓槌，一说用草做鼓槌。蒉，土块。桴，鼓槌。

④犹若：好像。

⑤皋：用长而慢的声音呼唤。

⑥苴（jū）孰：用包裹起来的熟食送死者出丧。苴，包裹。

⑦天望：上古时代的一种招魂仪式，是望着天招魂。

⑧地藏：不用棺椁而直接把尸体埋进土里。

⑨体魄：身体。

马瑞光曰

"夫礼之初始诸饮食"，人类社会如果只有一件事情的话，应该就是饮食了，因为这是底线，生死问题远超文明的问题，所以礼最开始的时候产生于饮食行为当中也就正常了。

"蒉桴而土鼓，犹若可以致其敬于鬼神"，用土块制作成鼓槌，来敲用土做成的鼓，用这种方法来向鬼神表达敬意。在做食物及用餐过程中，要有这些仪式，也算是一种"礼"。

"然后饭腥而苴孰"，死者嘴里含着生米，下葬时，用包裹的熟食送死者出丧。不仅活人用餐有"礼"，人去世了在用餐这件事情上也是很有讲究的，可见饮食这件事情对于人们来讲有多么重要。

"天望而地藏也,体魄则降,知气在上",向上天招魂,把尸体埋在地下,虽然尸体被埋在地下,但灵魂还在天上。拿一些熟食一起埋在地下,以免逝者饿肚子,既是一种礼,又是一种人文关怀,形成了一种规范行为。

"故死者北首,生者南乡,皆从其初",北方象征阴,南方象征阳,死者头朝向北面,生者要坐北朝南居住。这是一种习俗,实际上也是重要的"礼",一直影响到今天。

礼运(六)

原文

昔者先王未有宫室,冬则居营窟,夏则居橧巢①。未有火化②,食草木之实,鸟兽之肉,饮其血,茹③其毛。未有麻丝,衣其羽皮。后圣有作,然后修火之利,范④金,合土,以为台榭、宫室、牖⑤户,以炮,以燔,以亨⑥,以炙,以为醴酪⑦。治其麻丝以为布帛,以养生送死,以事鬼神上帝,皆从其朔。

注释

① 橧(zēng)巢:将柴火堆积起来作为巢居住。

② 火化:用火将食物烤熟。

③ 茹:吃。

④ 范:名词活用为动词,用模子浇筑。

⑤ 牖(yǒu):窗户。

⑥ 亨:同"烹",烹制煮制。

⑦ 醴(lǐ):酒名。酪(lào):醋。

马瑞光曰

"昔者先王未有宫室,冬则居营窟,夏则居橧巢",显然讲的是原始社会,当时还没有发明火，更谈不上有什么宫殿，基本上是原始状态，冬天住在洞穴里，夏天住在用柴火堆积起来的巢屋里，类似于鸟屋。这种情况下的礼仪标准显然非常初级。

"未有火化，食草木之实，鸟兽之肉，饮其血，茹其毛"，那个时候还不懂用火煮食，生吃的植物的果实和鸟兽的肉，喝鸟兽的血，甚至连毛都作为了食物。这就是我们祖先曾经的生活，后面才慢慢出现了很多技术、工具。当然，后来的种种做法"皆从其朔"，也就是后来的这些做法都是沿袭上古。火的使用是人类社会发展的重要一步，有圣人教人用火，"后圣有作"，成为推动人类社会前进的关键一步。

关键时刻的关键人物还是需要的，我们称之为英雄。但英雄既有进步的一面，也会有破坏性的一面，所以才有一将功成万骨枯。就像一家企业，往往成也老板，败也老板，其他人的影响力与破坏力与老板不在一个层次。

进步的礼规范了我们，但随着实际情况变化也可能变成限制我们枷锁，需要我们与时俱进地去理解、应用。

礼运（七）

原文

孔子曰："於呼①，哀哉！吾观周道，幽、厉伤②之。吾舍鲁何适矣？鲁之郊、禘③，非礼也。周公其衰④矣。杞之郊也，禹也；宋之郊也，契也。是天子之事守⑤也。故天子祭天地，诸侯祭社稷。"

注释

①於（wū）呼：同"呜呼"，感叹词。

②伤：败落，损坏。

③郊：天子在南郊祭天。禘：嫡系的子孙在太庙祭祀始祖。鲁国既不是天子也不是嫡子之国，因此举办郊禘之祭是逾越天子的行为。

④衰：衰落，衰败。

⑤事守：做分内的事情。

马瑞光曰

"吾观周道,幽、厉伤之",孔子说,我观察周朝治理之道,从周幽王与周厉王后就破坏得差不多了。历史上的朝代都会有繁荣与低迷,也就有了朝代更迭。

"鲁之郊、禘,非礼也。周公其衰矣。杞之郊也,禹也;宋之郊也,契也",鲁国在南郊祭天,在太庙祭祖,但这都不符合礼的规定。郊祭和禘祭事由天子才能做,鲁与周的祖先相同,只有周天子才能行郊祭和禘祭。杞国国君是大禹的后代,宋国国君是契的后代,他们能够行郊祭来祭拜先圣。实际上那个时候周朝已没有那么强的掌控力了,孔子尊周礼,认为鲁国的祭祀不合礼制。由此,孔子认为这时已经礼崩乐坏了。

"故天子祭天地,诸侯祭社稷",天子应该祭祀天地,诸侯只能祭拜本国的土谷之神,不能祭天,这也是当时的规矩。

不知道周朝是否真如孔子所言的美好,我们也只能心中向往一下了。每个时代都有自己的局限性,身处其中的人可能都觉得是个围城,觉得自己苦,别人要幸福一些。

礼运(八)

原文

祝嘏[1]莫敢易其常古,是谓大假[2]。祝嘏辞说,藏于宗、祝、巫、史,非礼也,是谓幽国[3]。盏、斝[4]及尸君,非礼也,是谓僭君。冕、弁[5]、兵、革,藏于私家,非礼也,是谓胁君。大夫具官,祭器不假,声乐皆具,非礼也,是谓乱国[6]。故仕于公曰臣,仕于家曰仆。三年之丧,与新有昏者,期不使[7]。以衰裳入朝,与家仆杂居齐齿,非礼也,是谓君与臣同国。故天子有田以处其子孙,诸侯有国以处其子孙,大夫有采[8]以处其子孙,是谓制度。故天子适诸侯,必舍其祖庙,而不以礼籍入,是谓天子坏法乱纪。诸侯非问疾吊丧,而入诸臣之家,是谓君臣为谑。

注释

①嘏（gǔ）：古时祭祀时，执事人（祝）为受祭者（尸）向主人致以祝福。

②假：大。

③幽国：典礼不明的国家。

④盏、斝（jiǎ）：君主所用的酒器。

⑤冕、弁（biàn）：皆为古代男子冠名，吉礼之服用冕，通常礼服用弁。

⑥乱国：纲纪混乱的国家。

⑦期不使：一年之内，不因为公事而使用。

⑧采：古代卿大夫受封而得的土地。

马瑞光曰

"祝嘏莫敢易其常古，是谓大假"，祭祀中的礼词不能变更，因为这是大礼，是不可更改的。天意不可违，上天的意思是永远正确的，这也就带来了祭祀的严谨，因为祭祀就是一种与上天的沟通。

接下来制定了一系列的标准与准则，一些重要的器具不能随便摆放，以显示正式与威严，如果弄错了甚至会被称为乱国行为，即纲纪败坏。

"故仕于公曰臣，仕于家曰仆"，能为国君效力之人，才能称之为臣，为大夫效力的只能称之为仆人，有严格的等级划分。社会阶层用礼来进行了规范。

"故天子有田以处其子孙，诸侯有国以处其子孙，大夫有采以处其子孙，是谓制度"，天子有田地安置子孙，诸侯、大夫也一样，实际上一定程度上形成了世袭制。如此，王侯将相就有"种"了，当然这有一定的局限性。

"故天子适诸侯，必舍其祖庙，而不以礼籍入，是谓天子坏法乱纪"，天子到诸侯地界，必须入住祖庙，但要按照规定的礼节进入，否则就是天子破坏法纪。礼制面前，人人平等，必须要遵守，包括天子在内，从这个角度来讲，礼又有一定平等性。

礼运（九）

原文

何谓人情？喜、怒、哀、惧、爱、恶、欲，七者弗学而能。何谓人义？父慈、子孝、兄良①、弟弟、夫义、妇听、长惠、幼顺、君仁、臣忠，十者谓人之义。讲信修睦，谓之人利。争夺相杀，谓之人患。故圣人之所以治人七情，修十义，讲信修睦，尚辞让，去争夺，舍礼何以治之？饮食男女，人之大欲存焉。死亡贫苦，人之大恶存焉。故欲恶者，心之大端也。人藏其心，不可测度也。美恶皆在其心，不见其色也。欲一以穷之，舍礼何以哉？

注释

① 良：善良

马瑞光曰

何为人情呢？总结为七情：喜、怒、哀、惧、爱、恶、欲，这是七情是人天生的，是人性中一直存在的东西。对人性的深刻理解往往是从这七情开始的，人毕竟不是圣贤，七情既是我们的优点，也是人性的弱点。

何为义理呢？这实际上是社会伦理形成的标准，在不同的国家有很大区别，这也逐渐形成民族性格、价值观，是建在人情基础上的一部分内容。

儒家将义分为十个部分："父慈、子孝、兄良、弟弟、夫义、妇听、长惠、幼顺、君仁、臣忠"，实际是五对，即父慈子孝、兄良弟弟、夫义妇听、长惠幼顺、君仁臣忠。这种秩序是对等的，但不是平等的，任何一方破坏了，另一方也是可以破坏的。如何形成这种和睦恰当关系，也就成为圣人之道，"治人七情，修十义，讲信修睦，尚辞让，去争夺"，让人们讲义和睦，善谦卑辞让，不争斗。用什么来做到这些呢？要靠"礼"。实际上也进一步说明了"礼"是干什么用的。

问题的困难点在什么地方呢？"饮食男女，人之大欲存焉"，食色性也。"死亡贫苦，人之大恶有焉"，死亡贫苦是人们最厌恶的，实际上也是人们真正畏惧的。"故欲恶者，心之大端也"，也就是讲，欲望与厌恶是人心中的大事。这是人们内心真正在意的东西，该如何解决呢？可见，人们心中并非只有善意，更要命的是，"人藏其心，不可测度也。美恶皆在其心，不见其色也"，人们隐藏自己的真实想法，并不好猜测，也不好发现。

如何解决人们的心中欲望与厌恶呢？并非易事，"欲一以穷之，舍礼何以哉？"结论是要用"礼"来了解人，规范人，进而规范整个社会。进一步凸显"礼"的重要性。

礼运（十）

原文

故礼之不同也，不丰也，不杀也，所以持情而合危也。故圣王所以顺，山者不使居川，不使渚者居中原，而弗敝也；用水、火、金、木，饮食必时；合男女、颁爵位，必当年德，用民必顺。故无水、旱、昆虫之灾，民无凶、饥、妖孽之疾。故天不爱其道，地不爱其宝，人不爱其情。故天降膏露①，地出醴泉，山出器车，河出马图，凤凰、麒麟皆在郊椒②，龟、龙在宫沼，其余鸟兽之卵胎，皆可俯而窥也。则是无故，先王能修礼以达义，体信以达顺，故此顺之实也。

注释

① 膏露：雨露。
② 郊椒（sǒu）：郊外的草泽地区。

马瑞光曰

"故礼之不同也，不丰也，不杀也，所以持情而合危也"，所以"礼"是有所不同的，不可增加，不可减少，基本上就是"真理"的样子了，用来维持人的性情，同时保持警惕之心。也就是把"礼"确定下来，以规范人们，形成秩序。当然这些礼基本上是圣贤制定的，很多是周礼。

"故圣王所以顺，山者不使居川，不使渚者居中原，而弗敝也"，圣明君王可以让天下和顺，该住山里的住山里，该住水的里住水里，不去试图破坏人们的生活习惯。基本上就是顺天意，顺其自然，各得其所的逻辑。如果真能如此，似乎是道家风范了。接下来又讲了很多规范，不能保证的是这些规范都符合人们的需要，更多的还是为了建立一种秩序。

"合男女、颁爵位，必当年德，用民必顺"，男娶女嫁要年龄相当，颁授爵位一定要与德行匹配，任用百姓要顺应民心，不误农时，这也是"礼"。如此，社会和谐，没有什么灾祸。"故天不爱其道，地不爱其宝，人不爱其情"，所以上天会不吝惜道义，地不吝惜宝物，人不吝惜感情，如此，人间有道义，物产丰富，人人和睦。

"先王能修礼以达义，体信以达顺，故此顺之实也"，因为先王能够修礼达义，诚信通达，当然天下大顺。进一步说明"礼"的价值与重要性，希望人们认真遵守。

礼器

礼器（一）

本篇与《礼运》篇互为表里。到底什么是礼之器呢？《乐记》中认为："簠簋俎豆，制度文章，礼之器也。"礼作为器在使用的时候，要根据天时、地貌、人情等具体对待。人作为礼的推行者和遵守者必须具备诚信忠义的美德，不然礼作为器的作用也将被影响。

原文

礼器，是故大备。大备，盛德也。礼释回①，增美质，措则正，施则行。其在人也，如竹箭之有筠②也，如松柏之有心也，二者居天下之大端矣，故贯四时而不改柯易叶。故君子有礼，则外谐而内无怨，故物无不怀仁，鬼神飨德。

注释

①释回：摒除邪念。释，除。回，邪。

②竹箭之有筠（yún）：竹子外面有青皮。箭，小竹子。筠，竹子外面的青皮。

马瑞光曰

"礼器，是故大备。大备，盛德也。"开篇即说明"礼器"可以让人品行完备、具备大德，讲了如此大的好处，目的就当然是让人们对"礼"深信不疑，坚决执行，而这正是《礼记》希望达到的效果。人们遵循这套秩序，以此治理国家，天下大同的好局面就会出现了。

"礼释回，增美质，措则正，施则行"，"礼"可以让人们摒除邪念，让人的品质变得美好，措施得当，符合正道，美德畅行无阻，一切变得美好。看来"礼"可以带来美好，讲了半天还是要大家一定要循礼。

"故君子有礼，则外谐而内无怨，故物无不怀仁，鬼神飨德"，最终的结论是如果君子循"礼"，则家中没有怨气，与外人的关系和谐，人们都认同这种仁德，连鬼神也希望被这样的人祭祀。不仅天下和谐，连与鬼神的关系也会和谐。如此幸福都是"礼"带来的，如此秩序大家很是向往，"礼"恰好满足了人们的愿望。这几乎是所有学说共同的特点，把自己学说的效果讲得完美，至于实践就另当别论了。

礼器（二）

原文

礼也者，合于天时，设①于地财，顺于鬼神，合于人心，理万物者也。是故天时有生也，地理有宜也，人官有能也，物曲有利也。故天不生，地不养，君子不以为礼，鬼神弗飨也。居山以鱼鳖为礼，居泽以鹿豕为礼，君子谓之不知礼。故必举其定国之数，以为礼之大经。礼之大伦，以地广狭；礼之薄厚，与年之上下。是故年虽大杀，众不匡②惧，则上之制礼也，节矣。

注释

①设：合。

②匪：害怕，胆怯。

马瑞光曰

"礼也者，合于天时，设于地财，顺于鬼神，合于人心，理万物者也"，礼应该符合天的时令、地的物产，同时与鬼神意志相和，又符合人们的心理动态，如此，礼才能治理万物。这段表述被奉为经典，基本上揭示了"礼"的来源。天时、地利、人和，还有鬼神意志，都与礼关系密切，当然应该遵循，礼成了处理人与人、人与天、人与地，还有人与鬼神关系的标准。

接下来进一步解释道："是故天时有生也，地理有宜也，人官有能也，物曲有利也"，所以才会不同的时令有不同的物产，不同的地上会有不同的产物，人们也因为职能不同各有优势与能力，不同的物品各有用途。因为礼让万物都有其用，人们才能借由应对不同情况。

"故天不生，地不养，君子不以为礼，鬼神弗飨也"，不是天地生养的应时产物，君子不会拿来作为祭礼，鬼神也不会享用。顺其自然才是合于道。"故必举其定国之数，以为礼之大经"，所以要以本国的产出情况来决定礼的标准是什么。也就是讲礼是大道，一些具体细节应根据条件不同而有所调整。

最后一句话讲清楚了："则上之制礼也，节矣"，先王在制定礼的时候是有所变通的，以适应不同的情况，比如根据年景、国家的土地面积大小等来定标准。

礼器（三）

原文

礼，时为大，顺次之，体次之，宜次之，称次之。尧授舜，舜授禹，汤放桀，武王伐纣，时也。《诗》云："匪革①其犹②，聿③追来孝。"天地之祭，宗庙之事，父子之道，君臣之义，伦④也。社稷、山川之事，鬼神之祭，体也。丧、祭之用，宾客之交，义也。羔、豚而祭，百官皆足；大牢而祭，不必有余，此之谓称也。诸侯以龟为宝，以圭为瑞。家不宝龟，不藏圭，不台门⑤，言有称也。

> **注释**
>
> ①革：急。
>
> ②犹：道，谋略。
>
> ③聿（yù）：陈述。
>
> ④伦：顺。
>
> ⑤台门：大门外两侧筑土为基，在这个地基上盖起的屋子被称为台门。

马瑞光曰

"礼，时为大，顺次之，体次之，宜次之，称次之"，这里对制定礼的因素进行了排序，认为在"礼"的问题上，顺应天时排第一，顺应伦理排第二，体现区别、适宜与否、是否匹配，排第三到第五位。对相关要素变量的权重进行了区分，还是很有科学意味的，只是没有具体量化。

接下来分别举例说明了这五个方面。"尧授舜，舜授禹，汤放桀，武王伐纣"，这是顺应天时，也是礼中最为重要的部分。"天地之祭，宗庙之事，父子之道，君臣之义"，祭祀天地，祭拜祖先，父子之道，君臣之义，都要体现伦常次序，这就是顺应伦理，涉及的是社会伦理秩序的事情。

"社稷、山川之事，鬼神之祭，体也"，祭祀社稷、山川、鬼神，对象不同，祭品、仪式有所区别，这就是体现区别。"丧、祭之用，宾客之交，义也"，丧祭与祭礼的费用，与客人之间的交往开支，比如请客吃饭，应该适宜，多了别人有压力，少了别人感受不到情谊。

最后通过两方面继续讲祭品与祭礼要相匹配。"诸侯以龟为宝，以圭为瑞。家不宝龟，不藏圭，不台门，言有称也"，诸侯家里可以有龟甲、圭玉，将其作为宝物、祥瑞，大夫家不能藏有宝物、圭玉，不建台门，这叫匹配。等级鲜明，不能越雷池，如此形成了社会等级。

礼器（四）

原文

孔子曰："礼不可不省也。礼不同，不丰①，不杀。"此之谓也，盖言称也。

注释

①丰：增加。

马瑞光曰

"孔子曰：'礼不可不省也。'"施行礼的时候一定要注意标准的执行，不能不好好省察。进一步强调礼的重要性，既规范了行为，实际上又限制了人们的行为。我们往往是通过限制人们的一些行为，来达到更大的目标。如规定红灯停，绿灯行，最后形成有交通的通畅。

"礼不同，不丰，不杀"，礼是不同的，因地制宜、顺应天时是最重要的，应少不可增，应多不可少，以保证它的权威性。矛盾统一基本上是一种常态，"度"的把握自然成为关键，增一分减一分都不是恰当。

"此之谓也，盖言称也"，这里讲的就是礼物要与行的礼相匹配。恰当才能"好"，"大方"有时候会给别人压力，"小气"可能会成为节俭美德，关键还是因时、因地、因人而异。

礼器（五）

原文

古之圣人，内之为尊，外之为乐，少之为贵，多之为美。是故先生之制礼也，不可多也，不可寡也，唯其称也。是故君子大牢而祭谓之礼，匹士大牢而祭谓之攘。管仲镂簋①，朱纮，山节，藻梲②，君子以为滥矣。晏平仲③祀其先人，豚肩不揜豆，澣④衣濯冠以朝，君子以为隘矣。是故君子之行礼也，不可不慎也，众之纪也，纪散而众乱。孔子曰："我战则克，祭则受福。"盖得其道矣。

> **注释**
>
> ①镂簋（guǐ）：指用镂玉装饰的盛食物的器皿，这里指天子的器皿。
>
> ②藻棁（zhuō）：梁子上带有水藻画的短柱。
>
> ③晏平仲：即晏婴，字仲平，齐国的大夫。
>
> ④澣（huàn）：洗。

马瑞光曰

"古之圣人，内之为尊，外之为乐，少之为贵，多之为美"，古代的圣人德化于内，让自己修炼到尊贵与高尚，向外表现也是一种乐事，用少的礼物体现出德的高贵，用礼物的多来发扬德行作为美事。总而言之，德是根本，这也是对圣人的基本要求，如此也就形成了我们的是非观。

"是故先生之制礼也，不可多也，不可寡也，唯其称也"，礼不过多或过少，要让礼仪与礼物相配，这是先王制定礼时的本意。

"是故君子之行礼也，不可不慎也，众之纪也，纪散而众乱"，君子的标准就是礼的标准答案，君子要依礼，否则纲纪就乱了。这也算是对君子的要求，只是以此来要求众人就显得标准太高了。低标准高要求似乎更容易普及，高标准最后往往执行起来低要求。

"孔子曰：'我战则克，祭则受福。'"孔子说，我知礼，就能打胜仗，祭祀就能得到福报。知礼并不是形式主义的，礼能带来实际的好处。

礼器（六）

原文

礼也者，反本修古，不忘其初者也。故凶事不诏，朝事以乐①。醴酒之用，玄酒之尚；割刀②之用，鸾刀③之贵；莞簟④之安，槀鞂⑤之设。是故先王之制礼也，必有主也，故可述而多学也。

> **注释**
>
> ①朝事以乐：朝事，尊贤养老。以乐，违反和乐的本心。
>
> ②割刀：现在的刀。
>
> ③鸾刀：古代的刀。
>
> ④簟（diàn）：竹席。
>
> ⑤槀（gǎo）："稿"的异体字，鞂：指稻子、麦子的秸秆。

马瑞光曰

"礼也者，反本修古，不忘其初者也"，礼实际上是让人回归本性，复古，不忘初心。似乎觉得过去的都是好的，这也是儒家提倡恢复周礼的传统，确实也满足了人们渴望回到过去的冲动。未来不可测，过去的好处有目共睹，逃避不确定，追求稳定固然无可厚非，实际上，如果有梦想去让未来变好，是否更有价值？

"故凶事不诏，朝事以乐"，有凶丧事之事不用诏告，人们自然会悲伤痛哭，朝廷宴飨贤老要演奏音乐。七情六欲是人的天性，也是基本规律，当然很多时候是需要修炼才能驾驭的，否则会带来恶果。人非草木，孰能无情，习礼才能驾驭自身情感。

下面又讲了几项标准，不同的酒有不同的用处，不同的刀应用在不同的地方，就是一种规则。"是故先王之制礼也，必有主也，故可述而多学也"，先王制定礼仪是用来学习的，是让人有德向善的。这也是一种正常的思考逻辑，驱动大家向善。

内则

内则（一）

郑玄认为："名曰《内则》者，以其记男女居室事父母舅姑之法。"孔颖达对这种说法进行了延伸，认为："以闺门之内，轨仪可则，故曰内则。"《内则》主要介绍了养老之法等内容，对研究古人的孝道有所启示。

原文

后王①命冢宰降德于众兆民。

注释

①后王：即君王，也可称为天子。

马瑞光曰

"后王命冢宰降德于众兆民"，君王命令太宰到人民中间去，对亿兆黎民进行德化教育。把君王的思想告诉给百姓并进行对应教育，让大家认同，以统一思想，更好地实现国家统治的目的。

自古至今，教育一直被广泛应用，所以就有了"教化"的说法，认为让大家认同"德"，认同君王的思想是应该的，顺天意的。当然，这种天意的根源是民意，只是这个转化过程交给了君王，所以君王的圣明与否就是关键了，而百姓感受到的更多是对自己的要求。

内则（二）

原文

子事父母，鸡初鸣，咸盥漱①，栉②，縰，笄，緫③，拂髦，冠，緌④缨，端，韠⑤，绅，搢笏⑥。左右佩用：左佩纷、帨⑦、刀、砺、小觽⑧、金燧；右佩玦、捍、管、遰⑨、大觽、木燧。偪⑩，屦著綦⑪。

注释

①盥（guàn）漱：盥，洗手。漱，漱口。

②縰（xǐ）：这里指用黑色的缯缠住发髻。

③緫（zǒng）：束，束发之本。

④緌（ruí）：古时帽带打结后下垂的部分。

⑤韠（bì）：古时候穿在身前的皮革衣服。

⑥搢笏（jìn hù）：古时候的官服没有口袋，所以只能将笏插在腰带上。

⑦帨（shuì）：如同现今的手巾。

⑧小觿（xī）：古代解衣服用到的工具，锥子形。

⑨遰（shì）：刀鞘。

⑩偪（bī）：用来束胫，从足至膝，如今称为裹腿。

⑪綦（qí）：鞋带。

马瑞光曰

这一段话讲的是儿子侍奉父母的做法，是孝道，有些做法一直延续到了今天。"子事父母，鸡初鸣"，子女侍奉父母，鸡叫第一遍的时候就要梳洗打扮，扎好头发，戴上帽子，穿上端服，将衣服的外带束上。形式上很正式，要求颇高，只是现在很多做法都被人们简化了，看来过于复杂的事务是不易流传下来的。

内则（三）

原文

妇事舅姑，如事父母。鸡初鸣，咸盥漱，栉、縰、笄、緫，衣绅。左佩纷、帨、刀、砺、小觿、金燧。右佩箴、管、线、纩①，施縏袠②；大觿、木燧。衿缨，綦屦。

注释

①纩（kuàng）：新丝棉絮。

②縏（pán）：小袋子。袠（zhì）：因縏袠乃针刺制成，所以名为"縏袠"。

马瑞光曰

"妇事舅姑,如事父母",媳妇在侍奉公公婆婆的时候,要像对待自己的亲生父母一样才行。过去的标准是,"鸡初鸣",媳妇要洗漱、梳头、缠发髻,收拾好发型,穿上绡衣将绅带系好,左边佩上什么,右边又佩上什么都有规定,仪式足足。

这种仪式的好处是父慈子孝,伦理有序,不足是对人的个性有所压抑,要求首先考虑家庭、社会的要求,然后才照顾自己的个性。人对自由与个性的向往从来没有停过,一直在寻找社会要求和个人自由的平衡。

玉藻

玉藻(一)

《玉藻》是《礼记》中的重要篇章。"玉藻"一名取自开篇"天子玉藻十有二旒"。

本篇可以分为两大部分,第一部分介绍了从天子、王后到士等人在衣服佩饰方面的礼节以及国君和古代各阶级的饮食、起居等的制度;第二部分介绍了人在朝堂之上以及家里以不同身份应该遵守的一些礼节。

《玉藻》保留了先秦时期冠帽服装的穿戴制度,其中也蕴藏着儒家的思想。这是非常宝贵的文献,具有重要的价值。

原文

天子玉藻①十有二旒②,前后邃延③,龙卷④以祭。玄端而朝日于东门之外,听朔于南门之外。闰月则阖门左扉,立于其中。

注释

①藻:穿玉珠用的彩色丝绳。

②旒（liú）：本义为旗子下面的装饰品，这里是指古代皇帝礼帽前后的玉串。

③邃：深长。延：覆盖在帽子上的木板，上面蒙着玄色的布，里面为纁色。

④龙卷：在衣服上画龙即龙衮服。

马瑞光曰

"天子玉藻十有二旒，前后邃延，龙卷以祭"，讲的是天子穿戴的标准，天子所佩戴的冕有用彩色丝绳穿玉珠做成的十二旒。可见仪式满满，显示出天子的威仪，印证了那句老话：人靠衣装，佛靠金装。衣服配饰的使用场景发生在方方面面。

"玄端而朝日于东门之外，听朔于南门之外。闰月则阖门左扉，立于其中"，天子身穿玄衣，戴冕，在东门祭日；逢初一会在国都南门外明堂对应月份的房室里处理政务；如果是闰月，没有对应月份的房室可待，就站在正门中，关闭左侧一扇门，听朔理政。要求真多，看来天子也不是一般人能当的。

玉藻（二）

原文

皮弁①以日视朝，遂以食，日中而馂②，奏而食。日少牢③，朔月大牢，五饮：上水、浆、酒、醴、酏④。卒食，玄端而居。动辄左史书之，言则右史书之。御瞽⑤几⑥声之上下。年不顺成，则天子素服，乘素车，食无乐。

注释

①皮弁（biàn）：白鹿皮做成的帽子。

②馂（jùn）：没吃完的食物。

③少牢：猪、羊各一只。

④酏（yǐ）：稀粥。

⑤瞽（gǔ）：眼瞎。

⑥几：察。

马瑞光曰

"皮弁以日视朝，遂以食，日中而馂，奏而食"，天子每天戴着白鹿皮做的帽子，穿着素衣素裳上朝听政，退朝后仍穿着这套衣冠吃早餐，到中午的时候吃早上剩饭，旁边要有人演奏音乐。天子吃什么喝什么都有详细规定，言行举止都要有人做记录，"动辄左史书之，言则右史书之"，左史负责记录天子的行为，右史负责天子的言语。同时"御瞽几声之上下"，天子身边的乐官要注意民间音乐，从歌谣中了解百姓的情绪，来发现政治上的英明与错误。显然，民间歌谣往往反映百姓的真实意图，或直接，或比喻，上传下达的官僚体系失灵后似乎可以这个办法来弥补。

"年不顺成，则天子素服，乘素车，食无乐"，如果收成歉收，年景不好，那么天子要自我降罪，穿素服乘素车，吃饭时取消奏乐。天子与民同甘共苦是好事，只是谁来监督成为了关键，更多的还是靠天子的自觉。

玉藻（三）

原文

诸侯玄端以祭，裨冕以朝，皮弁以听朔于大庙，朝服以日视朝于内朝。朝，辨色①始入。君日出而视之，退适路寝听政，使人视大夫。大夫退，然后适小寝，释服。又朝服以食，特牲，三俎②，祭肺。夕深衣，祭牢肉。朔月少牢，五俎，四簋③。子卯，稷食，菜羹，夫人与君同庖。

注释

①辨色：天色能够分辨事物的时候。

②三俎：猪肉、鱼肉和肉脯。

③簋（guǐ）：古时候盛饭用的器皿。

马瑞光曰

天子吃个饭，上个朝都挺费劲，规矩多得很，看来天子确实不好当，但还是有很多人喜欢当天子。

"诸侯玄端以祭，裨冕以朝，皮弁以听朔于大庙，朝服以日视朝于内朝"，诸侯祭祀宗庙要穿戴玄冕之服，朝见天子则穿戴裨冕之服，在太庙祭祀听政要穿戴皮弁服，平时到内朝朝见国君要穿着朝服。一个诸侯在各种场合的穿戴都要这样严格规范，虽然塑造了权威，但是似乎有点儿违背人性。

"朝，辨色始入。君日出而视之"，天刚亮的时候，臣子们要进入宫门，准备拜见天子，而国君要到太阳出来后才上朝接见群臣。官小的先到，官大的后到，似乎成了惯例，今天很多场合也有类似的现象，虽然看上去有些官僚主义，实则是有"礼"可依。

"退适路寝听政，使人视大夫"，退入正厅处理政务，然后召见大夫议政。等级、阶层分得清楚，不可逾越，这似乎是儒家一直以来的等级区分思想。

玉藻（四）

原文

君无故不杀牛，大夫无故不杀羊，士无故不杀犬豕。君子远庖厨①，凡有血气之类，弗身践也。至于八月不雨，君不举。年成不顺，君衣布，搢本②，关梁不租，山泽列而不赋，土功不兴，大夫不得造车马。

注释

①君子远庖厨：君子因为心疼禽兽，不忍见它死去，更不愿吃它的肉，因此需要远离

厨房。

②搢（jìn）本：插竹笏。搢，插。

马瑞光曰

"君无故不杀牛，大夫无故不杀羊，士无故不杀犬豕"，没有祭祀、宴飨宾客等特殊情况，国君不能杀牛，大夫不能杀羊，士不能杀猪狗。这样看来，牛应该是最贵重的家畜之一。

"君子远庖厨，凡有血气之类，弗身践也"，君子要远离宰杀烹煮牲畜的场所，凡是有血、有气的动物，君子都不忍见其被宰杀。如此，吃素应该是好的选择，只是这里并没有明确要求君子这样做。

"至于八月不雨，君不举"，在农业社会，风调雨顺就是关键的，如果国家八个月不下雨，国君就不杀牲了。实际情况是，越差的国家的国君对这些规矩越无所谓，好像也没有谁能管束他，只能靠以德服人，劝其有德。

"年成不顺，君衣布，搢本，关梁不租，山泽列而不赋，土功不兴，大夫不得造车马"，如果年景不好，君上应穿布衣，腰带上插上竹笏，各种赋税不再征收，不大兴土木，大夫不增加车马。

玉藻（五）

原文

侍坐则必退席，不退，则必引而去君之党。登席不由前，为躐①席。徒坐不尽席尺。读书、食，则齐，豆去席尺。

注释

①躐（liè）：踩。

马瑞光曰

"侍坐则必退席,不退,则必引而去君之党",这里讲的是坐的礼仪,大臣如果在君王旁边落座,必须将自己的坐席后移一点,如果移不了,就要往坐席后面坐,与国君保持一定距离。伴君如伴虎,离老虎还是要远一点,这也就容易是国君变成孤家寡人。

一个公司的年度大会上,大家围坐在桌子旁,如何知道老板坐在哪里呢?一般来讲,人最少的那一桌就是老板所在。大部分情况下员工并不喜欢与老板坐一起。这一点上,好像古今相同。

"登席不由前,为躐席",上席子就坐时,不能从席子前面直接上席,那样做叫躐席。除了吃饭,读书、吃饭的时候坐的位置也有严格的标准,就是闲坐也有严格的规定。闲坐的时候,坐的地方距离席子沿一尺,吃饭、读书时坐的位置与席沿齐平,放食物的器具放在离席一尺的地方。规规矩矩,整整齐齐,很是讲究,也就形成了一种惯例。

玉藻(六)

原文

始冠缁布冠,自诸侯以下达。冠而敝之可也。玄冠,朱组缨,天子之冠也。缁布冠,缋①緌,诸侯之冠也。玄冠,丹组缨,诸侯之齐冠也。玄冠,綦组缨,士之齐冠也。缟冠,玄武,子姓之冠也。缟冠,素纰②,既祥之冠也。垂緌五寸,惰游之士也。玄冠,缟武,不齿之服也。居冠属武。自天子下达,有事然后緌。五十不散送。亲没不髦③。大帛不緌。玄冠紫緌,自鲁桓公始也。

注释

① 缋(huì):同"绘"。

② 纰(pí):边缘。

③ 髦(máo):前额的短发。

马瑞光曰

这一段主要谈的是人们行冠礼时的规矩，不同的人，戴不同的冠；不同的情况下，也应该用不同的冠。

"始冠缁布冠，自诸侯以下达。冠而敝之可也"，行冠礼的时候，如果是第一次加的冠，从诸侯到下士用的都是缁布冠，并且行完冠礼后，就可以弃冠不用了。看来初次用的冠并没有那么重要，只适合初次行冠礼。但是天子的冠与大家不同，人和人的等级区分还是非常明显。

"玄冠，朱组缨，天子之冠也"，玄色的冠，红色丝带做的冠缨，是天子用的冠。接下来介绍了诸侯、下士用的冠，各有不同。这让我们了解了周礼的加冠，也算是古代的一种传统。

玉藻（七）

原文

凡侍于君，绅垂①，足如履齐，颐霤②，垂拱，视下而听上，视带以及袷③，听乡任左。

注释

①绅垂：弯腰的时候前裳的下边挨地与鞋持平。

②霤（liù）：指屋檐。

③袷（jié）：交叠于胸前的衣领。

马瑞光曰

"凡侍于君，绅垂"，讲的是在君王身边服侍的人之礼仪，在君王身边侍奉，身子应向前倾，让绅带下垂。可见要表现得非常恭敬。

"足如履齐，颐霤，垂拱，视下而听上"，裳的下摆接地，像要被脚踩到一样，低头，面颊像屋檐一样斜垂，听君王讲话时视线向下，但要向上仰头认真听，要恭恭敬敬，如履薄冰。如此训练出来的人似乎很难有真话，只能配合领导。

"视带以及袷，听乡任左"，看君王的视线，向下不能超腰带，向上不能超过领子。听帝王训话要头偏右，侧着左耳倾听。以君王为核心，体现得清清楚楚。

学记

学记（一）

《学记》是一篇教育专著，大概在战国末期成文。本篇主要讨论教育的施行，将重点放在教育过程中内部之间的关系，涉及内容有教育的作用、政策、制度、方法等诸多领域，首次从理论上对教育教学进行了全面总结。在中国乃至世界的教育著作中，《学记》都具有十分重要的价值。

原文

发虑宪①，求善良，足以謏②闻③，不足以动众；就贤体远，足以动众，未足以化民。君子如欲化民成俗，其必由学乎！

注释

①宪：法。

②謏（xiǎo）：小。

③闻（wèn）：名声。

马瑞光曰

"发虑宪，求善良，足以謏闻，不足以动众"，考虑问题符合法律原则，招求善良贤能的人，只能博取小的名声，不能够感动大众。换句话讲，单用法制不能形成百姓的风俗习惯，还需要教化。就像一家企业里面，只靠制度达不到目标，要辅以企业文化才可以，实际上是一个结合问题，不能偏颇。

"就贤体远，足以动众，未足以化民"，接近贤人，体察臣民，可以感动百姓，但还是不能教化百姓。进一步强调教化，然后提出了结论："君子如欲化民成俗，其必由学乎！"君子如果希望教化人民并形成良好的风俗，就必须通过教育。但教育在封建社会常常变成了教化，有可能不是育民，而是愚民了。

另外，法制实际上是必须的，否则，法制、文化两手抓，两手都要硬。

学记（二）

原文

玉不琢，不成器；人不学，不知道。是故古之王者，建国君民，教学为先。《兑命》[1]曰："念终始，典于学。"其此之谓乎！

注释

[1]《兑（yuè）命》："兑"乃是"说"字的错误写法。《说命》是《尚书》中的不明篇章，如今已不可查。

马瑞光曰

"玉不琢，不成器；人不学，不知道"，玉不去雕刻细琢，不能成为有用的器物；人不去学习就不会明晰做人的道理。这一千古名句一直影响到今天，所有问题都可以通过学习来解决，学习至关重要，但关键问题是学什么，不学什么。

这个问题这里没有讲，很多专制君主就利用这一点，让大家学君主希望大家学的，这可能就不是真正的学习了，反而会成为限制。真正的学习应该是解放个性，提高创新力，解放生产力，这实际上才是关键。

"是故古之王者，建国君民，教学为先"，所以古代的国家建国后，为了统治人民，首先做的就是大兴教育，把教育放在首位，这也形成了惯例。当然，这么做更多的是统一思想。每个朝代都有自己的主导思想，并且告诫大家："念终始，典于学"，要始终想着不断学习，如此形成了惯例。

关键在定位于育人还是教化，这就要看君王为了统治还是为了人民幸福，这也是古今教育的本质差异。

学记（三）

原文

虽有嘉肴，弗食，不知其旨也。虽有至道，弗学，不知其善也。是故学然后知不足，教然后知困。知不足，然后能自反也；知困，然后能自强也。故曰：教学相长也。《兑命》曰："学①学半。"其此之谓乎！

注释

①学：读 xiào，教的意思。

马瑞光曰

"虽有嘉肴，弗食，不知其旨也。虽有至道，弗学，不知其善也"，虽然有好的饭菜，如果不去品尝，也不会知道它的美味；虽然有大道，但是如果不去学习，也不知道它的好处在什么地方。进一步讲出了学习的重要性。

"是故学然后知不足，教然后知困。知不足，然后能自反也；知困，然后能自强也"，所以通过学习可以知道自己的不足，教人能知道自己困惑的地方；知道不足能够反省自己，知道困惑可以让自己发愤图强。进一步说明教与学的好处，知道自己不知道实际上才是进步的开始，而实际上知道并且面对自己的不足与无知，本身是一件相当困难的事情。从这个角度来讲，教与学都是不容易的。

"故曰：教学相长也。《兑命》曰：'学学半。'"教与学是相互促进的，在教别人的同时，自己也在成长。帮助别人与成就自己，本身就是同时发生的。

我们从事连锁产业教育咨询 20 多年，最后发现我们现在告诉别人的东西，基本上都是别人告诉我们的，是企业家们在实践中学到的，我们干的只有一件事情，就是：思考与学习。

学记（四）

原文

古之教者，家有塾，党①有庠②，术③有序，国④有学。比年⑤入学，中年⑥考校。一年视离经辨志，三年视敬业乐群，五年视博习亲师，七年视论学取友，谓之小成。九年知类通达，强立而不反，谓之大成。夫然后足以化民易俗，近者说服，而远者怀之，此大学之道也。《记》曰："蛾子⑦时术之。"其此之谓乎！

注释

① 党：古时五百户为党。

② 庠（xiáng）：古代的学校名，后面的"序""学"都类似。

③ 术（suì）：乃"遂"字之误，古时一万二千五百家为遂。

④ 国：天子的王城或诸侯的国都。

⑤ 比（bì）年：每年。

⑥ 中年：每隔一年。

⑦ 蛾（yǐ）子：小蚂蚁。

马瑞光曰

"古之教者，家有塾，党有庠，术有序，国有学"，介绍的是古代的学校建立标准，根据户数进行学校的设立，25 户设塾，500 户设庠，12500 户设序，在天子或诸侯的都城中设置"大学"。依据家庭数量来进行教育机构的设立，家国情怀一直如此。

具体如何学习，也有很规范的安排，形成了标准化。"比年入学，中年考校。

一年视离经辨志,三年视敬业乐群,五年视博习亲师,七年视论学取友,谓之小成。"每年都有新生入学,每隔一年要考试,入学一年考察他的读经断句及他的爱好与志向,实际上是发现每一个人的优势,了解他的梦想。这实际是教育的开始,在这一方面很多事情不应标准化,应该让每一个人找到自己的长处与志向。三年考查学生是否能专注,能否和别人可以很好地交往和共处,五年看能否学业继续扩展,能否尊敬师长,学习七年后考察其学问如何,交友如何,这时候算是小成,也就是七年教育基本上奠定了基础。

"九年知类通达,强立而不反,谓之大成",九年教育之后就可以触类旁通,有独立见解,又不违反老师的教诲,可称之为大成,基本上可以叫学有所成了。"然后足以化民易俗,近者说服,而远者怀之,此大学之道也",这时候就可以教化百姓,移风易俗,身边的人心悦诚服,远方的人也会来归附,此乃大学的目的。

学记(五)

原文

大学始教,皮弁祭菜,示敬道也。《宵雅》肄①三,官其始也。入学,鼓,箧②,孙③其业也。夏、楚二物,收其威也。未卜禘不视学④,游其志也。时观而弗语,存其心也。幼者听而弗问,学不躐⑤等也。此七者,教之大伦也。《记》曰:"凡学,官先事,士先志。"其此之谓乎!

注释

①肄(yì):学习,练习。

②箧(qiè):箱子一类的事物。

③孙(xùn):恭顺的样子。

④视学:考察优劣。

⑤躐(liè):超越。

马瑞光曰

这一篇介绍了教育伦理大纲,共有七点,制定了标准与结构。"大学始教,皮弁祭菜,示敬道也。"这是第一条,大学在举办开学典礼的时候,非常有仪式感,穿着礼服,准备好祭品,先祭祀先贤,尊师重道,这是开始,既神圣,又是必须的流程。

"《宵雅》肄三,官其始也",讲的是学生要吟诵《诗经·小雅》中的《鹿鸣》《四牡》《皇皇者华》三首诗,并且确定读书当官的目标。读书一开始的时候就要坚定当官侍君的志向,这是封建社会教育制度一直以来的传统。

"入学,鼓,箧,孙其业也。夏、楚二物,收其威也",在入学的时候,教官击鼓召集学生,让大家打开书箱拿出书籍,使得学生对学业产生敬顺之心,同时用夏、楚两种教鞭处罚不听话、不守规矩的学生,用以维持学习秩序。

"未卜禘不视学,游其志也。时观而弗语,存其心也",天子、诸侯没有通过占卜举行祭祀前,不能去学校考查学生,让学生自由备考,老师应观察学生,而不是事事告诉学生应该如何做,让他们自己用心思考,找到自己的爱好。这才是真正的育人,而非教化。

"幼者听而弗问,学不躐等也",年幼的学生要注意听讲,不要随意提问,因为学习不能逾越等级。到此,七条教之大论就介绍完了,但有些相互矛盾,一旦认为读书是为了当官往往很难再存其心,这需要我们不断思考来改进。

"凡学,官先事,士先志",在教学过程中,教师的责任首先在尽职,读书人的责任首先在立志。读书是志在当官,还是志在四方,抑或志在陶冶身心,封建社会的伦理没有给予读书人完全自由,封建礼教让读书人成为封建王朝的统治工具。

学记(六)

原文

大学之教也,时教必有正业,退息必有居学。不学操缦①,不能安弦;不学博依,不能安《诗》;不学杂服②,不能安礼;不兴③其艺,不能乐学。故君子之于学也,藏焉，修焉，息焉，游焉。夫然，故安其学而亲其师，乐其友而信其道，是以虽离师辅而不反。《兑命》曰："敬，孙，务，时，敏，厥修乃来。"其此之谓乎！

> **注释**
>
> ①缦（màn）：琴弦。
>
> ②服：事。
>
> ③兴：喜欢。

马瑞光曰

"大学之教也，时教必有正业，退息必有居学"，大学教的课程必须是正业，也就是先王的经典，休息的时候还要在居住的地方学习。很努力的样子，这样学得可能更加深刻。

"故君子之于学也，藏焉，修焉，息焉，游焉"，君子对于学习一定要有志向，不断进取，即使休息、游玩的时候也不忘记刻苦攻读。实际上最重要的是志向与梦想，如果从小在心灵中种下梦想的种子，相当于装了一个发动机，会自己运转，自我充电，会去努力奋斗，不断精进，否则只是一个电灯泡，等着别人充电。梦想的植入才是根本。

"故安其学而亲其师，乐其友而信其道，是以虽离师辅而不反"，只有这样才能安心学习，亲近师长，与别人交朋友，信奉所学之理，即使离开了师长也会按照这样的道行事。还是束缚多了些，道理多了些，也算一种风格吧。

学记（七）

原文

今之教者，呻其占①毕，多其讯言，及于数进，而不顾其安，使人不由其诚，教人不尽其材，其施之也悖，其求之也佛②。夫然，故隐其学而疾其师，苦其难而不知其益也。虽终其业，其去之必速。教之不刑，其此之由乎！

注释

①占（zhān）：看。

②佛：通"拂"。

马瑞光曰

这段批评了教学的一些问题，根据内容，批评者应该是一个专业教书先生，对教书育人相当有经验，但缺乏对问题在体制上根源的探索，这可能与其角色有关系。

"呻其占毕，多其讯言"，只会照本宣科，并且向学生提问来掩盖自己的无知。这是一些水平差的老师很容易干的事情，因为这样是最安全的，照本宣科不会犯错误，提问学生自己会变得轻松。真正的师者是不会如此做的。

"及于数进，而不顾其安，使人不由其诚，教人不尽其材，其施之也悖，其求之也佛"，为了赶教育进度，不能诚心诚意教育学生，不能全力以赴毫无保留，教授的内容矛盾，学生提问也不能很好地解答。如此，当然教不出好学生。教学只是为了教化人，为了完成任务，这自然不是真正的育人，也无法激发人们的创造性。

"隐其学而疾其师，苦其难而不知其益也"，按照前面老师的行为，学生学得不明白而且痛恨老师，认为学习太痛苦，而又不懂得其价值。这样的教育是失败的。老师难当，学生更难当，学习本也未必一直是开心快乐的事情，让我们一起进步吧。

学记（八）

原文

发然后禁，则扞①格而不胜。时过然后学，则勤苦而难成。杂施而不孙，则坏乱而不修。独学而无友，则孤陋而寡闻。燕朋逆其师。燕辟②废其学。此六者，教之所由废也。

注释

① 扞（hàn）：互相抵触。

② 燕辟：燕游邪僻。

马瑞光曰

介绍了在教育方面失败的六个原因，讲得比较全面，也很有代表性。

第一，"发然后禁，则扞格而不胜"。如果坏事已经发生，才加以禁止，就会出现人们对相关措施抵触的问题，效果大打折扣。这也是人之常情。承认错误并不容易，提前规范、教育应该效果会更好。

第二，"时过然后学，则勤苦而难成"。如果错过了学习的时机，即使勤奋刻苦来补救，也很难有所成就。相当于三岁看大，七岁看老。随着年龄的增长，很多人的自我学习与改变能力在下降，认知与思维模式的形成就会决定一个人的成就，这常常是教育的作用。

第三，"杂施而不孙，则坏乱而不修"。学习杂乱没有规划，自然秩序混乱，起不到好的教育效果。

第四，"独学而无友，则孤陋而寡闻"。一个人独自学习，不和其他人一起讨论、进行思想碰撞，自然孤陋寡闻。学习应该是一个群体活动，互相赋能，碰出火花。

第五，"燕朋逆其师"。不尊敬朋友，不遵守师长教育，自然很难有成就。

第六，"燕辟废其学"。到处闲逛，不好学，自然学业荒废。

这些教育思想影响到今天，讲了很多体系范围内的教育规范，美中不足的是缺少对人性的激发与对创新突破的激励。

学记（九）

原文

君子既知教之所由兴，又知教之所由废，然后可以为人师也。故君子之教喻也，道而弗牵，强而弗抑，开而弗达。道而弗牵则和①，强而弗抑则易，开而弗达则思。和、易以思，可为善喻矣。

注释

①和：没有抵触。

马瑞光曰

读到这一部分，才发现《学记》并非只有教化人的内容，还包括一些有真正教育内涵的内容，讲的是如何启发学生，激发潜能，因势利导，还是非常符合人性的。果真能如此，教育出来的人才一定层出不穷，盛世可期。

"君子既知教之所由兴，又知教之所由废，然后可以为人师也"，君子知道了如何才能教育兴盛，如何教育会失败，自然可以当一个好老师了。可惜的是，那时的老师往往成为统治者驾驭百姓的工具，缺乏独立思考能力，这令人担忧他们的教育成果。

"故君子之教喻也，道而弗牵，强而弗抑，开而弗达"，所以君子育才，对学习应该进行引导，而不是限制学生的思想，要让其自由思考，给学生的不应该是标准答案，参考答案更为恰当些。对学生的思考多鼓励，少质疑，教学双方是平等的，不应该因学生年幼就无视其主体性。"道而弗牵"，自然没有抵触，更易学习吸收。"强而弗抑"，学生更容易接受老师的观点。"开而弗达"，则可以启迪人们的智慧。这就是大善了。

总而言之，"和、易以思，可为善喻矣"，使学生不抵触，愿意学习，乐于深度思考，如此教育当然是好的。看来这些道理古之贤人都懂，可惜的是力量有限，难以让人人都落实。

学记（十）

原文

学者有四失①，教者必知之。人之学也，或失则多，或失则寡，或失则易，或失则止。此四者，心之莫同也。知其心，然后能救其失也。教也者，长善而救其失者也。

注释

①失：过失。

马瑞光曰

"学者有四失，教者必知之"，老师应该清楚学生一般容易犯以下四种错误。讲得比较具体，也是告诫学生应该如何学习。

"人之学也，或失则多，或失则寡，或失则易，或失则止"，学生学习失败的原因一般有以下四种情况：有的人是因为贪多，消化不了，这样很难深入学习，掌握不了真正的核心内容；有的人因为知识面太窄，这样容易偏执，一叶障目；有的人对于学习的态度不够严肃，学习不刨根问底；有的人半途而废，自以为是，不能坚持。换言之，学习应认真对待，全力以赴，坚持到底，不可半途而废，才能真正学业有成。

"知其心，然后能救其失也"，老师应该了解学生内心，然后帮助学生克服缺点。这也算对老师的要求。同时，"教也者，长善而救其失者也"，讲得更加全面，作为老师应该发挥学生的优势、长处，并能补齐他的短板，激发人的善意。真能如此，也算完美了。

学记（十一）

原文

君子知至学之难易，而知其美恶，然后能博喻①。能博喻然后能为师，能为师然后能为长，能为长然后能为君。故师也者，所以学为君也。是故择师不可不慎也。《记》曰："三王四代唯其师。"此之谓乎！

注释

①博喻：通过了解学习者的志趣进行教育，即因材施教。

马瑞光曰

"君子知至学之难易，而知其美恶，然后能博喻"，君子知道求学之路的难易，也知道学生的资质优劣，能在此基础上因材施教。这才是正确的教育方法。

"能博喻然后能为师，能为师然后能为长，能为长然后能为君"，能够对学生因材施教，循循善诱，才能为人师表，能为人师表才能当好官，能当好长官才能成为好的国君。这里把读书人的自命不凡表现得非常明显，当然，这也成就了读书人的风骨。

"三王四代唯其师"，帝王之师对帝王影响很大，三王（夏商周三代之王）、四代（三代加虞，共四代）如此英明，很多程度上是因为老师选择得好。教育确实重要，要把握恰当的时机，学生的年龄与老师的水平都是重要因素。

学记（十二）

原文

凡学之道，严师为难。师严然后道尊，道尊然后民知敬学。是故君之所不臣于其臣者二：当其为尸则弗臣也，当其为师则弗臣也。大学之礼，虽诏于天子，无北面①，所以尊师也。

注释

①无北面：不用面朝北，即不用行对天子的礼节。古时天子坐北朝南，臣子拜见天子要面朝北。

马瑞光曰

"凡学之道，严师为难"，学习之道，最难的实际上是尊敬师长。有句老话：信则有，不信则无，选择了相信老师，老师的价值才能发挥出来；不尊敬老师，不相信老师，老师的价值是发挥不出来的。为什么呢？"师严然后道尊，道尊然后民知敬学"，老师受到尊敬与重视，道才能受到重视，传道才能起到作用，否则老师的传授与建议都是没有价值的。只有重视老师，老师才会有价值。但问题来了，如果老师骗我该如何处理？实际上这个问题是不存在的，因为真正合格的老师是不会骗人的。之所以我们会怀疑一个人，是因为不够自信，如果足够自信，不存在担心别人骗自己的问题，所以有自信者信人之说。能够信任老师的人，才能将老师的建议转化成自己的东西，让它产生价值，具备这种能力的人的判断能力与转化能力是很强的。从这个角度讲，当学生一定程度上要比当老师困难得多。

"是故君之所不臣于其臣者二：当其为尸则弗臣也，当其为师则弗臣也"，所以讲，君王在以下两种情况下不能将臣下当成臣子：一种是臣子在祭祀时担任尸时，这个时候臣子代表的不是自己本身，而是更超然的象征意义；还有一种情况就是给君王当老师的时候，此时为帝师，而非臣下，要给予足够的尊敬。儒家的这种思想一直影响到今天。

"大学之礼，虽诏于天子，无北面，所以尊师也"，按大学礼仪，在给天子讲学的时候，老师不用面向北方表示居臣位，这是为了表示尊敬老师。因为按照当时的礼制，臣子朝见君王要朝向北方，但作为帝师则另当别论，不用守这个规矩，可见对老师的尊敬。

尊师才能学道，才能真正进步，尊师的前提是自信，自己强大了才可以以人为师，甚至可以以任何人为师，那就是真正的高手了。

学记（十三）

原文

善学者，师逸而功倍，又从而庸①之。不善学者，师勤而功半，又从而怨之。

善问者如攻坚木，先其易者，后其节目，及其久也，相说以解。不善问者反此。善待问者如撞钟，叩之以小者则小鸣，叩之以大者则大鸣，待其从容，然后尽其声。不善答问者反此。此皆进学之道也。

注释

①庸：功劳。

马瑞光曰

"善学者，师逸而功倍，又从而庸之。不善学者，师勤而功半，又从而怨之"，教善于学习的人，老师轻松但效果加倍，学生还把成绩归功于老师，教不善于学习的人，老师勤苦但效果一般，学生还会埋怨老师教得有问题。这里讨论了善于学习与不善于学习的人的学习，对于这种情况，从学生的角度应该多反思自己的不足，从老师的角度应该精进自己的教学方法。实际上，当一个人开始反省自己的时候，就是开始进步的时候，因为学习的本质实际上就是否定自己过去的一些认知与行为。所谓学习就是反省自己，反求诸己，如此自然会提升自己。总而言之，学习等于反省。

"善问者如攻坚木，先其易者，后其节目，及其久也，相说以解"，善于提问的人，像砍伐坚硬的木材一样，先从容易的部位开始，再突破难砍的节疤，随着时间推移，木材就分解开了，也就是问题迎刃而解了。"不善问者反此"，不善于提问的人与善于提问的人相反，结果自然大相径庭。要像善问者那样引导学生真正学到东西，掌握大道。

接下来又分析该如何回答问题，问到核心，答得恰到好处，这也是一些当老师的经验了。善于回答问题的人如撞钟，用力小钟声也小，用力大钟声也大，"待其从容，然后尽其声"，能从容不迫地回答问题，学生就渐渐没有问题了。

实际上，老师最大的价值不在讲，而在问，问得恰当，激发学生思考，这才是最佳的育人方式，其次是恰当的回答引导，让学生通过思考弄清楚，才是教育的本质，而非老师讲了一大堆，学生听了都不懂。

学记（十四）

原文

良冶之子，必学为裘；良弓之子，必学为箕；始驾马者反之，车在马前①。君子察于此三者，可以有志于学矣。

注释

①车在马前：用大马驾车在前面，将马驹系在车的后面，这样马驹天天看到车走，之后再用来拉车，就不会受到惊扰。

马瑞光曰

凡学习都应该循序渐进，不可急于求成，只有如此，才能学有所成。在哲学的学习过程中发现，一种思想的产生有其所处的历史背景及特定的环境决定，没有从天而降的思想。很多思想往往长期伴随着人们的繁衍生息发展下去。

如此，事物的来龙去脉就非常重要了，需要时间分阶段、有步骤去了解，去逐渐探索。这既是了解事物的过程，又是被同化的过程。

"良冶之子，必学为裘；良弓之子，必学为箕"，优秀冶金匠的儿子，必定先学习缝制皮袍，优秀的制弓匠的儿子，一定要先去编簸箕，如此才能逐渐熟悉将来的工作。"始驾马者反之，车在马前"，让小马学习驾车的时候，应该大马在前面驾车，让小马跟在马车后面，过段时间它熟悉了驾车的过程再来拉车。先当好徒弟，才能当师傅，这似乎才是大道。

学记（十五）

原文

古之学者比物丑①类。鼓无当于五声②，五声弗得不和；水无当于五色③，五色弗得不章；学无当于五官④，五官弗得不治；师无当于五服，五服弗得不亲。

注释

①丑：比较。

②五声：宫、商、角、徵、羽。

③五色：赤、青、黄、白、黑。

④五官：泛指各级官吏。

马瑞光曰

"古之学者比物丑类"，古代的学者喜欢排比并列各类事物，如此启发人们的思考，进而获得智慧。

"鼓无当于五声，五声弗得不和"，鼓本身与宫、商、角、徵、羽五声并没有什么关联，但是五声没有鼓的调节，则无法和谐。鼓声看似无用，实则有大用。

"水无当于五色，五色弗得不章"，水本身不属于赤、青、黄、白、黑五色中的任何一个，但是如果没有水的调和，五色也不会如此鲜明。

"学无当于五官，五官弗得不治"，学习不等同于任职五官，但是五官不经过学习就不能掌握治理之道。调味品并非主料，但其让主料更有滋味，相得益彰。

"师无当于五服，五服弗得不亲"，老师不属于五服中的亲人，但是因为有老师的教育，五服之内的亲人才知道如何亲密，否则五服不亲。进一步说明师者之尊，规则与伦理如此重要，形成了习惯，甚至文化。

学记（十六）

原文

君子①："大德不官，大道不器，大信不约，大时不齐。察于此四者，可以有志于学矣。"三王之祭川也，皆先河而后海，或源也，或委也，此之谓务本。

注释

①君子：下脱"曰"字。

马瑞光曰

给大家制定了学习的目标，共有四个方面："大德不官，大道不器，大信不约，大时不齐"，德行真正高尚的人不会拘泥于什么官职，掌握大道的人并不会专注偏向于任何器法，真正讲究诚信的人你不需要签字画押就能信任他，最要紧的天时不会让万物消长、枯荣整齐划一。懂得这四点，就可以领会到做事求学当志于根本。

最后举了一个例子："三王之祭川也，皆先河而后海，或源也，或委也，此之谓务本"，古代三王祭祀河川，先祭河神，再祭海神，因河是海的本源，海是河的最终归宿，这就叫抓住根本。而学习的本质就是掌握知识，而非被知识掌握，大道无相，大才必隐，最高深的也就是最简单的。

乐记

乐记（一）

《乐记》继承并发展了儒家思想关于音乐作用、形式与礼、善之间的关系，阐述了音乐对人的情感、意志等方面的影响，也突出了音乐对教育的积极作用。《乐记》是古时候最为系统的音乐思想论著，对现今社会有着不可磨灭的影响。

原文

音①之起，由人心生也。人心之动，物使之然也。感于物而动，故形于声。声相应，故生变。变成方②，谓之音。比音而乐之，及干戚羽旄谓之乐。

注释

①音：曲调，《乐记》中，"音"与"声""乐"相对，郑玄将宫、商、角、徵、羽五音相杂调和称为音，单出称为声。

②成方：曲调。

马瑞光曰

接下来进入《乐记》部分，主要谈音乐对于人的情感、意志方面的影响。音乐对人类的思想、情感影响深远，尤其音乐在情感塑造、磨炼意志方面的影响更是深远。

"音之起，由人心生也。人心之动，物使之然也"，音的兴起，是从人心中生发出来的，人心的动，是外界事物影响的结果。肯定的是，音会影响到人心的波动，而人的心动也会影响到音的产生。万物会触动人心，人心生出"音"似乎是如此道理。问题是一样的事物在同一个人心里会产生不同的结果，如此也可以证明人心对万物还是有很大影响的。这个问题在东西方哲学流派中各有讲法，音由心生也似乎是一种观点。

"感于物而动，故形于声。声相应，故生变。变成方，谓之音"，受到外界影响，心生动，不同的心理状态能用声表达出来；不同的声相互应和，产生变化，就成了音。总结起来就是，外界影响人心，人心产生"声"，声声相和成为音，音是内心对外界加工的结果。

"比音而乐之，及干戚羽旄谓之乐"，把音进行各种排列，配上乐器的演奏，再手持干、戚、羽、旄跳舞，就称作"乐"了。

乐记（二）

原文

乐者，音之所由生也，其本在人心之感于物也。是故，其哀心感者，其声噍①以杀；其乐心感者，其声啴②以缓；其喜心感者，其声发以散；其怒心感者，其声粗以厉；其敬心感者，其声直以廉；其爱心感者，其声和以柔。六者非性也，感于物而后动。是故先王慎所以感之者。故礼以道其志，乐以和其声，政以一其行，刑以防其奸。礼乐刑政，其极一也，所以同民心而出治道也。

注释

①噍（jiào）：急促。

②啴（chǎn）：宽舒。

马瑞光曰

"乐者，音之所由生也，其本在人心之感于物也"，进一步说明乐是由音而来的，而音又是因为人心对外界事物的感受而来的，是一种由外而内生发出来的感受。后面进一步说明六种不同的声音与人的感受的关系。

"其哀心感者，其声噍以杀；其乐心感者，其声啴以缓；其喜心感者，其声发以散；其怒心感者，其声粗以厉；其敬心感者，其声直以廉；其爱心感者，其声和以柔"，在悲伤、快乐、喜悦、愤怒、虔敬、爱慕之心的作用下，发出的声音分别是急促低沉、徐缓宽舒、爽朗悠扬、粗哑严厉、直率廉正、和顺柔美。心境不同，音乐不同，人心对音乐的感受往往与一个人的情绪相互影响，有点互为因果的意思。

最后总结道："故礼以道其志，乐以和其声，政以一其行，刑以防其奸。礼乐刑政，其极一也，所以同民心而出治道也。"用礼来引导人们心态，乐来和顺心声，政来统一百姓言行，刑来防止有些人作乱。如此，百姓同心，社会安定，天下治理成功，这也就是王者之道了。实际上也就是儒法一体，结构清晰，希望国泰民安，安居乐业。

乐记（三）

原文

凡音者，生人心者也。情动于中，故形于声。声成文，谓之音。是故治世之音安，以乐其政和。乱世之音怨，以怒其政乖。亡国之音哀，以思其民困。声音之道与政通①矣。

> **注释**
>
> ①通：相通。

马瑞光曰

"凡音者，生人心者也"，凡是"音"都是从人的内心产生的。音与情绪有很大关联，好像和头脑没有什么关系。"情动于中，故形于声。声成文，谓之音"，心被感情所激发与影响，才会表现在声音上，如此音乐与心情密切关联，所以才有音能乱心之说。

下面又将音与国家治理联系起来，为国家治理提供服务，所以就有了下边一段："是故治世之音安，以乐其政和。乱世之音怨，以怒其政乖。亡国之音哀，以思其民困"，所以好的世道里音乐安详而开心；在乱世的时候，音乐有怨气，表现出对政治混乱的不满与愤怒；面临亡国的时候，音表现出悲哀与忧郁，以表达对人民生活困苦的担忧。"声音之道与政通"，也就是说，声音和政治的道理是相同的。

谈的都是大事，把小我的个人扔到了一边，怪不得君王们都喜欢这样的描述，因为是为其服务的。

乐记（四）

原文

乐由中出，礼自外作。乐由中出故静，礼自外作故文①。大乐必易，大礼必简。乐至则无怨，礼至则不争。揖让而治天下者，礼乐之谓也。暴民不作，诸侯宾服，兵革不试，五刑不用，百姓无患，天子不怒，如此则乐达矣。合父子之亲，明长幼之序，以敬四海之内，天子如此，则礼行矣。

注释

① 文：威仪交错。

马瑞光曰

"乐由中出，礼自外作。乐由中出故静，礼自外作故文"，乐是由内心深处发出的，因为乐由内心产生，所以可以让人平静，礼是从外部表现出来的，所以会表现出很多礼节与规则。内外结合，基本上可以很大程度地塑造人了。

"大乐必易，大礼必简。乐至则无怨，礼至则不"，大乐一定是最平易近人的，大礼一定也是最简单的，这往往是一种常态。大道至简，施行乐教就让人们不产生怨恨，施行礼教，人们就不会起纷争。又上升到了国家治理的高度，行乐教与礼教，接下来就进行了详细分析。

"揖让而治天下者，礼乐之谓也。暴民不作，诸侯宾服，兵革不试，五刑不用，百姓无患，天子不怒，如此则乐达矣"，靠谦让治理天下，说的就是礼乐治理天下，百姓不违法犯罪，诸侯顺心，战争不起，刑罚无需使用，百姓没有什么忧患，天子也不专横，如此用礼乐治国的目的也就达到了。接下来又讲礼教对家庭的好处。"合父子之亲，明长幼之序，以敬四海之内，天子如此，则礼行矣"，让父子相亲，明确长幼有序，尊敬之风就会在全国兴起，尤其是天子带头，则礼能普及成风。上梁正，下梁才能正，礼乐二字既是人心，又是天道，既是家庭，又是天下。

祭法

祭法（一）

本篇讲述的是从有虞氏到周朝的祭祀制度，包括祭祀对象、方法、理论，阐述了祭祀活动的系统性和文化属性。

原文

燔柴①于泰坛，祭天也。瘗②埋于泰折，祭地也。用骍犊。埋少牢于泰昭，祭时也。相近于坎坛，祭寒暑也。王宫，祭日也。夜明，祭月也。幽宗，祭星也。雩宗③，祭水旱也。四坎坛，祭四方也。山林川丘谷陵能出云，为风雨，见怪物，皆曰神。有天下者祭百神。诸侯在其地则祭之，亡其地则不祭。

注释

①燔（fán）柴：古代祭祀仪式之一，将玉帛等物放在柴火上焚烧。

②瘗（yì）：掩埋。

③雩（yú）宗：古代祭坛的名字。

马瑞光曰

本篇开始讲从虞氏到周朝的祭祀制度与标准，人死为大，一直以来就是一种重要观点。这里并没有对来生的大量描述，更多的还是讲人在世的礼仪。

开篇讲的是如何祭天、祭地、祭寒暑、祭太阳、祭月亮、祭星辰、祭水旱之神，等等。几乎所有的东西都要祭祀，有点儿要与天地万物合一的逻辑，讲究和谐共处，与邻为善，这更像是生存与生活的实用秘诀，并在寻找灵魂的安放之处。这是人们一直以来的追求，可惜的是，一直在路上，是需要终生探求的。争论在所难免，并且还会持续下去，但是各个阶段产生的各种思想文化已逐步渗入我们的血液当中，形成了民族文化。

"有天下者祭百神"，显然这是天子才能干的事。"诸侯在其地则祭之，亡其地则不祭"，诸侯只能在自己的领地祭祀那些神祇，失去分封的领地就不能祭祀了。可见领地如此重要，农业文明影响深远，如今情况已经完全不同。

祭法（二）

原文

大凡生于天地之间者皆曰命，其万物死者皆曰折，人死曰鬼，此五代之所不变也。七代①之所更立者，禘、郊、宗、祖，其余不变也。

> **注释**
> ①七代：五代（唐、虞、夏、商、周）及其前之颛顼、帝喾。

马瑞光曰

"大凡生于天地之间者皆曰命，其万物死者皆曰折，人死曰鬼，此五代之所不变也"，凡是在天与地之间活着的，都称之为命，万物如果死亡了，就都称之为折，人死了就称为鬼，自唐虞夏商周五代以来，这种称谓一直没有变化。

"七代之所更立者，帝、郊、宗、祖，其余不变也"，七代以来只是禘祭、郊祭、祖祭、宗祭四种祭祀的对象有变动，其余的都没有改变。如此也就能理解对死亡的态度，以及一些规定的祭祀礼仪的逻辑了。

祭法（三）

原文

天下有王，分地建国，置都立邑①，设庙、祧②、坛、墠③而祭之，乃为亲疏多少之数。是故王立七庙，一坛、一墠。曰考庙，曰王考庙，曰皇考庙，曰显考庙，曰祖考庙，皆月祭之。远庙为祧，有二祧，享尝乃止。去祧为坛，去坛为墠。坛、墠有祷焉祭之，无祷乃止。去墠曰鬼。诸侯立五庙，一坛，一墠。曰考庙，曰王考庙，曰皇考庙，皆月祭之。显考庙、祖考庙，享尝乃止。去祖为坛，去坛为墠。坛、墠有祷焉祭之，无祷乃止。去墠为鬼。大夫立三庙，二坛。曰考庙，曰王考庙，曰皇考庙，享尝乃止。显考、祖考无庙，有祷焉为坛祭之。去坛为鬼。适士二庙，一坛。曰考庙，曰王考庙，享尝乃止。显考无庙，有祷焉为坛祭之。去坛为鬼。官师一庙，曰考庙。王考无庙而祭之。去王考为鬼。庶士、庶人无庙，死曰鬼。

注释

① 置都立邑：封给卿大夫采地及赏赐有功之人的土地。

② 祧（tiāo）：远祖的庙。

③ 墠（shàn）：古时候的祭祀场所。

马瑞光曰

通过祭祀规则的制定，对人进行等级划分，或者说因为人们的等级不同，祭祀标准也各有侧重，更多的是伦理与秩序，实际上并没有对划分依据的探索，更不存在"为什么如此"的追问。

"天下有王，分地建国，置都立邑，设庙、祧、坛、墠而祭之，乃为亲疏多少之数"，天下有君主，分封诸侯，建立国家，又为大夫、臣下建立自身的封地，并且设置了庙、祧、坛、墠等祭祀规矩，根据地位尊卑确定与所祭先祖的亲疏关系，规定了立庙的数量。

这种描述非常实用，很受帝王们喜欢，这也可能是儒家成为帝王治国之术的重要原因。替谁讲话，谁自然欢喜，也没有什么是非曲直可讲，更多的还是人们在有限人生里的利益权衡罢了。

规则如下：天子设七庙，一坛、一墠，即父庙、祖父庙、曾祖父庙、高祖父庙、高祖父父亲之庙，还有两个远祖庙。诸侯设五庙、一坛、一墠，大夫设三庙、二坛，上士设二庙一坛，中士与下士设一个庙，普通百姓和低级官员是没有庙的，死后称鬼。这种规定等级森严，甚至形成了定数，对规范当时的社会秩序价值很大。

祭义

祭义（一）

祭义，顾名思义，就是祭祀的意义。本篇除了论及祭祀的意义，还记述了祭祀先人之道和尊敬长者的义礼，其实这也是礼乐之道。从中我们可知，礼乐之道不仅能够修身养性，还能够帮助君主治理国家。

原文

祭不欲数，数则烦，烦则不敬。祭不欲疏，疏则怠，怠则忘。是故君子合诸天道，春禘①，秋尝。霜露既降，君子履之，必有凄怆之心，非其寒之谓也。春雨露既濡，君子履之，必有怵惕②之心，如将见之。乐以迎来，哀以送往，故禘有乐而尝无乐。

注释

①禘（dì）：四季祭祀的礼仪之一。

②怵惕（chù tì）：恐惧、警惕的意思。

马瑞光曰

这一段开始介绍祭祀的意义，其实也就是礼乐之道，下可修养身性，上可治理国家。

"祭不欲数，数则烦，烦则不敬。祭不欲疏，疏则怠，怠则忘"，祭祀次数多或少都不是太好，次数多了人会烦，就会流于形式，不会真正发自内心，次数少了就容易忘记，可能会忘记祖先。这种论断很有实践意义。

"是故君子合诸天道，春禘，秋尝"，所以君子应顺天道，春天举行春祭，开心迎接亲人的神灵到来，秋天举行秋祭，用悲伤的心情送走亲人的神灵，所以叫"乐以迎来，哀以送往"。这也就是为什么"禘有乐而尝无乐"，也就是春祭会有舞乐，但是秋祭不会有舞乐的原因。一年两次主要的祭祀是必须的，既有对亲人的神灵迎来，又有对亲人的神灵送往，祭祀祖先、亲人才是核心。

祭祀先人，尊敬长者，对社会关系确定、人们生活方式的形成起到了至关重要的作用。至于产生什么结果，实际上不是大家关注的，大家需要的是一种秩序，有事可做，有据可依，这是老百姓最简单的逻辑。制定规则的人的发心是相当重要的，当然目的也是关键。

祭义（二）

原文

是故先王之孝也，色不忘乎目，声不绝乎耳，心志嗜欲不忘乎心。致爱则存，致悫①则著，著存不忘乎心，夫安得不敬乎！

注释

①悫（què）：恭谨的意思。

马瑞光曰

"是故先王之孝也，色不忘乎目，声不绝乎耳，心志嗜欲不忘乎心"，在讲何为孝，而且把先王搬出来，算是定了一个标准。先王如此，更何况普通百姓呢？更要以身践行，如此，也就形成了我们的行为约束，逐渐形成一种习惯。

先王对亲人的孝顺是先祖的容貌总在眼前，无法忘记，先祖的声音总在耳边不会断绝，先祖的心志及爱好心里常记。这本为人之常情，如果非要求大家比赛"孝"，味道就变了。

"致爱则存，致悫则著，著存不忘乎心，夫安得不敬乎！"爱自己亲人，亲人就永远活在你的心中，对亲人恭敬，亲人就会出现在眼前，铭记在心中，又怎么会对他们不敬呢？祭祀亲人本身也是一种自己对自己的爱，只是亲人在世的时候，亲人的敬爱有加更重要。

祭义（三）

原文

君子生则敬养，死则敬享，思终身弗辱①也。君子终身之丧，忌日之谓也。忌日不用，非不祥也，言夫日志有所至，而不敢尽其私也。

注释

①辱：受辱。

马瑞光曰

终于谈到了双亲在世时如何对待，去世后又该如何。"君子生则敬养，死则敬享"，父母双亲在世时，要恭恭敬敬赡养，去世之后要恭恭敬敬祭祀，这才是真正的孝。更重要的应该是父母在世时孝顺他们。

"君子终身之丧，忌日之谓也"，君子的终身之丧说的是双亲的忌日。有父母在，人依然有来处，父母不在，就剩归处。

祭义（四）

原文

唯圣人为能飨①帝，孝子为能飨亲。飨者，乡也。乡之然后能飨焉，是故孝子临尸不怍②。君牵牲，夫人奠盎，君献尸，夫人荐豆。卿大夫相君，命妇相夫人。齐齐乎其敬也，愉愉乎其忠也，勿勿诸其欲其飨之也！

注释

①飨（xiǎng）：通"享"。
②怍（zuò）：脸色不和。

马瑞光曰

"唯圣人为能飨帝，孝子为能飨亲"，只有圣人才能让神享用祭品，只有孝子才能够让父母享用祭品。看来对祭祀者的身份也有要求，要真心真意，否则祭祀也没有什么意义。并且，相关礼仪规范也非常严谨，不可随意破坏。

"君牵牲，夫人奠盎，君献尸，夫人荐豆"，君主牵上牺牲，国君夫人将盎齐之酒放在尸的席前，君主为尸献酒，夫人为尸献上盛放于豆的肉酱。分工明确，顺序规范。"卿大夫相君，命妇相夫人"，卿大夫辅助君王一起祭祀，同时让妻子协助国君夫人行礼。

祭祀重要的不仅仅是形式，更重要是祭祀人的身份，同时要发自内心，如此才能逐渐对人们的行为形成影响，甚至形成一种文化氛围。

祭义（五）

原文

仲尼尝，奉荐而进，其亲也悫，其行也趋趋以数①。已祭，子赣问曰："子之言祭，济济漆漆然。今子之祭，无济济漆漆，何也？"子曰："济济者，容也，远也。漆漆者，容也，自反也。容以远，若容以自反也，夫何神明之及交，夫何济济漆漆之有乎？反馈，乐成，荐其荐俎②，序其礼乐，备其百官，君子致其济济漆漆，夫何慌惚之有乎？夫言，岂一端而已？夫各有所当也。"

注释

① 数：速。
② 荐俎（zǔ）：盛放食物的器皿。

马瑞光曰

祭祀的形式实际上是不断调整的，实际上讲的是一种权变思想。

"仲尼尝，奉荐而进，其亲也悫，其行也趋趋以数"，夫子主持尝祭，捧着祭品走进来，其行恭谨，走得急促而快速，缺乏威严。子赣于是问道："子之言祭，济济漆漆然。今子之祭，无济济漆漆，何也？"夫子平时讲祭祀要有条理，要有威严，但是今天的祭祀显得仓促而缺乏条理，这是为什么呢？显然这是在怀疑夫子言行不一，接下来夫子的回答就是本段内容的核心了。

"子曰：'济济者，容也，远也。漆漆者，容也，自反也。容以远，若容以自反也，夫何神明之及交，夫何济济漆漆之有乎？'"意思是讲究容貌、修饰，这都是表面功夫，和神明疏远，实际上如此祭祀有表面而无实际，讲白了用心是最主要的，表面形式无关紧要。

这实际上是个"度"的问题，但是往往不好把握，需要较高认知水平，很多时候只能仁者见仁，智者见智了。

祭义（六）

原文

孝子将祭，虑事不可以不豫，比时具物不可以不备，虚中以治之。宫室既修，墙屋既设，百物既备，夫妇齐戒，沐浴，盛服，奉承而进之，洞洞①乎，属属②乎，如弗胜，如将失之，其孝敬之心至也与！荐其荐俎，序其礼乐，备其百官，奉承而进之。于是谕其志意，以其恍惚以与神明交，庶或飨之。庶或飨之，孝子之志也。孝子之祭也，尽其悫而悫焉，尽其信而信焉，尽其敬而敬焉，尽其礼而不过失焉，进退必敬，如亲听命，则或使之也。孝子之祭可知也：其立之也敬以诎，其进之也敬以愉，其荐之也敬以欲。退而立，如将受命，已彻而退，敬齐之色不绝于面，孝子之祭也。立而不诎，固也；进而不愉，疏也；荐而不欲，不爱也；退立而不如受命，敖也；已彻而退，无敬齐之色，而忘本也。如是而祭，失之矣。孝子之有深爱者必有和气，有和气者必有愉色，有愉色者必有婉容。孝子如执玉，如奉盈，洞洞属属然，如弗胜，如将失之。严威、俨恪，非所以事亲也，成人之道也。

注释

① 洞洞：面色尊敬。
② 属属：面色忠诚。

马瑞光曰

"孝子将祭,虑事不可以不豫,比时具物不可以不备,虚中以治之",孝子如果要准备祭祀,一定要考虑周到,祭祀所需要的物品要准备好,关键是心中不能有杂念,要全身心投入。祭祀既要有形式,又要用心和神灵沟通,这样才是真正的祭祀。

然后开始介绍一些准备工作,庄重而认真。"宫室既修,墙屋既设""夫妇齐戒,沐浴,盛服",又是修缮庙室,布置墙屋,又是沐浴、盛装。祭祀工作非常认真细致,表面看是形式的,实则也是对内心庄重认真的铺垫。如此则心形合一,才能真正达到祭祀的目的。后面又介绍了很多做法,核心就是两点:形式庄重,真心真意。

"于是谕其志意,以其恍惚以与神明交",讲白了就是与神进行心灵交流,如此才能达到祭祀的效果。

"孝子之有深爱者必有和气,有和气者必有愉色,有愉色者必有婉容",如果孝子对双亲深爱,必然会有和顺的态度,有了这种态度当然就会有愉悦的神色,进而有温婉的容貌。由内心发出,才是真正的祭祀,而不只是形式主义。

祭义(七)

原文

先王之所以治天下者五:贵有德,贵贵,贵老,敬长,慈幼。此五者,先王之所以定天下也。贵有德何为也?为其近于道也;贵贵,为其近于君也;贵老,为其近于亲也;敬长,为其近于兄也;慈幼,为其近于子也。是故至孝近乎王,至弟①近乎霸。至孝近乎王,虽天子必有父。至弟近乎霸,虽诸侯必有兄。先王之教,因而弗改,所以领天下国家也。

注释

①弟(tì):通"悌",尊敬兄长的意思。

马瑞光曰

"先王之所以治天下者五：贵有德，贵贵，贵老，敬长，慈幼。此五者，先王之所以定天下也"，开篇讲到先王之所以能治理好天下，是因为遵循五大原则：尊敬有德的人，尊敬有地位的人，尊敬老人，尊敬长者，爱护年幼之人。这实际上也是为人处世的标准，德为先，让成功的有德之人掌握一个组织应该是正解，同时也说明了君王治国理政的原则。

下面进一步进行解释，尊敬有德的人，因为"其近于道也"，也就是靠近大道、规律；尊敬有地位的人，因为他更亲近君王；尊敬老者，"为其近于亲也"，因为他更像自己的双亲；敬长当然是因为他更像我们的兄长；爱护小朋友，"为其近乎子也"，因为他更像自己的孩子。还是由己及彼，爱自己才能爱别人，尊敬君王才会尊敬有地位的人。

"是故至孝近乎王，至弟近乎霸。至孝近乎王，虽天子必有父。至弟近乎霸，虽诸侯必有兄"，把敬孝做到极致就接近天子了，把悌做到极致就接近诸侯了，因为天子、诸侯也有父母，也有兄长，而君与诸侯都是修养极高的人。如果大家能遵先王之道，"领天下国家也"，治理国家就没有问题了。

祭义（八）

原文

乐正子春①下堂而伤其足，数月不出，犹有忧色。门弟子曰："夫子之足瘳②矣，数月不出，犹有忧色，何也？"乐正子春曰："善如尔之问也！善如尔之问也！吾闻诸曾子，曾子闻诸夫子，曰：'天之所生，地之所养，无人为大。父母全而生之，子全而归之，可谓孝矣。不亏其体，不辱其身，可谓全矣。故君子顷③步而弗敢忘孝也。'今予忘孝之道，予是以有忧色也。壹举足而不敢忘父母，壹出言而不敢忘父母。壹举足而不敢忘父母，是故道而不径，舟而不游，不敢以先父母之遗体行殆。壹出言而不敢忘父母，是故恶言不出于口，忿言不反于身。不辱其身，不羞其亲，可谓孝矣。"

注释

①乐正子春：曾子的学生。
②瘳（chōu）：痊愈。
③顷："跬"字之误，半步的意思。

马瑞光曰

乐正子春是曾子的学生，有一次不小心伤到了自己的脚，几个月不能出门，"犹有忧色"，脸上表现出担忧的神情。他的弟子就很奇怪，询问为何，乐正子春就搬出了师爷孔子的言语。

"天之所生，地之所养，无人为大。父母全而生之，子全而归之，可谓孝矣。不亏其体，不辱其身，可谓全矣"，类似于身体发肤受之于父母，人的一切来自父母，我们应该把身体完整地保护好，归还父母才是，不能有所损害，这才是真正的孝。"故君子顷步而弗敢忘孝也"，所以作为君子，半步也不敢忘记孝。父母给的身体不应伤害，既是保护自己，也是孝顺父母。

"壹出言而不敢忘父母，是故恶言不出于口，忿言不反于身。不辱其身，不羞其亲，可谓孝矣"，进一步讲何为孝子，心中常有父母，不出恶言，别人也就不会对自己有怨言，不让自身受辱，不让父母蒙羞，就是孝了。从孝的角度教育人们要出言为善，修身养性，即使经历了苦难、不公，甚至是误解、打压，也以诚待之，以善待之，这才是君子之道。激发每一个人的善意应是大道。一个公司不但要赚钱，还要让团队向善、愉悦，向客户、向社会传递善。

祭义（九）

原文

昔者，有虞氏贵德而尚齿，夏后氏贵爵而尚齿，殷人贵富而尚齿，周人贵亲而尚齿。虞、夏、殷、周，天下之盛王也，未有遗年者。年之贵乎天下久矣，次乎事亲也。

是故朝廷同爵则尚齿。七十杖于朝，君问则席。八十不俟朝①，君问则就之。而弟达乎朝廷矣。行肩而不并，不错则随。见老者则车、徒辟。斑白者不以其任行乎道路，而弟达乎道路矣。居乡以齿，而老穷不遗，强不犯弱，众不暴寡，而弟达乎州巷矣。古之道，五十不为甸徒，颁禽隆诸长者，而弟达乎蒐狩②矣。军旅什伍，同爵则尚齿，而弟达乎军旅矣。孝弟发诸朝廷，行乎道路，至乎州巷，放乎蒐狩，修乎军旅，众以义死之，而弗敢犯也。

注释

① 俟朝：朝见国君后就可以退去，不必等待着罢朝。
② 蒐（sōu）狩：蒐为春猎，狩为冬猎。

马瑞光曰

这一段主要是讲尊老，实际上尊老就是尊未来的自己，因为每个人都会老。

开篇就搬出了虞、夏、殷、周的天下圣主，来说明要尊老。昔者，有虞氏贵德而尚齿，夏后氏贵爵而尚齿，殷人贵富而尚齿，周人贵亲而尚齿"，分别是尊敬有德、有爵位、富贵的人或亲人，但有一个共同的特点是尊敬老人。"年之贵乎天下久矣，次乎事亲也"，尊老的传统由来已久，仅次于尊重自己的父母。

最后进行了总结："孝弟发诸朝廷，行乎道路，至乎州巷，放乎蒐狩，修乎军旅，众以义死之，而弗敢犯也"，从朝廷开始尊敬长者，这种风气就会一路风行，延续到乡村，到田间地头，到军队，大家就算死也不会违背孝悌之道。如此，这种道义就没有什么人敢违反，就会真正形成风气，也自然会成为一种文化了。

经解

经解（一）

《经解》是对《诗》《书》《乐》《礼》《易》《春秋》六书的解释，对百姓具有潜移默化的教育功能。六书虽然各有各的特点，但总体来说还是以礼为主的。

原文

孔子曰："入其国，其教可知也。其为人也，温柔敦厚，《诗》教也；疏通知远，《书》教也；广博易良，《乐》教也；絜静精微，《易》教也；恭俭庄敬，《礼》教也；属辞比事，《春秋》教也。故《诗》之失，愚；《书》之失，诬[①]；《乐》之失，奢；《易》之失，贼[②]；《礼》之失，烦；《春秋》之失，乱。其为人也，温柔敦厚而不愚，则深于《诗》者也；疏通知远而不诬，则深于《书》者也；广博易良而不奢，则深于《乐》者也；絜静精微而不贼，则深于《易》者也；恭俭庄敬而不烦，则深于《礼》者也；属辞比事而不乱，则深于《春秋》者也。"

注释

① 诬：欺骗，即言过其实。
② 贼：伤害。

马瑞光曰

《经解》是对几本书的解释，因为以礼为主，所以放到了《礼记》当中，分别解释的都是影响深远的"经"，包括《诗经》《尚书》《乐经》《易经》《礼记》《春秋左氏传》。

"孔子曰：'入其国，其教可知也。其为人也，温柔敦厚，《诗》教也。'"讲的是一国民风如果温柔敦厚，这就是《诗经》教化的结果。接下来继续分析道："疏通知远，《书》教也；广博易良，《乐》教也；絜静精微，《易》教也；恭俭庄敬，《礼》教也；属辞比事，《春秋》教也。"《尚书》可以让政见通达，洞悉历史；《乐经》可以让人性情良好，见识广博；《易经》让人的心神纯洁；《礼记》让人们恭俭朴素、庄重规范；《春秋左氏传》让人们学会排比叙事。如此对几部著作的价值进行了简单描述。

接下来分析这几本经书如果被过分强调，会带来什么不好的结果。凡事恰当为妙吧。"故《诗》之失，愚；《书》之失，诬；《乐》之失，奢；《易》之失，贼；

《礼》之失，烦；《春秋》之失，乱"，如果过度强调《诗经》就会愚昧；过度强调《尚书》就可能固执；过度强调《乐经》就会奢侈无度；过度强调《易经》会带来伤害；过度强调《礼记》就会产生失误，过度强调《左传》就可能产生妄议。

最后总结几部经书正确学习的好处：深得《诗经》的教化，可以温柔敦厚不愚昧；深得《尚书》的教化，可以通达有远见，并且不偏不信；深得《乐经》的教化，可以见识广博，性情良好，并且不会奢侈；如果得到《易经》真谛，可以神情纯净，不伤正道；深得《礼记》教化，可以恭敬且庄重而不繁缛细琐；得益于《春秋左氏传》的教化，可以连缀文辞、排比史实而不混乱。如此也就非常明确这些经书的功能与价值了。

经解（二）

原文

礼之于正国也，犹衡之于轻重也，绳墨之于曲直也，规矩之于方圜也。故衡诚县①，不可欺以轻重；绳墨诚陈，不可欺以曲直；规矩诚设，不可欺以方圜；君子审礼，不可诬以奸诈。是故隆礼、由礼，谓之有方之士；不隆礼、不由礼，谓之无方之民。敬让之道也。故以奉宗庙则敬，以入朝廷则贵贱有位，以处室家则父子亲、兄弟和，以处乡里则长幼有序。孔子曰："安上治民，莫善于礼。"此之谓也。故朝觐之礼，所以明君臣之义也；聘问之礼，所以使诸侯相尊敬也；丧祭以礼，所以明臣子之恩也；乡饮酒之礼，所以明长幼之序也；昏姻之礼，所以明男女之别也。夫礼，禁乱之所由生，犹坊止水之所自来也。故以旧坊为无所用而坏之者，必有水败；以旧礼为无所用而去之者，必有乱患。故昏姻之礼废，则夫妇之道苦，而淫辟之罪多矣；乡饮酒之礼废，则长幼之序失，而争斗之狱繁矣；丧祭之礼废，则臣子之恩薄，而倍②死忘生者众矣；聘、觐之礼废，则君臣之位失，诸侯之行恶，而倍畔侵陵之败起矣。故礼之教化也微，其止邪也于未形，使人日徙善远罪而不自知也，是以先王隆之也。《易》曰："君子慎始。差若毫厘，谬以千里。"此之谓也。

注释

①县（xuán）：同"悬"。
②倍：通"背"，违背、背弃的意思。

马瑞光曰

主要讲礼的价值，算是讲清楚了礼对治理国家的重要性，实际上更多的还是对标准的制定，需要大家执行，但又不是以法律的形式出现，而是在道德上抢占制高点，要求大家必须遵守。

"礼之于正国也，犹衡之于轻重也，绳墨之于曲直也，规矩之于方圜也"，礼对于治理国家的作用，就如同秤对于度量轻重，墨线对于测量曲直，圆规矩尺对于画方画圆一样。没有规矩不成方圆，没有礼，也不会有国。

"故衡诚县，不可欺以轻重；绳墨诚陈，不可欺以曲直；规矩诚设，不可欺以方圜；君子审礼，不可诬以奸诈"，进一步来说明礼的价值，有了秤，当然就无法在重量上欺瞒人；有了墨线，曲直自然清晰；有了圆规矩尺，是方是圆就一目了然；君子遵礼，就不会被奸诈之人欺骗。

"故以奉宗庙则敬，以入朝廷则贵贱有位，以处室家则父子亲、兄弟和，以处乡里则长幼序"，如果用礼来侍奉宗庙就会虔诚；让礼进入朝廷，就可以让不同的职位各就其位；顺序井然，用礼来管理家庭，父子亲，兄弟和；用礼来规范乡里，则长幼有序。最后，夫子得出结论："安上治民，莫善于礼。"让君王满意，百姓顺治，都是靠"礼"，治国安邦离不开礼。

"故礼之教化也微，其止邪也于未形，使人日徙善远罪而不自知也，是以先王隆之也"，显然礼的教化作用润物细无声，能够扬善抑恶，让人们在不知不觉中远恶近善，国家治理的目的也就实现了，所以先王才会特别重视礼。

一定要从开始的时候就定好礼的规范，这样人们能依礼而行，否则就可能产生很多问题。

哀公问

哀公问（一）

哀公，指的是鲁哀公。哀公问的事情，一是礼，二是政。本篇采取一问一答（鲁哀公问，孔子回答）的形式，让读者了解到儒家思想的礼法和治政主张。

原文

哀公问于孔子曰："大礼如何？君子之言礼，何其尊也？"孔子曰："丘也，小人，不足以知礼。"君曰："否。吾子言之也。"孔子曰："丘闻之，民之所由生，礼为大。非礼无以节事天地之神也，非礼无以辨君臣、上下、长幼之位也，非礼无以别男女、父子、兄弟之亲，昏姻、疏数之交也。君子以此之为尊敬然，然后以其所能教百姓，不废其会节。有成事，然后治其雕镂、文章、黼黻①以嗣。其顺之，然后言其丧筭②，备其鼎俎③，设其豕腊，修其宗庙，岁时以敬祭祀，以序宗族。即安其居，节丑其衣服，卑其宫室，车不雕几，器不刻镂，食不贰味，以与民同利。昔之君子之行礼者如此。"公曰："今之君子胡莫行之也？"孔子曰："今之君子，好实无厌，淫德不倦，荒怠敖慢，固民是尽，午其众以伐有道，求得当欲，不以其所。昔之用民者由前，今之用民者由后。今之君子莫为礼也。"

注释

① 黼黻（fǔ fú）：华丽的修饰。
② 丧筭（suàn）：五服的时间数。
③ 鼎俎（zǔ）：祭祀所用的礼器。

马瑞光曰

鲁哀公与孔子的对话还是在讲礼法，如此更容易让人们执行与遵守。

"丘闻之，民之所由生，礼为大"，孔子认为百姓最为依赖的规则应当是礼法。如此用礼来进行规范人们的行为、思想，可以达到治理国家的目的。下面进一步详细说明："非礼无以节事天地之神也，非礼无以辨君臣、上下、长幼之位也，非礼无以别男女、父子、兄弟之亲，昏姻、疏数之交也"，如果没有礼法，就没有办法主持祭祀天地之事，无法区分君臣、上下、长幼的位置，当然也没有办法分辨男女、父子、兄弟间的亲情关系，以及婚姻、社会交往中的亲疏。实际上讲的就是伦理秩序，当然，言外之意就是没有礼法就会天下大乱，国家陷入混乱。

儒家通过礼法规范了社会行为，让人们形成了习惯，并且认为天意如此，也就自然社会稳定和谐了。只是出发点可能更多的是保护帝王的利益，儒家思想成为专制的工具也就一定程度上难以避免了。

哀公问（二）

原文

孔子侍坐于哀公。哀公曰："敢问人道谁为大？"孔子愀然①作色而对曰："君之及此言也，百姓之德也！固臣敢无辞而对。人道政为大。"公曰："敢问何谓为政？"孔子对曰："政者，正也。君为正，则百姓从政矣。君之所为，百姓之所从也。君所不为，百姓何从？"公曰："敢问为政如之何？"孔子对曰："夫妇别，父子亲，君臣严，三者正，则庶物从之矣。"公曰："寡人虽无似也，愿闻所以行三言之道，可得闻乎？"孔子对曰："古之为政，爱人为大。所以治爱人，礼为大。所以治礼，敬为大。敬之至矣，大昏为大，大昏至矣。大昏既至，冕而亲迎，亲之也。亲之也者，亲之也。是故君子兴敬为亲，舍敬是遗亲也。弗爱不亲，弗敬不正。爱与敬，其政之本与！"公曰："寡人愿有言。然冕而亲迎，不已重乎？"孔子愀然作色而对曰："合二姓之好，以继先圣之后，以为天地、宗庙、社稷之主，君何谓已重乎？"公曰："寡人固。不固，焉得闻此言也？寡人欲问，不得其辞，请少进。"孔子曰："天地不合，万物不生。大昏，万世之嗣也，君何谓已重焉？"孔子遂言曰："内以治宗庙之礼，足以配天地之神明；出以治直言之礼，足以立上下之敬。物耻足以振之，国耻足以兴之。为政先礼，礼其政之本与。"孔子遂言曰："昔三代明王之政，必敬其妻、子也，有道。妻也者，亲之主也，敢不敬与？子也者，亲之后也，敢不敬与？君子无不敬也。敬，身为大。身也者，亲之枝也，敢不敬与？不能敬其身，是伤其亲。伤其亲，是伤其本；伤其本，枝从而亡。三者，百姓之象也。身以及身，子以及子，妃以及妃，君行此三者，则忾②乎天下矣，大王之道也。如此，则国家顺矣。"

注释

① 愀（qiǎo）然：肃然震动的样子。

② 忾（xì）：满。

马瑞光曰

借用鲁哀公与夫子的对话，阐述的是儒家的礼法与政治主张，教书匠的夫子也在教哀公，希望由此来影响这个社会。

"哀公问道：'敢问人道谁为大？'"治理人的最重要的方法是什么？看来这是统治者都关心的问题。夫子答道：人道政为大。治理人最重要的是治政，治政又是什么呢？夫子接着讲："夫妇别，父子亲，君臣严，三者正，则庶物从之矣。"实际上讲的是伦理秩序，夫妻有别，父子亲近，君臣有礼，这三方面正了，一切都正了，以说明孔子的上一句：政者，正也。君为正，则百姓从政矣。君之所为，百姓之所从也。君所不为，百姓何从？讲的是上行下效，君王正了，百姓也就正了，君王的所作所为就是百姓榜样。而这个正实际上就是伦理。

接着，夫子进行了总结，古之为政，爱人为大。所以治爱人，礼为大。所以治礼，敬为大。古时候治政，重要的就是爱人；要想爱人，最为重要的就是治礼；治礼最为重要的就是尊敬。进一步说明"君子兴敬为亲，舍敬是遗亲也。弗爱不亲，弗敬不正。爱与敬，其政之本与！"君子相互尊重也有亲，没有尊重也就没有了亲，没有爱没有亲，没有敬也就没有了正，爱与敬这恰恰是治政的根本，以说明君王应该尊敬自己的妻儿。一直在强调治政的核心实际上是治礼，治礼的核心恰恰君王自己本身妻儿，爱自己的延伸是爱妻儿，爱妻儿的延伸才是爱百姓。

"身以及身，子以及子，妃以及妃，君行此三者，则忾乎天下矣，大王之道也。如此，则国家顺矣"，只有尊重自身，尊重自己的儿子、妻子，才能尊重百姓、百姓的儿子及妻子，如此才能教化天下，国家也就昌明。

坊记

坊记（一）

《坊记》主要是为了防备人们做错事、做坏事而写下的篇章。整篇内容基本上都出于孔子之口。不过，为了提升震慑的效果，记述此篇的人往往将这些文字夸张化处理，有些危言耸听。所以，在阅读的时候，读者一定要理性对待。

原文

子云："小人贫斯约，富斯骄。约斯盗，骄斯乱。礼者，因人之情而为之节文，以为民坊者也。故圣人之制富贵也，使民富不足以骄，贫不至于约，贵不慊①于上，故乱益亡。"

注释

①慊：不满而恨的样子。

马瑞光曰

"小人贫斯约，富斯骄。约斯盗，骄斯乱"，小人贫穷的时候就会困顿，富贵的时候就会骄横，贫困就会去偷盗，骄横就会去淫乱。很多人会犯如此错误，要避免这些错误就需要自我修炼成君子，这实际上并不容易。所以夫子才提出用礼来规范人的行为，而不是靠自觉。

"礼者，因人之情而为之节文，以为民坊者也"，礼就是依据人性而制定的一些法规与规范，以防止百姓越轨行事，来规范社会，让人们向善。"故圣人之制富贵也，使民富不足以骄，贫不至于约，贵不慊于上，故乱益亡"，所以圣人们制定了调节的规范，让老百姓富贵时不骄横，贫困时不困顿，不对比自己富贵的人产生怨恨，长此下去，违法乱纪的事情就消失了，社会也就和谐了。

总而言之，治理国家需要一套规范，而这套规范就变成了"礼"，并且很神圣，需要严格遵循。

坊记（二）

原文

子云："君子贵人而贱己，先人而后己，则民作让。故称人之君曰君，自称其君曰寡君①。"

注释

①寡君：比较少有德行的君子。

马瑞光曰

"君子贵人而贱己，先人而后己，则民作让"，君子应该是尊重别人，而贬抑自己，先考虑别人而后考虑自己，如此，谦让的风气就会在百姓中兴起。实际上讲的还是对人性中自私的扼制，让大家学会利他、谦让，如此社会才会和谐。

"故称人之君曰君，自称其君曰寡君"，称他国之君为国君，称本国之君为寡君，也算是一种谦让了。

坊记（三）

原文

子云："善则称人，过则称己，则民不争。善则称人，过则称己，则怨益亡。

《诗》云:'尔卜尔筮,履无咎言①。'"子云:"善则称人,过则称己,则民让善。《诗》云:'考卜惟王,度是镐京。惟龟正之,武王成之。'"子云:"善则称君,过则称己,则民作忠。《君陈》曰:'尔有嘉谋嘉猷②,入告尔君于内,女乃顺之于外,曰:此谋此猷,惟我君之德。於乎!是惟良显哉!'"子云:"善则称亲,过则称己,则民作孝。《大誓》曰:'予克纣,非予武,惟朕文考无罪。纣克予,非朕文考有罪,惟予小子无良。'"

注释

① 尔卜尔筮,履无咎言:引自《诗经·卫风·氓》。此处想用无咎兆明不争不怨之意。
② 猷(yóu):计划,打算。

马瑞光曰

"善则称人,过则称己,则民不争。善则称人,过则称己,则怨益亡",有好事就讲是别人的功劳,有问题就认为是自己的问题,如此,大家就不会出现纷争,怨恨也会自然消失。只要人人都谦让,都为谦谦君子,社会自然和谐。实际上,这种谦让也成了民族性格的部分,有容乃大,可以同化很多内容。

"善则称君,过则称己,则民作忠",有好事就讲是君王的意思,有错误就讲是自己的问题,如此,百姓自然忠诚。这应该是给出了做臣子的为官之道。现代职场经常听到这样一种说法:上边的意思是好的,是下边执行者理解不透或执行不到位,把事干坏了。这种说法与古代的做法有点类似,但执行固然可能有问题,上边指示一定有欠妥的地方。真诚检讨自己,而不是把过失全推给他人,才是处事大道,否则逢迎拍马之风盛行,最后倒霉的还是每一个人,大家一起买单。

"善则称亲,过则称己,则民作孝",有好的事情就讲是父母的功劳,有问题的就是自己的错,如此,孝顺之风大行。讲的依然是成人达己,控制私心,激发利他之心,最终还是为了大家的幸福。

坊记（四）

原文

子云："君子弛其亲之过而敬其美。"《论语》曰："三年无改于父之道，可谓孝矣。"高宗云："三年其惟不言，言乃讙。"子云："从命不忿①，微谏不倦，劳②而不怨，可谓孝矣。《诗》云：'孝子不匮。'"

注释

① 忿：不满。

② 劳：操劳。

马瑞光曰

"子云：'君子弛其亲之过而敬其美。'"夫子说：作为君子，应该忘记掉亲人的不足与错误，而要记住并敬重亲人们的美德。记住大家的好，忘记大家的不好，自然心中愉悦，别人也就成为好人了。如果老记着别人的不好，别人自然也就不好了，实际上还是自己如何考虑的问题。

高宗云："三年其惟不言，言乃讙。"高宗也就是商朝的武丁，他在父亲过世以后，三年不宣发政令，表示对父亲的尊敬和哀悼，三年后颁布政令，百姓很开心。这样做是否有点儿耽误国家大事了？讲的还是孝顺的事情，让大家遵守相关规范。

"从命不忿，微谏不倦，劳而不怨，可谓孝矣"，进一步介绍什么是孝顺，遵从父母之命，心中没有不满，如果父母有错误应含蓄劝诫，为父母操劳而没有抱怨，这就是孝顺。如此看来，孝顺不是不可衡量，也不是心理感受，而应该是非常具体的行为和规范，很有操作性。如此看来，孝也是一种修行，越是亲近的人，越应该在他们面前谦卑，越应该用心。

坊记（五）

原文

子云："父母在，不称老，言孝不言慈。闺门之内，戏而不叹。君子以此坊民，民犹薄于孝而厚于慈。"子云："长民者，朝廷敬老则民作孝。"子云："祭祀之有尸也，宗庙之有主也，示民有事也。修宗庙，敬祀事，教民追孝也。以此坊民，民犹忘其亲。"

马瑞光曰

"子云：'父母在，不称老，言孝不言慈。闺门之内，戏而不叹'"孔子讲，如果父母还健在，自己是不能讲自己老的，因为还有来处，这个时候要多谈孝顺，而不是谈父母应该慈爱。在家里，可以嬉笑逗乐，不要唉声叹气。换句话讲，夫子认为孝顺对于个人、家庭乃至社会来讲，非常重要，因为这样有助于良好社会秩序的形成。

"君子以此坊民，民犹薄于孝而厚于慈"，君子用这样的方法来要求百姓，百姓中还是有轻视孝顺父母而重视疼爱子女的。显然夫子不满意这个现状，所以进一步提出了方法："长民者，朝廷敬老则民作孝"，统治民众的君王如果能在朝廷上敬老，百姓会上行下效，可能会兴孝顺之风。还是要领导带头。

最后夫子讲道："修宗庙，敬祀事，教民追孝也"，修庙祭祀，教导百姓孝顺，如此才能形成孝顺之风。通过祭祀来教导人们行孝，既有天意，又是神的旨意，力度很大。这也是夫子一贯的做法，形成标准，又形成行为。

坊记（六）

原文

子云："君子不尽利以遗民。《诗》云：'彼有遗秉，此有不敛穧[①]，伊寡妇之利。'

故君子仕则不稼，田则不渔，食时不力珍。大夫不坐羊，士不坐犬②。《诗》云：'采葑采菲，无以下体。德音莫违，及尔同死。'以此坊民，民犹忘义而争利，以亡其身。"

注释

① 稭（jì）：割下来未捆的农作物。

② 大夫不坐羊，士不坐犬：源于郑玄说。郑玄曾著《礼记注》。

马瑞光曰

"子云：'君子不尽利以遗民'"，夫子讲，作为君子不会独占利益，而是会给百姓留下一些。独乐乐不如众乐乐，克服利己，让自己变得利他，才是真正的君子。

"故君子仕则不稼，田则不渔，食时不力珍。大夫不坐羊，士不坐犬"，所以君子如果当官就不种地，狩猎就不打鱼，吃应时的食物，不追求山珍海味；大夫没有特别的原因也不杀羊，士人没有特别的原因不杀狗，不与民争利，如此才有利于治理国家。

最后用一句话来威慑大家："民犹忘义而争利，以亡其身"，如果忘记道义去争夺名利，可能会引来杀身之祸。可惜的是，人为财死，鸟为食亡，这样的人一直没有绝迹。儒家一直在教化人们，只是很多人达不到所要求的层面，不得不说令人痛心。

坊记（七）

原文

子云："昏礼，婿亲迎，见于舅姑。舅姑承子以授婿，恐事之违也①。以此坊民，妇犹有不至者。"

注释

① 恐事之违也：意为担心无法与公婆相处好。

马瑞光曰

"昏礼,婿亲迎,见于舅姑",举行婚礼,女婿要亲自到女方家迎娶,拜见自己的岳父岳母。这已经形成了风俗,流传到现在,为人们所广泛接受。现在的婚丧嫁娶的规范,很多是从数千年前延续下来的,成了约定俗成,对百姓影响巨大。

"舅姑承子以授婿,恐事之违也",岳父岳母把女儿交到女婿手中,同时嘱咐女儿要听公婆的话。基本上是夫唱妇随的逻辑。"以此坊民,妇犹有不至者",即使如此要求百姓,妇人中依然有不尊妇道的。只是到现在,年轻人的思想已经发生了很大变化,人人平等的观念深入人心,婆媳、翁婿相处之道与古代已经大不相同,基础已经完全不同。

这应该是社会的进步,文化的迭代与升华也成为一种规律,既保持了延续,又增加了创新。

中庸

《中庸》有着很高的研究价值。在儒家学者看来,中庸是至高无上的道德准则,是用来纠正极端倾向的重要方法,有利于维护世间的正道。

中庸在儒家看来是最高道德准则,实际上在亚里士多德的伦理学中也有类似表达。相反的两个事物底部是相通的,但实际上理解中和之道并非那么简单,随着学习的深入,经历的增加,思维的渐悟,发现很多时候我们并没有真正悟到,只是似乎知晓。

大家一般认为好的反面是坏的,自私的反面是无私,善的反面是恶。实际上,好的反面应该是不好,坏的反面是不坏,而不好不坏即中庸之道,中和之道。如此,好的反面与坏的反面都是中庸之道。同样,自私的反面是不自私,无私的反面是不无私,既不自私又不无私,当然就是既自私又无私,即中和之道。自私与无私的反面都是中庸之道。同样的,善的反面是不善,恶的反面是不恶,不善不恶即中庸。

我们说的增之一分则太长,减之一分则太短,讲的也是中和之道,问题在于何为长,何为短,这实际是一个变数,同一个长度有时候它是长,有时候它又是短,也就是既长又短,具体要看参照对象。不善不恶实际上就是既善又恶,不好不坏也就是既好又坏,如此是混沌的,并不好把握,尤其是对于如何使用中庸之道,一般人基本上把握不到。

如此,更加发现哲学是"无用之学",但有无用之用。如果非要找到什么不足,应该是导致个性的消失,阳明心学试图解决这个问题,给出了方案——"致良知",可惜的是后来中断了。直到今天,我们仍然在寻找个性与自由。当然终局还是追求幸福。

始于怀疑的哲学一直在探讨中,爱智慧的快乐常常穿越星空,我们一直在反思,在怀疑中前行。

中庸(一)

原文

天命之谓性,率性之谓道,修道之谓教。道也者,不可须臾离也,可离非道也。是故君子戒慎乎其所不睹,恐惧乎其所不闻。莫见乎隐,莫显乎微①。故君子慎其独也。喜怒哀乐之未发,谓之中;发而皆中节,谓之和。中也者,天下之大本也;和也者,天下之达道也。致中和,天下位焉,万物育焉。

注释

①微:细微。

马瑞光曰

"天命之谓性,率性之谓道,修道之谓教",人的自然禀赋叫做"性",顺着本性行事叫做"道",按照"道"的原则修养叫做"教"。

"道也者,不可须臾离也,可离非道也",道是片刻不能离身的,如果可以离身就不是道了。后面进行进一步的解释:"是故君子戒慎乎其所不睹,恐惧乎其所不闻",所以君子行事,即使在别人看不到或听不到的时候,也谨慎、敬畏,称之为慎独。也就是"莫见乎隐,莫显乎微",再隐秘的事情也没有不被人发现的,再细微的事情也没有不被显露出来的时候,所以君子在个人独处的时候,也要谨慎警惕,不能离道而行,一切皆应在道上。

最后指出了道即"中和",并且说明道:"喜怒哀乐之未发,谓之中;发而皆中节,谓之和",喜怒哀乐不表现出来,不形于色,称为"中",表现得恰到好处,符合礼称之为"和"。"中也者,天下之大本也;和也者,天下之达道也","中和"之道就是大道根本。总算把题目点清楚了,中和之道为大道,为最高道德准则。

"致中和,天下位焉,万物育焉",达到中和境界,天下归位,万物繁荣,如此治世可成也,万事万物昌明也,当然也就是大道了。

中庸(二)

原文

子曰:"中庸其至矣乎!民鲜①能久矣。"子曰:"道之不行也,我知之矣:知者过之,愚者不及也。道之不明也,我知之矣:贤者过之,不肖者不及也。人莫不饮食也,鲜能知味也。"子曰:"道其不行矣夫。"

注释

① 鲜(xiǎn):少的意思。

马瑞光曰

"中庸其至矣乎!民鲜能久矣。"中庸是最好的德行,但是能掌握并且长久运用的人非常少。问题来了:这么好的德行为什么很少人能长久遵循呢?原因实际上也很简单,圣人之道本来就是很高的标准,与人性是相违背的,只能成为少数人追寻的目标。

"子曰：'道之不行也，我知之矣：知者过之，愚者不及也'"，孔子总结说，我知道大家为什么不实行中庸之道，因为聪明的人总是做过头，愚蠢的人又做不到位。反正不容易恰到好处。"道之不明也，我知之矣，贤者过之，不肖者不及也"，为什么中庸之道没有被彰显？原因类似，要不是过了，就是不及，就像是人吃饭一样，"鲜能知味也"，虽然人人都会吃喝，但很少有人能真正品味食物之美。所以"道其不行矣夫"，道是很难实行的。也有可能道本身的标准过高，适应人性似乎才是根本，这也是儒家受批评的地方。

中庸（三）

原文

子路问强①。子曰："南方之强与？北方之强与？抑而强与？宽柔以教，不报无道，南方之强也，君子居之。衽②金革，死而不厌，北方之强也，而强者居之。故君子和而不流，强哉矫③！中立而不倚，强哉矫！国有道，不变塞焉，强哉矫！国无道，至死不变，强哉矫！"

注释

①问强：子路喜欢争强好胜，所以称之为问强。

②衽（rèn）：卧席。

③矫：坚强貌。

马瑞光曰

"南方之强与？北方之强与？抑而强与？"因为子路争强好胜，所以才有了夫子如此一问：强有多种强，你的"争强"到底是争的什么强？是南方之强，还是北方之强，或者是其他的什么强？界定清楚问题再去深究，如此才能有更大的讨论意义。

这恰好说明我们经常的一些讨论，甚至是争论、谩骂是毫无意义的。很多情况下，大家并没有理解对方在讲什么，更多关注的还是自己，大家只是在不同频道上扯了半天，很多事情没有界定清楚，同频是关键，否则是在浪费时间。

后面夫子进行了解释："宽柔以教，不报无道，南方之强也，君子居之。衽金革，死而不厌，北方之强也，而强者居之"，宽厚柔和，别人无道也不会报复，就是南方的强，君子具有这种强；而北方的强是将铠甲当席子、兵器当枕头来睡觉，至死不厌，刚强的之人就是这种强。南北的强显然不同。

最后总结出何为真正的强。"故君子和而不流，强哉矫！中立而不倚，强哉矫"，所以君子保持柔和又不失原则，中立而不偏不倚，这才是真正的强。对于国家也是一样的。"国有道，不变塞焉，强哉矫！国无道，至死不变，强哉矫"，国家有道时，德行正直，不改志向，国家无道时，坚守志向，至死不变，这才是真正的刚强。

尺有所短，寸有所长，如此，"强"也没有单一标准，只是大部分人被字面意思给迷惑了，恰到好处，中和之道并不是容易把握的，但起码算是有了一个标准。

中庸（四）

原文

君子之道，费而隐。夫妇之愚，可以与知焉，及其至也，虽圣人亦有所不知焉。夫妇之不肖，可以能行焉，及其至也，虽圣人亦有所不能焉。天地之大也，人犹有所憾。故君子语大①，天下莫能载焉；语小，天下莫能破焉。《诗》云："鸢飞戾天，鱼跃于渊。"言其上下察也。君子之道，造端乎夫妇，及其至也，察乎天地。

注释

①大：指的是先王之道。

马瑞光曰

"君子之道，费而隐"，准备给君子之道下个定义，定个标准，让大家精神与思想上有个追求，讲这个"道"博大而精微，显然不太好掌握。并且认为"夫妇之愚，可以与知焉，及其至也，虽圣人亦有所不知焉"，即使是一般的普通男女，也能实行君子之道，给大家吃了个定心丸，普通人也能行君子之道，只是不能到达极致而已。既有获得感，对现在有意义，又有更高追求，对未来有意义，如此界定，大家应该满意了。

"天地之大也，人犹有所憾。故君子语大，天下莫能载焉；语小，天下莫能破焉"，天地如此博大，人们仍然有缺憾，所以君子所讲的"大"，也就是先王之道，大到天地不能承载，讲的"小"，不能再去分割。如此也就真的大，真的小了，也就涵盖万物，把大家可以想到的、看到的一起凝练了。留出了空间，也就难免会有高下。

"君子之道，造端乎夫妇，及其至也，察乎天地"，这是最后的总结，君子之道开始于普通人，最后到达相当高深的境界，能洞察天地万物。显然能到最后这种境界的是少部分人，是君子，甚至是圣人，让普通人有了一个精神上的追求目标。

中庸（五）

原文

子曰："道不远人。人之为道而远人，不可以为道。《诗》云：'伐柯伐柯，其则不远。'执柯以伐柯，睨而视之，犹以为远。故君子以人治人，改而止。忠恕违道不远，施诸己而不愿，亦勿施于人。君子之道四，丘未能一焉：所求乎子以事父，未能也；所求乎臣以事君，未能也；所求乎弟以事兄，未能也；所求乎朋友先施之，未能也。庸德之行，庸言之谨，有所不足，不敢不勉，有余不敢尽。言顾行，行顾言，君子胡不慥慥①尔！君子素其位而行，不愿乎其外。素富贵，行乎富贵；素贫贱，行乎贫贱；素夷狄，行乎夷狄；素患难，行乎患难：君子无入而不自得焉。在上位不陵下，在下位不援上，正己而不求于人，则无怨。上不怨天，下不尤人。故君子居易以俟命，小人行险以徼幸。"

注释

①慥（zào）慥：忠厚、诚实。

马瑞光曰

"道不远人。人之为道而远人，不可以为道"，道是不能离开人的，离开了就不是道了。

"君子以人治人，改而止。忠恕违道不远，施诸己而不愿，亦勿施于人"，君子治理教育人，只要改正错误来行道即可，同时就是儒家的大道，己所不欲，勿施于人，如此也就达到目的了。实际上，因为人性的复杂与变化，什么情况都有可能，所以通过君子之道来规范与引导，还是颇具现实意义的。

夫子认为君子之道有四种："子以事父"，儿子侍奉父亲；"臣以事君"，臣下对国君尽忠尽职；"弟以事兄"，弟弟对兄长遵行悌道；"朋友先施之"，要求朋友对自己先付出。这四种君子之道，孔子认为自己都没有做到，普通人更是如此，但是定一个修炼的目标也是好的。

"言顾行，行顾言，君子胡不慥慥尔"，言行一致，如此君子自然忠厚诚实，这才是君子之风。这一点似乎在阳明心学中才进一步发扬光大，同时说明君子更多关注的是所处的位置，而不在乎外在的东西，非常有定力，又能因势而变。总结为"君子素其位而行，不愿乎其外"，富贵时行富贵事，贫贱时行贫贱事，处夷狄之位则行夷狄之事，在患难的位置时行患难之事。恰到好处才是中和之道，是变化而非静止，只是很多人用成了俗气的实用主义，该做什么就做什么，莫极端，也不要不及。

"君子无入而不自得焉。在上位不陵下，在下位不援上，正己而不求于人，则无怨。上不怨天，下不尤人"，君子不管在什么位置都能驾驭，在高位不欺下，在低位不攀上，不苛求别人，反求诸己，如此当然不会怨天尤人，也就是君子之风了。所以"君子居易以俟命"，安于现状，等待天命，顺势而为；"小人行险以徼幸"小人喜欢铤而走险，心存侥幸，如此违背大道，往往不得。顺其自然，大道乃成，逆势而行，皆不可得。

中庸（六）

原文

子曰："舜其大孝也与。德为圣人，尊为天子，富有四海之内，宗庙飨之，子孙保之①。故大德必得其位，必得其禄，必得其名，必得其寿。故天之生物，必因其材而笃焉。故栽者培之，倾者覆之。《诗》曰：'嘉乐君子，宪宪令德。宜民宜人，受禄于天。保佑命之，自天申②之。'故大德者必受命。"

注释

①子孙保之：子孙因为祭祀先人而得到庇佑。

②申：重。

马瑞光曰

"舜其大孝也与。德为圣人，尊为天子，富有四海之内，宗庙飨之，子孙保之"，舜帝是大孝大德之人，被称为天子，富有四海，去世后在宗庙受子孙祭拜。这里实际上夫子希望说明一个问题，就是大德之人将会拥有一切好东西，比如财富、权力、儿孙的孝顺，等等，目的是告诉大家要修身，拥有德就拥有一切。

"故大德必得其位，必得其禄，必得其名，必得其寿"，所以大德之人可以得到高位，可以得到厚禄，同时有好的名声，并且还会长寿。如此结论，相信大家都喜欢成为大德之人，各种好处算是对人们追求大德的激励吧。

"故天之生物，必因其材而笃焉。故栽者培之，倾者覆之"，天生万物，一定会因材而给予不同待遇，一定要栽培有德行之人，倾覆无德之人。所以也就有了后面《诗经》的描述，更进一步来论证夫子的观点。"嘉乐君子，宪宪令德。宜民宜人，受禄于天。保佑命之，自天申之"，好人好报，快乐君子光明磊落，对百姓好，上天会保佑他的。修炼德行也就是必然的了。

中庸（七）上

原文

子曰："好学近乎知，力行近乎仁，知耻近乎勇。知斯三者则知所以修身，知所以修身则知所以治人，知所以治人则知所以治天下国家矣。凡为天下国家有九经，曰：修身也，尊贤也，亲亲也，敬大臣也，体群臣也，子庶民也，来百工也，柔远人也，怀诸侯也。修身则道立，尊贤则不惑，亲亲则诸父昆弟不怨，敬大臣则不眩，体群臣则士之报礼重，子庶民则百姓劝，来百工则财用足，柔远人则四方归之，怀诸侯则天下畏之。齐明盛服，非礼不动，所以修身也；去谗远色，贱货而贵德，所以劝贤也；尊其位，重其禄，同其好恶，所以劝亲亲也；官盛任使①，所以劝大臣也；忠信重禄，所以劝士也；时使薄敛，所以劝百姓也；日省月试，既禀称事，所以劝百工也；送往迎来，嘉善而矜不能，所以柔远人也；继绝世，举废国，治乱持危，朝聘以时，厚往而薄来，所以怀诸侯也。"

注释

① 官盛任使：官宦盛众，足够差遣。

马瑞光曰

此段内容非常精彩，也较长，分成两段进行学习。

"好学近乎知，力行近乎仁，知耻近乎勇"，喜好学习则可能会接近智慧，努力行动则有可能达到仁义，知道廉耻就能接近勇敢。这算是对于这三种品德的解释。何来智慧？通过学习得来。何得仁义？可以通过认真努力获得？何能勇敢？要有底线，不是盲目勇敢，要知廉耻。

"知斯三者则知所以修身，知所以修身则知所以治人，知所以治人则知所以治天下国家矣"，知道上述三点就能知道怎么修身，知道怎么修身就能知道怎么治人，知道如何治人就能知道怎么治天下。也就是告诉我们要治人治国，需要做好三件事情："学习、仁义、勇敢"，根源还是在自己。通过学习，掌握智慧，加上仁义与勇敢，则可以治理国家，统治百姓了，君王之道就是如此了。

进一步说明治理国家的九条法则：修身，尊贤，亲亲，敬大臣，体群臣，子庶民，来百工，柔远人，怀诸侯。首先还是从自己出发，提升自己的修养，尊敬贤人，亲爱亲人，尊敬臣子，体恤臣民，爱护百姓，鼓励工匠，安抚远方人民，心怀四方诸侯。如此，则天下大定。原因是可以"道立""不惑""诸父昆弟不怨""不眩""士之报礼重""百姓劝""财用足""四方归之""天下畏之"，树立品德，不迷惑，亲不怨，不会被大臣迷骗，可以得到丰厚报答，百姓会效力于你，财物会充足，四方百姓归附，诸侯敬畏，如此治国也就是完美了。

并且进一步说明如何做到这九条法则。"齐明盛服，非礼不动"，穿戴整齐、盛装，不做不符合礼的事情，实际上是对自我的严格要求，就可以修身，这也是内外兼修了。"去谗远色，贱货而贵德"，远离谗言美色，轻视财物，看重品德，就可以尊重贤人了。"尊其位，重其禄，同其好恶"，令亲人地位尊贵，俸禄丰厚，与亲人喜好保持一致，这就是爱亲人的方式。"官盛任使"，官员众多，足够差遣，这样可以敬大臣。"忠信重禄"，对于忠义的士人给予丰厚俸禄，如此士人归心。"时使薄敛"，使用百姓不违农时、少征税赋，如此百姓也就满意了，看来对百姓还是管控奴役的逻辑。"日省月试，既廪称事"，每日自省，每月考察，按照贡献发放粮饷，工匠就满意了。"送往迎来，嘉善而矜不能"，送往迎来，态度和善，嘉奖他的长处，又不揭短处，如此可以安抚远方子民。"继绝世，举废国，治乱持危，朝聘以时，厚往而薄来"，对待四方诸侯，要帮助出现危机的诸侯，按时接受朝聘，厚礼送去，薄礼而来，如此治国，天下大定。

中庸（七）下

原文

凡为天下国家有九经，所以行之者一也。凡事豫则立，不豫则废。言前定则不跲①，事前定则不困，行前定则不疚，道前定则不穷。在下位不获乎上，民不可得而治矣。获乎上有道：不信乎朋友，不获乎上矣。信乎朋友有道：不顺乎亲，不信乎朋友矣。顺乎亲有道：反诸身不诚，不顺乎亲矣。诚身有道：不明乎善，不诚乎身矣。诚者，天之道也；诚之者，人之道也。诚者不勉而中，不思而得，从容中道，圣人也。诚之者，择善而固执之者也。博学之，审问之，慎思之，明辨之，笃行之。有弗学，学之弗能，弗措也；有弗问，问之弗知，弗措也；有弗思，思之弗得，弗措也；有弗辨，辨之弗明，弗措也；有弗行，行之弗笃，弗措也。人一能之，己百能之；人十能之，己千之。果能此道矣，虽愚必明，虽柔必强。"

注释

① 跲（já）：绊倒。

马瑞光曰

"凡事豫则立，不预豫废"，是千古名句，告诉我们不管什么事情，只有提前准备才可能成功，否则就会失败。

"言前定则不跲，事前定则不困，行前定则不疚，道前定则不穷"，讲话前预先做好准备就不会有结结巴巴，做事前预先做好准备则就不会困窘不顺，行动之前预先做好准备就不会错误百出，行路前预先做好准备就不会途穷无路。如此看来提前准备相当重要，人为干涉才是关键，积极干预，并且顺其自然。

进一步进行推导出想治理好百姓，就要得到上司的支持；想得到上司的支持，就要得到朋友的支持；想得到朋友的支持，就要孝敬自己的父母。如何孝敬自己的父母呢？"诚身有道：不明乎善，不诚乎身矣"，要想心诚，就要明白什么是善道。

最后得出结论："诚者，天之道也；诚之者，人之道也。诚者不勉而中，不思而得，从容中道，圣人也。"诚实是天之大道，诚实行事，是人的德性。如此就可以做到中道，从容，符合中庸之道，这也就是圣人水平了。如此看来，诚心正意才是中和之道的根本。最后提出了路线图，诚实的人会选择善行，一直执行下去。"博学之，审问之，慎思之，明辨之，笃行之"，广博学习，审慎提问，慎重思考，明确分辨，切实执行。如此，即使弱小愚蠢的人也会变得强大聪明，也就是"虽愚必明，虽柔必强"。这也成为很多人的追求，经常在办公室看到这样的言语。

中庸（八）

原文

唯天下至诚，为能尽其性；能尽其性，则能尽人之性；能尽人之性，则能尽物之性；能尽物之性，则可以赞天地之化育①；可以赞天地之化育，则可以与天地参矣。

注释

①育：繁育。

马瑞光曰

"唯天下至诚，为能尽其性；能尽其性，则能尽人之性"，讲的是如何发挥出自己的价值与能力，同时又讲如何发挥出别人的天性与价值。领导别人的核心是领导自己，管理好自己才能管理好团队。这个方式就是让自己成为"至诚"，也就是天下最真诚的人，就可以发挥出自己的天性，发挥出自己的能力，更重要的是发挥出自己的潜力，如此基本上无所不能。自己做到了，同时能发挥出别人的潜力与能量，就非同一般了，万事皆可达成。而这个"真诚"实际上是内心的足够强大，认清自己，和自己的内心达成共识，如此才能从容，内心如水，宁静致远，心态好，不被外界任何事情困扰。唯有修炼方能达成，诚心正意则天下无敌，不争则无以与之争，所以才有诚者无敌的说法。

"能尽人之性，则能尽物之性；能尽物之性，则可以赞天地之化育；可以赞天地之化育，则可以与天地参矣"，能够发挥出人的天性与潜力，就能够发挥出万物之天性，并且可以繁育万物，如此则与天地相匹，天人合一了，也就成为君子、圣人，掌握大道了。"我"是一切问题的根源，心诚是根本，心力是根本，天人合一，顺其自然，上善若水，非逆天道而为之。

缁衣

缁衣（一）

《缁衣》篇里都是孔子的言论，作者不详。有人说是孔子的孙子子思所作，也有人说是公孙尼子所作。本篇主要讲述了君主教化子民、臣子服侍君主以及安身立命的道理。

原文

子曰："夫民教之以德，齐之以礼，则民有格心。教之以政，齐之以刑，则民有遁心。故君民者，子以爱之，则民亲之；信以结之，则民不倍；恭以莅之，则民有孙①心。《甫刑》曰：'苗民匪用命，制以刑，惟作五虐之刑，曰法。'是以民有恶德，而遂绝其世也。"

注释

① 孙（xùn）：通"逊"，顺。

马瑞光曰

接下来学习《缁衣》，缁衣是《诗经》里面的一个词，是古代用黑色帛做的朝服，这里更多讲的是君子应该如何教化子民，臣子如何侍奉君王的道理，君君臣臣，君臣有别。

"夫民教之以德，齐之以礼，则民有格心"，如果君王以德教化人民，用礼仪规范百姓，如此则百姓就会归附，发自内心认同。还是要以德服人，以德、以礼化育人民。"教之以政，齐之以刑，则民有遁心"，如果用政令、刑罚治理百姓、教化百姓，老百姓就会有逃避之心，口服心不服，也就是说用法律政令是收不了百姓的真心的。这实际上也是儒家与法家的重大区别。实际上，这两种手段君王都在用。

"故君民者，子以爱之，则民亲之；信以结之，则民不倍；恭以莅之，则民有孙心"，君王真正爱百姓，百姓就会亲近他；君王诚信，那么百姓也不会背叛；君王谦恭对待百姓，百姓自然归顺他。以德服人，以仁爱感人，这才是仁君。如果用法令去规范、统治百姓，"是以民有恶德，而遂绝其世也"，会造成百姓品德恶劣，到后世最终灭绝。用法令更多去规范君王或当权者，而不是百姓，或许效果更好。

缁衣（二）

原文

子曰："王言如丝，其出如纶①；王言如纶，其出如綍②。故大人不倡游言。可言也不可行，君子弗言也；可行也不可言，君子弗行也。则民言不危③行，而行不危言矣。《诗》云：'淑慎尔止，不愆④于仪。'"

注释

①纶：丝制的绶带。

②綍（fú）：通"绋"，牵引棺木的绳索。

③危：通"诡"，违反的意思。

④愆（qiān）：罪过。

马瑞光曰

"王言如丝，其出如纶；王言如纶，其出如綍。故大人不倡游言"，国君讲话要慎重，君王讲的话假如像丝那么细，传出去后就会变得像绶带那么粗；如果君王讲的话像绶带那么粗，传出去可能就会变成像牵引棺木的绳索那么粗。

话语在传播过程中很容易被添油加醋，普通人如此，君王讲的话更可能被无限放大。所以就提醒君王千万不要讲大话、套话，尤其是华而不实的话，否则会造成非常不好的负面结果。

下面进行了进一步的说明。"可言也不可行，君子弗言也；可行也不可言，君子弗行也"，可以讲但不可以做的事，君子就不说；可以做而不可以讲的事，君子就不做。也就是要"诚"，要言行一致。讲了就应该做，否则不要讲；做了应该讲，否则不要做。如此看来，这段话是告诉我们要谨言慎行，大部分人却用成了讲而不做，做而不讲，这是夫子未预料到的。

如果能达到夫子的要求，"则民言不危行，而行不危言矣"，也就是君王做到言行一致，上行下效，百姓也可以如此。模范由领导来做，百姓有样学样；模范由百姓来做，基本上应该就是愚民了。

缁衣（三）

原文

子曰："君子道人以言，而禁①人以行。故言必虑其所终，而行必稽其所敝，则民谨于言而慎于行。《诗》云：'慎尔出话，敬尔威仪。'《大雅》曰：'穆穆文王，於，缉熙敬止。'"

注释

① 禁：谨慎，防止。

马瑞光曰

"君子道人以言，而禁人以行"，君子引导人们要向善一般是用语言，防止人们做坏事一般要靠行动。既要言传又要身教，言行一致才能称之为君子。但是引导向善是否也可以用行动，阻止别人作恶也可以用语言呢？显然两种做法互补可能更加合理。

"故言必虑其所终，而行必稽其所敝，则民谨于言而慎于行"，所以讲话要考虑后果，做事情要觉察是否有坏处，如此百姓自然也会谨言慎行，似乎这就是美好社会了。《诗经》说："慎尔出话，敬尔威仪"，讲话要谨慎，行事要注意威仪，温文尔雅。既善良又有礼仪，如此规范社会的言行，也是君王们所希望的，一种人与人之间相处的模式就此形成，社会文化与伦理秩序下的民族性格也被塑造成功了。

缁衣（四）

原文

子曰："大臣不亲，百姓不宁，则忠敬不足，而富贵已过也。大臣不治，而迩臣比①矣。故大臣不可不敬也，是民之表也。迩臣不可不慎也，是民之道也。君毋以小谋大，毋以远言近，毋以内图外，则大臣不怨，迩臣不疾，而远臣不蔽矣。叶公之顾命②曰：'毋以小谋败大作，毋以嬖御人③疾庄后，毋以嬖御士疾庄士、大夫、卿士。'"

注释

① 比：私下相亲。
② 顾命：临终前的遗书。
③ 嬖（bì）御人：爱妾。

马瑞光曰

"大臣不亲，百姓不宁，则忠敬不足，而富贵已过也"，君臣如果不和睦，老百姓就不会安宁平静，这是因为君臣之间的忠诚与尊敬不足，但是享受的富贵却过度了。互敬方能互爱，才有可能和谐相处，如此的人际关系才是良好的，社会秩序才是良性的。

"大臣不治，而迩臣比矣。故大臣不可不敬也，是民之表也"，如果大臣不理国政，近臣就可能会私下亲近，结党营私，所以不能不尊敬大臣，因为他们是百姓的表率。如果贪官盛行，我想夫子就算是圣人也无能为力。可惜的是历朝历代的贪官似乎很难杜绝，这不能不让我们思考根源到底在什么地方。实际上，家天下决定了大臣们是打工的，无恒产当然也很难有恒心了。

"君毋以小谋大，毋以远言近，毋以内图外，则大臣不怨，迩臣不疾，而远臣不蔽矣"，这实际上是帝王之道了，不能和小臣议大事，不能与远臣谋近事，不能和内臣谋外事，如此，大臣们无怨言，近臣无非议，远臣无蒙蔽。和什么人谈什么事，是领导艺术。

缁衣（五）

原文

子曰："民以君为心，君以民为体。心庄①则体舒，心肃则容敬。心好之，身必安之；君好之，民必欲之。心以体全，亦以体伤；君以民存，亦以民亡。《诗》云：'昔吾有先正，其言明且清。国家以宁，都邑以成，庶民以生。谁能秉国成？不自为正，卒劳百姓。'《君雅》曰：'夏日暑雨，小民惟曰怨。资冬祁寒，小民亦惟曰怨。'"

注释

①庄：通"壮"，强壮。

马瑞光曰

"民以君为心，君以民为体。心庄则体舒，心肃则容敬。心好之，身必安之；君好之，民必欲之"，百姓把君王当作自己的心，君王把百姓当作自己的身体，心强大了，身体会舒服，心严肃了，容止与行为才会恭敬。心里喜欢什么，身体就喜欢什么，君王喜欢的一般也是百姓喜欢的，因为大家会揣摩上意。如此，必须要求君上正直、圣贤，否则一切无从谈起，一人可兴国，一人可亡国也就自然而然了。君王的德行相当关键。

"心以体全，亦以体伤；君以民存，亦以民亡"，心在身体内才能得到保全，也会受身体牵连而受伤；君王依靠人民才能生存，也会因人民而灭亡。水能载舟，亦能覆舟。

所以《诗经》说"谁能秉国成？不自为正，卒劳百姓"，谁都可以执掌天下，前提是无我，以百姓为中心，尽心尽力服务百姓。

缁衣（六）

原文

子曰："言有物[1]而行有格[2]也，是以生则不可夺志，死则不可夺名。故君子多闻，质而守之；多志，质而亲之；精知，略而行之。《君陈》曰：'出入自尔师虞[3]，庶言同。'《诗》云：'淑人君子，其仪一也。'"

注释

[1]物：事实。
[2]格：法规。
[3]师虞：众人的谋略。

马瑞光曰

"有物而行有格也，是以生则不可夺志，死则不可夺名"，讲话实事求是，做事有规有矩，如此则活着的时候你不能剥夺他的志向，死了也不能剥夺他们的名声。

"故君子多闻，质而守之；多志，质而亲之；精知，略而行之"，所以君子应该多多听取大家的意见，让大家多讲，有价值的就吸取，多问多学，勤于思考，精要的内容要学以致用。对于一个人的成长来讲，这些内容比较实用。看似在告诫君子，更像是在告诉君王该如何修炼。

所以《诗经》中也在强调"淑人君子，其仪一也"，善良的君子应该威仪始终如一，言行一致，表里一致，又可慎独。

缁衣（七）

原文

子曰："唯君子能好其正，小人毒其正。故君子之朋友有乡，其恶有方。是故迩者不惑，而远者不疑也。《诗》云：'君子好仇①。'"

注释

①仇（qiú）：匹配。

马瑞光曰

"唯君子能好其正，小人毒其正"，这句话很有意思，是说只有君子才会喜欢别人纠正自己的错误，而小人会对纠正自己错误的人充满敌意，也就是讲只有君子才能听得进别人的建议与劝说。换句话讲，帮人要帮君子，教人勿教小人。但问题是君子与小人这两种品格往往在一个人身上会兼而有之，所以君子之交淡如水好像是比较有效的相处方式，择人而交似乎是恰当选择。

"故君子之朋友有乡，其恶有方"，君子结交朋友有一定原则，厌恶别人也一定有充分充分的理由。总而言之，君子做什么都是有道理的，所以要和君子交朋友。"是故迩者不惑，而远者不疑也"，因此接近君子的人不会感到迷惑，远离他的人也不会怀疑他。与君子相交心中坦荡，与小人相交当然就内心忐忑了，当然夫子希望人人成为君子。

缁衣（八）

原文

子曰："南人有言，曰：'人而无恒，不可以为卜筮。'古之遗言与。龟、筮犹不能知也，而况于人乎？《诗》云：'我龟既厌，不我告犹①。'《兑命》曰：'爵无及恶德，民立而正事。纯而祭祀，是为不敬。事烦则乱，事神则难。'《易》曰：

'不恒其德，或承之羞。''恒其德侦②，妇人吉，夫子凶。'"

注释

① 犹：道。

② 侦：问。

马瑞光曰

"人而无恒，不可以为卜筮"，一个情绪无常的人，是不可以为其占卜的。实际上讲的是性情稳定的重要性，不可喜怒无常。除了个性以外，人的情绪还与控制能力有关。对情绪的控制本身是修炼的结果。

"龟、筮犹不能知也，而况于人乎"，龟卜占筮都不可以知道的事情，更何况人的力量呢？意思是在天的面前人还是非常渺小的，应该敬畏天道，而天道又是民意，也就是要天人合一，如此自然就是圣人君子了。

"纯而祭祀，是为不敬。事烦则乱，事神则难"，如果只是为了祭祀而祭祀，不是出于真心，为做表面文章，是对神灵的不敬；事情因烦乱而破坏法典，即使找神灵帮助也没有什么用。"不恒其德，或承之羞"，这是《易经》所讲的，无法长久保持德，就会受到相应的屈辱，德为先才是根本，其他的顺其自然践行罢了。

奔丧

奔丧（一）

奔丧，丧礼的仪式之一。本篇所记载的主要是士人的丧礼，卿大夫、君王的奔丧仪式只是在这个基础上有所改动。

原文

奔丧之礼：始闻亲丧，以哭答使者，尽哀；问故，又哭尽哀。遂行，日行百里，不以夜行①。唯父母之丧，见星而行，见星而舍。若未得行，则成服而后行。过国至竟，哭，尽哀而止。哭辟市朝。望其国竟哭。至于家，入门左，升自西阶，殡东，西面坐，哭尽哀，括发、袒，降，堂东即位，西乡哭，成踊②；袭、绖于序东，绞带，反位，拜宾，成踊，送宾，反位。有宾后至者，则拜之、成踊，送宾皆如初。众主人、兄弟皆出门，出门哭止，阖门。相者告就次。于又哭，括发、袒，成踊。于三哭，犹括发、袒，成踊。三日成服，拜宾送宾皆如初。

注释

① 不以夜行：虽然悲伤，但为避害，也不宜夜间行路。

② 踊（yǒng）：双脚跳起，表达悲痛的方式。

马瑞光曰

接下来几节谈的是奔丧礼仪，基本上是一个字："哭"，这也就定了主基调了。

"遂行，日行百里，不以夜行"，听闻亲人去世要哭，然后去奔丧，日行百里，夜间休息。但是如果是父母去世，会有所不同，"见星而行，见星而舍"，几乎是日夜赶路，晚上稍作休息。这种要求似乎成了一种规矩，到了现代已经进行了变通。实际上，前几年有老友离世，远在加拿大的老友儿子并未回家奔丧，除了路途遥远之外，更多的还是受了西方文化影响，其子并未觉得必须要这样做。

接下来一系列的描述讲的都是标准，形成规范，成为习惯，礼可谓力量强大。

奔丧（二）

原文

奔丧者不及殡，先至墓，北面坐，哭尽哀。主人之待之也，即位于墓左，妇人墓右。成踊，尽哀，括发，东即主人位，绖、绞带，哭，成踊。拜宾，反位，成踊。相者告事毕。遂冠，归，入门左，北面，哭尽哀；括发、袒，成踊，东即位，拜宾，成踊。宾出，主人拜送。有宾后至者，则拜之、成踊、送宾如初。众主人、兄弟皆出门，出门哭止。相者告就次。于又哭，括发，成踊；于三哭，犹括发、成踊。三日成服，于五哭①，相者告事毕。为母所以异于父者，壹括发，其余免以终事。他如奔父之礼。

注释

①五哭：整齐穿戴丧服的那一天是四哭，第二天则是五哭。

马瑞光曰

继续讲参加丧礼及丧礼接待上的礼仪。人离开这个世界是大事，儒家文化里也非常重视。

"奔丧者不及殡，先至墓，北面坐，哭尽哀"，奔丧的人，如果来不及在出殡前赶到，到家后就先去墓地，面朝北跪坐，尽情痛哭，表达悲伤之情。"主人之待之也，即位于墓左，妇人墓右"，在家代他主持丧事的人接待他的礼数是，男人在墓左就位，妇人在墓右就位。等等规则，不一而足，庄严肃穆，如此形成了人们的规范。

最后又说明父母的丧礼也有所不同。"为母所以异于父者，壹括发，其余免以终事。他如奔父之礼"，父母亲的葬礼唯一不同的地方是从墓地返回家中的时候，如果去世的是母亲，应该用麻绳束起头发，其余时候佩戴免，算是送双亲最后一程了。

奔丧（三）

原文

凡为位①，非亲丧，齐衰以下皆即位哭，尽哀，而东免、绖，即位，袒，成踊，袭，拜宾，反位，哭，成踊，送拜，反位。相者告就次。三日五哭，卒。主人出送宾，众主人、兄弟皆出门，哭止，相者告事毕。成服，拜宾。若所为位家远，则成服而往。

注释

①凡为位：因为私事而无法前来奔丧的人在闻丧之地哭泣，而为位者必为齐衰以下者。

马瑞光曰

"凡为位，非亲丧，齐衰以下皆即位哭，尽哀，而东免、绖，即位，袒，成踊"，因为自己有事而无法前去奔丧的人，如果不是双亲的丧事，是齐衰以下亲属的丧事，就各就其位而哭，尽情地发泄悲哀之情，然后到东厢房摘下冠戴上免，系上首绖与腰绖，再回到自己的位置，露出左臂，行踊礼。如此细致，如此规范，充分考虑到了大家的实际情况。不一定非到现场奔丧，或者由于各种原因可能情况不允许到现场，这样做也是一种比较恰当的安排。

"主人出送宾，众主人、兄弟皆出门，哭止"，三天五哭之后，主人就会出来拜送宾客，当主人与兄弟们都出门以后，哭声就停止了。

问丧

问丧（一）

本篇记录了居丧时期的各种礼节，以及制定这些礼节的原因。阅读《问丧》不仅可以了解古代丧礼的相关事宜，还能发现其中一些礼节在现代的遗存。

原文

亲始死，鸡斯①，徒跣②，扱上衽③，交手哭。恻怛④之心，痛疾之意，伤肾、干肝、焦肺，水浆不入口，三日不举火，故邻里为之糜粥以饮食之。夫悲哀在中，故形变于外也；痛疾在心，故口不甘味，身不安美也。

注释

①鸡斯：是"笄纚"二字之误。

②跣（xiǎn）：光着脚。

③上衽（rèn）：指衣服的前襟。

④侧怛：悲伤。

马瑞光曰

"亲始死，鸡斯，徒跣，扱上衽，交手哭"，如果至亲离开了我们，孝子要摘掉冠，留笄和缠发髻的缯，光着脚，把衣服的前襟放进腰带里面，双手交替捶胸大哭。"侧怛之心，痛疾之意，伤肾、干肝、焦肺，水浆不入口，三日不举火"，哀伤之情、痛苦之意简直要让人的肾、肝、肺坏掉，三天不喝水汤，不生火做饭，以示思念之情。"故邻里为之糜粥以饮食之"，邻居们送来稀饭供食用，免得身体健康受到伤害。如此礼仪安排也算是够仔细了。

"痛疾在心，故口不甘味，身不安美也"，由于悲伤，内心痛苦，所以吃不下饭，身上穿得再漂亮也内心无法安宁，描述了至亲逝世带来的情景。

应该讲至亲在，我们还有来处，至亲不在，我们就只剩下归途。在那样的情境下，身心难免受到刺激，但这又是每一个人都要经历的。

问丧（二）

原文

或问曰："死三日而后敛者，何也？"曰："孝子亲死，悲哀志懑①，故匍匐而哭之，若将复生然，安可得夺而敛之也？故曰：三日而后敛者，以俟其生也。三日而不生，亦不生矣。孝子之心亦益衰矣。家室之计，衣服之具，亦可以成矣。亲戚之远者，亦可以至矣。是故圣人为之断决，以三日为之礼制也。"

注释

①懑（mèn）：烦闷。

马瑞光曰

"死三日而后敛者，何也？"一个人去世三天后才入殓，这是为什么呢？实际上不同的民族，不同的宗教，在这件事情上区别是很大的。"孝子亲死，悲哀志懑，故匍匐而哭之，若将复生然，安可得夺而敛之也"，因为孝子贤孙们要进行悼念，会趴在的尸体上来哭，好像亲人能死而复生似的，如果父母去世后立刻入殓，儿女们的悲哀之情不能够充分表达。这样做也算是通情理。

"三日而不生，亦不生矣"，过了这三天如果逝者不能生还，那就不会生还了。这也有科学的一面，因为确实会有这种情况存在。同时，"孝子之心亦益衰矣"，孝子们悲哀的心情也逐渐平复，也慢慢回归理性。希望逐渐丧失，如此平复心情后再来安排相关事宜，似乎会更加合理。可谓考虑周到，家庭作为社会的核心组成部分也就更加凸显了。

同时"亲戚之远者，亦可以至矣"，远方的亲戚利用这三天时间也可以赶过来。可见，这样的规定非常明智，合乎伦理和实际。总而言之，这么安排是希望大家遵此执行，也就自然成了一种礼制。

问丧（三）

原文

或问曰："冠者不肉袒，何也？"曰："冠，至尊也，不居肉袒之体也，故为之免以代之也。然则秃者不免，伛者不袒，跛者不踊，非不悲也；身有锢疾，不可以备礼也。故曰：丧礼唯哀为主矣。女子哭泣悲哀，击胸伤心；男子哭泣悲哀，稽颡①触地无容，哀之至也。"

注释

①颡（sǎng）：额头。

马瑞光曰

"冠者不肉袒，何也？"戴着冠的人是不能露胸露背的，这是一种礼仪，以表示戴冠是非常庄重的一件事情。但是一些特殊情况下，可以用"免"来代替冠，也就是可以变通，考虑得比较周到。对一些身体有缺陷的人有特殊的规定，比如谢顶的、驼背的、跛脚的，不能佩戴一些饰物或者不用完成一些动作，这些都是可以调整的。

"丧礼唯哀为主矣"，参加丧礼最重要的是表达悲伤，因为人死不能复生。所以此时悼词上基本是夸奖，行为上基本是悲伤，如此来送逝者最后一程，至此此人就从这个世界上消失了。所以悲哀就成了丧礼的主基调，"女子哭泣悲哀，击胸伤心；男子哭泣悲哀，稽颡触地无容，哀之至也"，女子悲伤到极致，就捶胸，男子特别悲伤，就会叩头触地，将面容遮蔽起来，顾不上形象了，这都是因为哀伤到了极点。在中国传统文化中，死亡是令人悲伤的，逝去意味着消失，痛哭既是一种情感表达，又是一种礼仪要求。

问丧（四）

原文

或问曰："杖者以何为也？"曰："孝子亲丧，哭泣无数，服勤三年，身病体羸，以杖扶病也。则父在不敢杖矣，尊者在故也；堂上不杖①，辟尊者之处也；堂上不趋，示不遽也。此孝子之志也，人情之实也。礼义之经也，非从天降也，非从地出也，人情而已矣。"

注释

①堂上不杖：母亲去世的时候，堂内不敢拄丧杖。

马瑞光曰

"杖者以何为也?"服丧的时候为什么要拄着杖呢?"子亲丧,哭泣无数,服勤三年,身病体羸,以杖扶病也",因为亲人去世,孝子哀伤数月,甚至长达三年,身体自然不好,所以需要拄杖。如此看来,如果不哭泣悲伤出个什么病来,好像对不起逝去的亲人,真悲伤与假悲伤有时难辨,封建社会的一些礼仪规定违背人性也就在所难免了。

"此孝子之志也,人情之实也",这些都是孝子们的心愿,人之常情才是最重要的。不一定非要拄着丧杖,给出了几种不能拄丧杖的情况。如此规定得更加合乎实际情况,并进一步道出了本质,不愧是圣人之道,全面详实,易于落实。

"礼义之经也,非从天降也,非从地出也,人情而已矣",礼义不是从天上掉下来的,也不是从地下长出来的,还是实实在在的人情世故而已。要从实际出发,从人性出发,不能成为形式。人们的真实想法、实际情况才是最重要的,如此制定的礼义自然可以永续流传。

大学

作为儒家经典之作,《大学》提出了正心诚意、格物致知、修身齐家治国平天下的思想,其中修身为根本,平天下为最终目的。《大学》集中体现了古代读书人远大的政治抱负和理想,是后人研究儒学思想的重要史料。

大学(一)

原文

大学①之道,在明明德,在亲民,在止于至善。知止而后有定,定而后能静,静而后能安,安而后能虑,虑而后能得②。物有本末,事有终始,知所先后,则近道矣。

注释

① 大学：博学。
② 得：得到。

马瑞光曰

接下来到《大学》的部分了，也就是儒家的三纲八目，讲的是人们为人处事的道理，尤其是读书人要实现的远大政治抱负和理想，是儒家思想的重要脉络，也是最广为人知的。

学习的目的到底是什么，尤其是读书人会比较关注这个问题。三纲基本上讲清楚了，"大学之道，在明明德，在亲民，在止于至善"，学习的目的在于修明内在的良好德行，是明德，同时在于驱动人们去自新，不断成长突破，最后达到最完美的德行，即至善的水准。应该算是崇高的追求了，很有高度，很有情怀。

"知止而后有定，定而后能静，静而后能安，安而后能虑，虑而后能得"，知道应达到的道德境界才有确定的志向，有志向了才能够定心，定心了人才会情绪安定下来，然后才会思虑周全，然后才能得到想要的结果。要达到目标，德为根本，其他顺其自然了。

最后总结道："物有本末，事有终始，知所先后，则近道矣"，世间万物都有本末，事情也有始与终，能知道这些，就接近明白大道了。

大学（二）

原文

古之欲明明德于天下者，先治其国；欲治其国者，先齐其家；欲齐其家者，先修其身；欲修其身者，先正其心；欲正其心者，先诚其意；欲诚其意者，先致其知①，致知在格物。物格而后知至，知至而后意诚，意诚而后心正，心正而后身修，身修而后家齐，家齐而后国治，国治而后天下平。自天子以至于庶人，壹是皆以修身为本。其本乱而末治者否矣。其所厚者薄，而其所薄者厚，未之有也！此谓知本，此谓知之至也。

注释

① 致其知：指的是致良知。

马瑞光曰

这一段实际上是讲的儒家的八目："格物、致知、诚意、正心、修身、齐家、治国、平天下"，共八个部分，也是人们修炼的路径与方法，既具体又玄奥。

"古之欲明明德于天下者，先治其国；欲治其国者，先齐其家；欲齐其家者，先修其身；欲修其身者，先正其心；欲正其心者，先诚其意；欲诚其意者，先致其知，致知在格物"，想把美好与德行推广到全天下，必须先治理好国家，显然这是君王的事情；要想把国家治理好，先要管理好自己的家庭与家族；要管理好自己的家庭与家族，必须先修炼自身；修炼好自己的关键，是端正自己的内心；端正内心的前提是让自己的意念真诚、善良；让自己的意念真诚就要先学习获得知识；学习获得知识的前提是了解万物的根本，也就是"大道"，也有解释成去除物欲，告别了低级趣味的意思。显然这又是圣人的标准，我们凡人努力修炼的方向。

"自天子以至于庶人，壹是皆以修身为本。其本乱而末治者否矣"，不管是百姓还是天子，修身是根本，根本乱了一切都无从谈及。心定了，一切都定了，致良知，心方可定。

"此谓知本，此谓知之至也"，知道根本了，良知也就到来了。最后肯定地讲"其所厚者薄，而其所薄者厚，未之有也"，修行好的福报自然不会薄，修行差的福报自然不会厚。

大学（三）

原文

所谓诚其意者，毋自欺也。如恶恶臭，如好好色，此之谓自谦。故君子必慎其独也。小人闲居为不善，无所不至，见君子而后厌①然，揜②其不善，而著其善。人之视己，如见其肺肝然，则何益矣！此谓诚于中，形于外，故君子必慎其独也。曾子曰："十目所视，十手所指，其严乎！"富润屋，德润身，心广体胖④，故君子必诚其意。

注释

①厌：消沮闭藏之貌。

②揜（yǎn）：通"掩"，掩藏。

③胖（pán）：安泰舒适的意思。

马瑞光曰

这一段应该把"诚意"讲清楚了。"诚其意"，即意念真诚，何为意念真诚？"毋自欺也"，也就是不要自己骗自己，当然也不要欺骗别人。这一定程度上在挑战人性，所以后续内容进行了进一步说明。

"如恶恶臭，如好好色，此之谓自谦"，就像厌恶恶臭，喜欢美色，这是人的天性，不用刻意隐瞒。"故君子必慎其独也。小人闲居为不善，无所不至，见君子而后厌然，揜其不善，而著其善"，所以君子在独处时要谨慎，要保持善良，而不是像小人一样，独处时没人监督就干坏事，看到君子后，尤其是在公开场合，把恶的一面藏起来，假装善良。

"此谓诚于中，形于外，故君子必慎其独也"，因为一个人只有内心真诚了，善良了，对外才会真诚，对别人才会善良，这就叫慎独。

最后引用曾子讲的"十目所视，十手所指，其严乎"来吓唬一下大家，群众的眼睛是雪亮的，公道自在人心，否则千夫所指，万人唾骂，内外一致，诚于中才能形于外。

大学（四）

原文

所谓修身在正其心者：身有所忿懥①，则不得其正；有所恐惧，则不得其正；有所好乐，则不得其正；有所忧患，则不得其正。心不在焉，视而不见，听而不闻，食而不知其味。此之谓修身在正其心。

注释

①忿懥（zhì）：愤怒。

马瑞光曰

上一段重点讲了正心要诚意，要诚，不自欺，不欺人，意念真诚，如此方可正心正念。"所谓修身在正其心者"，端正心态，方可修炼自己的身心。何为正心，何为端正心态，内心光明呢？文中没有直接讲，而是告诉我们何为不正。

"身有所忿懥，则不得其正；有所恐惧，则不得其正；有所好乐，则不得其正；有所忧患，则不得其正"，有以下这四种情况都为心不正：内心充满愤怒，内心充满恐惧，内心有喜好欲望，内心有所忧患。如果这些都没有，内心就一定光明、平和，也就无欲无求了，基本上也就是圣人了。如果心理上能接近这个水平，这对于本人以及社会来讲就非常有意义了。内心强大似乎是每一个人一生的修行，而生活本身就是我们修炼的道场。

接下来又讲了四种"不正心"的情况："心不在焉，视而不见，听而不闻，食而不知其味"，心不在自己做的事上，不能聚精会神，看见了当看不见，听见了当听不见，吃东西也吃不出什么味道。如此，当然是远离正心，尤其是在面对巨大困难与挑战时，唯有修炼，内心光明，一切也就烟消云散，诚意正心了。

大学（五）

原文

所谓齐其家在修其身者：人之其所亲爱而辟焉，之其所贱恶而辟①焉，之其所畏敬而辟焉，之其所哀矜而辟焉，之其所敖惰而辟焉。故好而知其恶，恶而知其美者，天下鲜矣！故谚有之曰："人莫知其子之恶，莫知其苗之硕。"此谓身不修不可以齐其家。

注释

①辟：犹偏。

马瑞光曰

"所谓齐其家在修其身者"，也就是讲修身方可齐家，修炼好自己才能管理好家族。如此来看自己是一切的根源。修身是一个分水岭，但该如何修？要修什么呢？接下来具体说明修的内容，实际上也进一步指出了人性的弱点。

"人之其所亲爱而辟焉，之其所贱恶而辟焉，之其所畏敬而辟焉，之其所哀矜而辟焉，之其所敖惰而辟焉"，人们一般对自己喜爱的人会偏向亲近，对自己不喜欢的人会有偏见，对于自己敬畏之人会偏向敬畏，对自己可怜的人会偏向怜悯，对于自己轻视看不上的人难免怠慢。要做到客观公正，就只能靠修身了。儒家实际上很了解人性中的这些恶，只是认为这些是可以通过修炼去掉的，最后把本善呈现出来。

"故好而知其恶，恶而知其美者，天下鲜矣"，所以能知道喜欢之人的缺点、厌恶之人的优点的人是比较少的。很多人一叶障目，内心的好恶影响了自己的判断。修到自己正大光明，修到自己客观公正，修到自己诚意正心才是大道。

最后讲了一句谚语，进一步说明修身至关重要，如此才能克服人性弱点，向善向美。

大学（六）

原文

所谓治国必先齐其家者，其家不可教而能教人者，无之。故君子不出家而成教于国。孝者，所以事君也；悌者，所以事长也；慈者，所以使众也。《康诰》曰："如保赤子。"心诚求之，虽不中不远矣。未有学养子而后嫁者也！一家仁，一国兴仁；一家让，一国兴让；一人贪戾，一国作乱。其机如此。此谓一言偾①事，一人定国。尧、舜帅天下以仁，而民从之；桀纣帅天下以暴，而民从之。其所令反其所好，而民不从。是故君子有诸己而后求诸人，无诸己而后非诸人。所藏乎身不恕，而能喻诸人者，未之有也。故治国在齐其家。《诗》云："桃之夭夭，其叶蓁蓁②。之子于归，宜其家人。"宜其家人，而后可以教国人。《诗》云："宜兄宜弟。"宜兄宜弟，而后可以教国人。《诗》云："其仪不忒，正是四国。"其为父子兄弟足法，而后民法之也。此谓治国在齐其家。

注释

① 偾（rèn）：败坏。
② 蓁（zhēn）蓁：树木繁茂的样子。

马瑞光曰

这是《大学》部分的最后一小节，谈到了齐家方可治国、平天下。"其家不可教而能教人者，无之"，如果自己的家都管理不好，是不可能治理好国家的。教人们如何治理国家，当然是帝王之学了。

"故君子不出家而成教于国。孝者，所以事君也；悌者，所以事长也；慈者，所以使众也"，言传不如身教，君子不出家门也可以让自己的德行传遍全国，孝顺的人要像孝顺父母一样对待君王，做弟弟的要认真服侍兄长，慈祥的人要慈祥地对待百姓。而难点在于很多时候事物是变化的，慈祥的人也有不慈的时候。当然，在儒家这里真正的慈祥是不应该有不慈祥的时候的。

"心诚求之，虽不中不远矣。未有学养子而后嫁者也"，如果作为国君，能够真心诚意地满足百姓的需求，即使不一定完全做得到，也不会差太远。举个例子：没有先学会养孩子才去出嫁的。"一言偾事，一人定国"，一句话可以坏大事，一个人可以安定一个国家。人是核心，对制度与规范没有那么重视。最后又举了尧舜的例子。"是故君子有诸己而后求诸人，无诸己而后非诸人"，所以作为君子，一定要自己做到，才会要求别人也做到，自己不去做的事情，不能禁止别人也不去做。己所不欲，勿施于人。"所藏乎身不恕，而能喻诸人者，未之有也。故治国在齐其家"，自己不能宽恕的，当然不能要求别人去宽恕，总而言之，治理国家的前提是整顿好家庭。

冠义

冠义是成年礼的意思，古时候人们非常看重成年礼。实行冠礼之前，要通过占卜选择良辰吉日和最适合的加冠者。冠礼举行完毕后，还要拜见母亲、兄弟，叩拜君主、卿大夫，这样才算是完成了成年礼。

冠义（一）

原文

凡人之所以为人者，礼义也。礼义之始，在于正容体，齐颜色①，顺辞令。容体正，颜色齐，辞令顺，而后礼义备。以正君臣，亲父子，和长幼。君臣正，父子亲，长幼和，而后礼义立。故冠而后服备，服备而后容体正，颜色齐，辞令顺。故曰："冠者，礼之始也。"是故古者圣王重冠。

注释

① 齐颜色：表情恰当。

马瑞光曰

冠义实际上就是成人礼,这种仪式感蕴含着儒家的核心思想,并且成了日常的行为准则与习惯。

"凡人之所以为人者,礼义也。礼义之始,在于正容体,齐颜色,顺辞令",人之所以为人,就是因为有礼仪的存在,以此说明礼仪的重要性。礼仪是精神生活与文化伦理的具体体现,是人类区别于其他的动物的地方之一,并且进一步说明所谓礼就是端正体态,表情恰当,言辞有礼,如此的话,礼仪也就齐全了。

"以正君臣,亲父子,和长幼。君臣正,父子亲,长幼和,而后礼义立",礼仪能够端正君臣关系,亲善父子关系,和顺长幼关系,如此礼仪也就确立。进一步说明了礼仪的重要性。所以看似冗余繁杂的礼仪,有其非常重要的治理国家的意义,也对人与人相处的一些行为进行了规范。

"故冠而后服备,服备而后容体正,颜色齐,辞令顺",行了冠礼后,服装才能齐全,服装齐全后才能端正体态,才能表情恰当,言辞和顺,所以说"冠者,礼之始也",冠礼是一切礼的开始。如此也就理解了"从头开始"的由来,冠礼是礼仪的重中之重。

冠义(二)

原文

古者冠礼,筮日[1],筮宾,所以敬冠事。敬冠事所以重礼,重礼所以为国本也。

注释

[1] 筮日:古时候的一种占卜方式,为举行礼仪选择良辰吉日。

马瑞光曰

进一步强调冠礼的重要性。

"古者冠礼，筮日，筮宾，所以敬冠事"，古时候举行冠礼要进行占卜，选择吉日、吉时，要占卜来确定主持冠礼的嘉宾，可见对冠礼的重视。

"敬冠事所以重礼，重礼所以为国本也"，敬冠礼才能重视礼仪，重礼仪才可以立国安邦。如此看来，个人事务关系到国计民生，慎独、敬畏当然是必须的了，礼仪之事又或许也就此成型了。

冠义（三）

原文

已冠而字之，成人之道也。见于母，母拜之；见于兄弟，兄弟拜之；成人而与为礼也。玄冠、玄端①，奠挚②于君，遂以挚见于乡大夫、乡先生③，以成人见也。

注释

①玄端：黑色的礼服。

②奠挚：将见面礼放在地上。

③乡大夫、乡先生："乡"是"卿"字之误。乡大夫指现任卿大夫；乡先生指已经退休的卿大夫。

马瑞光曰

今天与老爷子聊天，得一金句：人的一生就是构建自己的精神世界。这也可能是人之所以为人的核心与关键。这几天在学习《礼记》中冠礼的相关内容，发现我们通过礼在建构一种秩序与伦理，实际上就是在建设一种精神世界。本来无一物，何处惹尘埃，这也形成了不同民族与国家的文化。

"已冠而字之，成人之道也"，冠礼后要为受冠者取字，这是成人的必由之路。并且，社会对你的定义以及对你的行为的要求马上就变了。"见于母，母拜之；见于兄弟，兄弟拜之；成人而与为礼也"，受冠者要去拜母亲、兄弟，母亲与兄弟都要把他当作成年人，也要拜他，一个人的社会属性就此形成了。

"玄冠、玄端，奠挚于君，遂以挚见于乡大夫、乡先生，以成人见也"，头戴玄冠，身穿玄端服，拜见国君，还要去拜见卿大夫和已经退休的卿大夫，都是以成人礼拜见了。

人的社会属性通过礼得以确定，社会成为一个大熔炉，每一个人身处其中，各有各的生存之道。

昏义

《昏义》主要记录娶妻的礼仪，强调"妇顺"之道，认为妇顺则家和，家和足以兴邦。古时候，婚礼都是在黄昏举行的，男女从迎亲到完婚有多种礼仪。

昏义（一）

原文

昏礼者，将合二姓之好，上以事宗庙，而下以继后世也，故君子重之。是以昏礼纳采、问名、纳吉、纳征、请期①，皆主人筵几于庙，而拜迎于门外，入，揖让而升，听命于庙，所以敬慎、重正昏礼也。

注释

①请期：古时候，男方通过占卜的方式来选择婚期，然后让媒人将婚期告诉女方，以征得女方同意，以此来表示对女方的尊重。

马瑞光曰

"昏礼者，将合二姓之好，上以事宗庙，而下以继后世也，故君子重之"，一句话讲清楚了婚礼的本质，婚礼能使两个异姓家族交好，对上祭祀祖先，对下可以繁衍后代，关系到整个宗族，所以一般君子都会非常重视。如此，结婚不是两个人的事情，而是两个家族的事情。封建社会的婚姻中，结婚双方的爱情不是关键，门当户对才是根本，很多时候是考虑家族利益。到了现代，婚姻自由，双方的意愿是结婚首先要考虑的，少了很多利益纠葛，虽然也保留了一些礼仪规范，但都围绕结婚者来进行，更多成为两个人的事情。

继续写道："是以昏礼纳采、问名、纳吉、纳征、请期"，还要"筵几于庙，而拜迎于门外"，最终就是为了表达重视这门婚事，要走过纳采、问名、纳吉、纳征、请期几个程序，并且由媒人在中间沟通。这种设计有其合理之处，既有了回转，又可以双方融洽沟通，面子里子都可以有。

昏义（二）

原文

父亲醮①子而命之迎，男先于女也。子承命以迎，主人筵几于庙，而拜迎于门外。壻②执雁入，揖让升堂，再拜奠雁，盖亲受之于父母也。降，出。御妇车，而壻授绥，御轮三周。先俟于门外。妇至，壻揖妇以入。共牢而食，合卺而酳③，所以合体，同尊卑，以亲之也。

注释

①醮（jiào）：古代婚礼上的一种礼仪。
②壻（xù）：古同"婿"，女婿。
③合卺（jǐn）而酳（yìn）：古代婚礼上的一种礼节。

马瑞光曰

具体介绍了婚礼的流程。古代是在黄昏举行婚礼。"父亲醮子而命之迎，男先于女也"，父亲向儿子敬酒，并且吩咐儿子去迎亲，这是表示男方迎娶在前，女方后相随而来。看来儿子结婚，父母亲比儿子还要高兴，所以才有父母之命，媒妁之言，封建社会的儿女只有被安排的份儿。

"子承命以迎，主人筵几于庙，而拜迎于门外"，儿子奉父之命去迎娶媳妇，女方的家人在宗庙里摆好酒席，并且在庙外迎接，非常重视。"壻执雁入，揖让升堂，再拜奠雁，盖亲受之于父母也"，女婿手拿雁进入庙门，作揖后进入庙堂，放下雁，两次行拜礼，表达的是要将女子从父母那里迎接过来。然后要自己先驾车让轮子转三圈，再让车夫驾车。终于理解为什么现在结婚有时候要坐着车转半天，类似礼仪，古来有之。

"共牢而食，合卺而酳，所以合体，同尊卑，以亲之也"，然后新婚夫妻共同吃一组牲宰，把一个瓠瓜剖成两半，各饮一瓢酒，以此代表夫妇同体，共同尊卑，夫妻相爱。全部是美好的祝福，如此礼仪在当代依然广泛存在，只是随时代的变迁有了改动。成为一家人，共度一生，白头偕老，也算幸福的题中要义。

昏义（三）

原文

敬慎、重正，而后亲之，礼之大体而所以成男女之别[①]，而立夫妇之义也。男女有别，而后夫妇有义；夫妇有义，而后父子有亲；父子有亲，而后君臣有正。故曰："昏礼者，礼之本也。"

注释

① 别：区别。

马瑞光曰

"敬慎、重正，而后亲之，礼之大体而所以成男女之别，而立夫妇之义也"，恭敬慎重，尊重正礼，仪式庄严，然后夫妻相亲相爱，家庭和睦，如此来认定男女之别，确保夫妇间的道义。突然觉得仪式感很重要。这实际上是在塑造我们每一个人的精神世界，人力有限，真正能让我们有无穷力量的还是无形的精神，而礼对精神具有重要的塑造作用。

"男女有别，而后夫妇有义；夫妇有义，而后父子有亲；父子有亲，而后君臣有正"，男女因为不同，所以才需确定夫妻相处的道义；夫妻相处有道义，父子才会相处和睦，君臣之间的关系也就端正了。从个人到家庭，从家庭到国家，一气呵成。君君臣臣，父父子子，夫夫妻妻，如此也就奠定了儒家伦理维护国家统治的意味。

"故曰：'昏礼者，礼之本也。'"所以讲，婚礼是礼的根本，是社会、国家的基石，因为社会是由家庭组成。

昏义（四）

原文

夙兴，妇沐浴以俟见。质明，赞见妇于舅姑。妇执笲①，枣、栗、段修以见。赞醴妇，妇祭脯醢②，祭醴，成妇礼也。舅姑入室，妇以特豚馈，明妇顺也。厥明，舅姑共飨妇以一献之礼，奠酬。舅姑先降自西阶，妇降自阼阶，以著代也。

注释

① 笲（fán）：圆形的竹器。

② 脯醢（fǔ hǎi）：下酒的菜肴。

马瑞光曰

"夙兴，妇沐浴以俟见"，这是成婚后第二天早起后的相关礼仪，也是婚礼中非常关键的部分，意味着这个家庭的女主人要真正登堂、入室了，从此要和公婆一起相处，在一个大家庭中的小家庭算是组建完成了。第二天沐浴更衣后，新婚女子要去拜见公婆。

接下来就是一系列的规范与要求。"舅姑入室，妇以特豚馈，明妇顺也"，公婆进屋后，新婚夫妇要将煮好的小猪进献给公婆，以表示新妇会顺从公婆心意。

"厥明，舅姑共飨妇以一献之礼，奠酬。舅姑先降自西阶，妇降自阼阶，以著代也"，新婚第三天早上，公婆过来慰劳新妇，然后公婆从西边台阶走下堂，新妇从东边台阶走下堂，以此代表新妇成为刚刚组建新家的主妇。

昏义（五）

原文

古者天子，后立六宫，三夫人、九嫔、二十七世妇、八十一御妻①，以听天下之内治，以明章妇顺，故天下内和而家理。天子立六官，三公、九卿、二十七大夫、八十一元士，以听天下之外治，以明章天下之男教，故外和而国治。故曰："天子听男教，后听女顺；天子理阳道，后治阴德；天子听外治，后听内治。教顺成俗，外内和顺，国家理治，此之谓盛德。"

注释

① 御妻：后宫的女官名。

马瑞光曰

"古者天子，后立六宫，三夫人、九嫔、二十七世妇、八十一御妻，以听天下之内治，以明章妇顺，故天下内和而家理。"天子是天下人的，天子的家事当然也就是国事，家即天下，天下即家，当然也就是家天下了。天子怎么娶妻，如何管理、规范，当然也就是确定的了。天子的六宫基本上参照六官的三公、九卿、二十七大夫、八十一元士来设置，一主内，一主外，二者是一个逻辑。

天子权力很大，所以也就容易理解为什么很多人想当天子了，只是天子身系国家命运，要承担很大责任，可能会没有了真正的自己，成为孤家寡人也就再正常不过了。

"天子听男教，后听女顺；天子理阳道，后治阴德；天子听外治，后听内治"，天子掌管男子的教化，皇后掌管女子的教化，母仪天下。君王管外，王后治内，如此应该是盛德，所以也就有了最后一段的内容。

"教顺成俗，外内和顺，国家理治，此之谓盛德"，教化成为习俗，内外顺理，如此家和万事兴，国家也会治理得井井有条，这就是天子与王后伟大的德行。家天下就此确立，成为礼制，个性独立受到一定的抑制。

乡饮酒义

乡饮酒义（一）

《乡饮酒义》主要记录的是乡里之间大夫迎接宾客的礼仪、尊敬贤能的义理。乡是周朝时期的行政单位，乡下面还有州、族等行政单位。天子有六乡，诸侯有三乡。管辖乡的人称为乡大夫，乡学称为庠，每三年举办一次乡饮酒义，地点便在乡学。参加的人，年龄越大，受到的礼遇也就越高。

原文

乡饮酒之义。主人拜迎宾于庠①门之外，入，三揖而后至阶，三让而后升，所以致尊让也。盥，洗，扬觯②，所以致絜也。拜至，拜洗，拜受，拜送，拜既，所以致敬也。尊让、絜、敬也者，君子之所以相接也。君子尊让则不争，絜、敬则不慢。不慢、不争，则远于斗辨矣；不斗辨，则无暴乱之祸矣。斯君子所以免于人祸也，故圣人制之以道。

注释

①庠（xiáng）：古代的乡学校。
②觯（zhì）：古时候的一种酒器。

马瑞光曰

"主人拜迎宾于庠门之外，入，三揖而后至阶，三让而后升，所以致尊让也"，主人在乡学门外迎接宾客，入门相互作揖三次，然后才来到堂阶前，至少谦让三次后才会进入，表示彼此间的尊敬礼让。这几乎形成了惯例，相互谦让，而且一般是互让三次。

"拜至，拜洗，拜受，拜送，拜既，所以致敬也"，这又是相互谦让，主人感谢宾客到来，宾客感谢主人为自己洗酒杯，拜谢主人的美酒，行礼要面朝北方，总而言之，都是为了表示礼让，互相尊敬。

最后总结道："尊让、絜、敬也者，君子之所以相接也"，尊敬、洁净、致敬，这是君子相互交往的准则。原因也很清晰："君子尊让则不争，絜、敬则不慢。不慢、不争，则远于斗辨矣；不斗辨，则无暴乱之祸矣"，因为尊敬礼让就不会争斗，不怠慢，如此也就不会有暴乱的祸患了，自然也就天下和谐。如此形成了不争、保守的性格特点，为此判定了乡礼，以免于灾祸，也就有助于维护社会的安定团结。

乡饮酒义（二）

原文

乡人、士、君子[①]，尊于房户之间，宾、主共之也。尊有玄酒，贵其质也。羞出自东房，主人共之也。洗当东荣，主人之所以自絜而以事宾也。

注释

①君子：卿大夫。

马瑞光曰

"乡人、士、君子，尊于房户之间，宾、主共之也"，乡人、士人和卿大夫在举办饮酒礼的时候，将酒樽放在房门和室门的中间，并且宾客和主人同享这樽酒，彰显平等，相互谦让。这几乎是很多礼节的原则。所有的礼仪都是遵循互相尊重、相互谦让的原则来进行设立的，并且要强化这种文化导向。节制自己的行为，同时限制每一个人的行为，以此来让双方互敬互让。实际上，这样做让整个组织与社会就有秩序了，关键问题在于是限制百姓，还是限制官员，这实际上应该是统治与服务的区别。当然更重要的应该是引导，而不是限制，掌握二者的平衡相当不易。

"羞出自东房，主人共之也。洗当东荣，主人之所以自絜而以事宾也"，从东屋端出菜肴，这是主人为宾客提供的，表示敬意，同时主人在东边屋檐下设洗手的地方，在此洗手保持洁净，以表示招待客人非常用心，尊重客人。所有的生活细节也就此形成了规范。

把思想形成礼仪，用礼仪规范人们的行为，行为成了习惯，也就是人们的行事风格，而这种行事风格也就是我们常讲的文化与传统了，儒家思想的强大之处正在于此。

乡饮酒义（三）

原文

乡饮酒之礼，六十者坐，五十者立侍以听政役①，所以明尊长也。六十者三豆②，七十者四豆，八十者五豆，九十者六豆，所以明养老也。民知尊长养老，而后乃能入孝弟。民入孝弟，出尊长养老，而后成教，成教而后国可安也。君子之所谓孝者，非家至而日见之也，合诸乡射，教之乡饮酒之礼，而孝弟之行立矣。

注释

①政役：有关乡饮酒义礼仪上的一些差事。
②豆：用来盛食物的容器。

马瑞光曰

"乡饮酒之礼，六十者坐，五十者立侍以听政役，所以明尊长也"，在乡饮酒仪式上，60岁以上的人可以坐着，50岁以下的站在旁边，这样是为了尊敬长辈。同时进一步说明：为60岁以上的人设三豆，70岁以上的设四豆，80岁以上的设五豆，90岁以上的设六豆。豆相当于我们现在盛菜的盘。规则分明，越老越受尊敬，以此形成敬老的风气。

"民知尊长养老，而后乃能入孝弟"，百姓知道尊敬长者，才能孝顺父母，友爱兄弟，如此伦理氛围也就形成了。当然，这里隐含的是最需要尊敬的是君父，也就是皇帝，如此也就形成了让人服从统治的教化文化。所以后面一句讲明白了一半："民入孝弟，出尊长养老，而后成教，成教而后国可安也"。最后目的还是为了国家，教化必不可少。

"君子之所谓孝者，非家至而日见之也，合诸乡射，教之乡饮酒之礼，而孝弟之行立矣"，这种孝不需要一个人一个人地讲，只要在行乡射礼时把大家组织在一起，通过这样的活动，孝文化也就自然形成了。

乡饮酒义（四）

原文

宾必南乡。东方者春，春之为言蠢也，产万物者圣也。南方者夏，夏之为言假也，养之、长之、假之，仁也。西方者秋，秋之为言愁也，愁之以时察，守义者也。北方者冬，冬之为言中也，中者藏也。是以天子之立也，左圣，乡仁；右义，偝①藏也。

注释

① 偝（bèi）：背向着。

马瑞光曰

读了这段内容，终于知道为什么我们经常面南背北，为什么很多地方的房子坐南朝北。

"宾必南乡"，也就是要让宾客面朝南而坐，以表示尊敬。原因是什么呢？

东南西北与春夏秋冬相对应，四个方向对应四个季节。"东方者春，春之为言蠢也，产万物者圣也"，能让万物蠢动的当然是圣了。南方对应着夏天，"养之、长之、假之，仁也"，夏养万物，万物生长、壮大，这就是"仁"了。西方对应秋，"愁之以时察，守义者也"，据时节进行收割，称之为"守义"。北方对应冬，"冬之为言中也，中者藏也"，冬的意思是中，中就是要收藏起来。

如此也就有了："是以天子之立也，左圣，乡仁；右义，偝藏也"，天子所在的位置，左为圣，对应春，即东方；面对仁，对应夏，即南方；右边为义，对应秋，也就是西方；背依藏，对应冬，即北方。坐北朝南，春夏秋冬，圣仁义中，天人合一的思想无处不在。

乡饮酒义（五）

原文

介必东乡，介宾主也。主人必居东方，东方者春，春之为言蠢也，产万物者也，主人者造之，产万物者也。

注释

①主人者造之：礼之所供都是主人提供的。

马瑞光曰

方位与四季相对，又与主宾相对，同时和君王与百姓相对，应该是儒家天人合一思想的有效体现。

"介必东乡，介宾主也"，也就是讲副手应该如何落座，副手应该面向东方，因为东方是主人的位置。副手应该在客人与主人之间的位置，主次秩序、伦理顺序在生活中也就此形成了。很多礼仪规范本质上来源于儒家思想，逐渐成为人们的生活习惯。

"主人必居东方，东方者春，春之为言蠢也，产万物者也，主人者造之，产万物者也",主人应该坐在东方,东方代表春天,春天万物复苏,是产生万物的季节,主人正是提供各种食物的,实际上就是生产万物的过程。

如果一家企业的战略与文化通过规范,形成制度,最后成为人们的行事风格、习惯,进而又能影响客户与社会,那就是大道了。

射义

射义分为五种,第一种为乡射,就是州长将百姓集聚起来根据序列完成的射礼;第二种是大射,是诸侯和臣子学习的射礼;第三种是燕射,是君主设宴君臣所举行的射礼;第四种是宾射,是天子诸侯宴请宾客时的射礼;第五种是泽宫之射,是天子祭祀前选择主祭人的射礼。

射义(一)

原文

古者诸侯之射也,必先行燕礼[①];卿大夫、士之射也,必先行乡饮酒礼。故燕礼者,所以明君臣之义也;乡饮酒之礼者,所以明长幼之序也。

注释

① 燕礼:闲暇的时候,诸侯和卿大夫之间举办的饮酒礼。

马瑞光曰

射礼也是人们生活中的重要活动,并且形成了一整套体系,共分为五种情况:乡射、大射、燕射、宾射、泽宫之射。州长官组织百姓举行的射礼称为乡射;诸侯与大臣们学习的射礼称之为大射;君主设宴,君臣之间举行的射礼,称为燕射;天子与诸侯宴请宾客时的射礼,称之为宾射;天子祭祀前进行的射礼,是最高射礼,称之为泽宫之射。射礼可谓包罗万象,规范有序,具有非常确定的实践意义，这也是《礼记》最有特色的一个特征。

"古者诸侯之射也，必先行燕礼"，古代诸侯之间举行射礼，一般要先行燕礼。"卿大夫、士之射也，必先行乡饮酒礼"，大夫、士人之间举行射礼时，要举办乡饮酒礼，目的也非常明确，在最后进行了说明。

"故燕礼者，所以明君臣之义也；乡饮酒之礼者，所以明长幼之序也"，燕礼是为了明确君臣之间的道义，君君臣臣；乡饮酒礼，是为了明确长幼次序，确定伦理，明确秩序。各种礼仪让一切可知、可控，这一直是我们希望的。虽然今天人类还有很多事情没有搞清楚，甚至完全搞错了，但这种努力一直在进行中，试图让没有意义的人生变得有意义。

射义（二）

原文

故射者，进退周还①必中礼，内志正，外体直，然后持弓矢审固；持弓矢审固，然后可以言中。此可以观德行矣。

> **注释**
> ①周还（xuán）：周旋。

马瑞光曰

"故射者，进退周还必中礼"，射箭的人，进退旋转一定要符合礼仪。一切都有规范，这当然成了统治者的手段，既是秩序，又是限制，甚至将此与为人处事、德行相关联，让大家无处可讲、无话可讲，只能就范。

"内志正，外体直，然后持弓矢审固"，内心端正，身体要挺直，然后手持弓箭瞄准箭靶。本来是简单的射箭，要求"内志正"，就变得没有那么简单了。心身要一致，要心正身正，本也无可厚非，但如果认为身不正，是由于心不正，自然就给一些本来简单的行为赋予了道义的含义，容易催生虚伪的装腔作势者。一旦让这类人占了道德高地，他们干什么似乎都是对的了，真理就很难立足。

最后总结："持弓矢审固，然后可以言中。此可以观德行矣"，持弓瞄准之后，才可以谈是否可以射中，重要的是以此动作可以考察这个人是否有德行。这就有点道德绑架的味道了，本来无一物，何处惹尘埃。

射义（三）

原文

是故[1]古者天子，以射选诸侯、卿大夫、士。射者男子之事也，因而饰之以礼乐也。故事之尽礼乐而可数为，以立德行者，莫若射，故圣王务焉。

注释

[1]是故：因此。

马瑞光曰

"是故古者天子，以射选诸侯、卿大夫、士"，进一步说明了射礼在礼仪中的重要性，告诉我们君王用射礼来选拔诸侯、卿大夫和士人，似乎以此作为文武双全的标准。有很多皇帝是马上皇帝，尤其是一些开国皇帝基本上都是文治武功，后续的帝王就普遍差一些了，但这种习惯在礼仪中得以成为标准。

"射者男子之事也，因而饰之以礼乐也"，射箭是男人的事，同时要辅之以礼乐。在射礼上提出了男女有别，用礼乐增添庄重的气氛，最后就会形成神圣的体验，营造出一种精神世界。

最后总结道："以立德行者，莫若射，故圣王务焉"，射礼可以建立德行，形成习惯，当然也就可以塑造人，教化人，所以圣君都会很重视这些规范，越雷池半步基本上就是大逆不道。真是身心灵的全方位塑造，全方位管控，不知不觉中让人成了自己也不知道的样子。

射义（四）

原文

孔子射于矍相①之圃，盖观者如堵墙。射至于司马，使子路执弓矢出延射，曰："贲军之将，亡国之大夫，与为人后者，不入。其余皆入。"盖去者半，入者半。又使公罔之裘、序点扬觯而语。公罔之裘扬觯而语曰："幼壮孝弟，耆耋好礼，不从流俗，修身以俟死，者不？在此位也。"盖去者半，处者半。序点又扬觯而语曰："好学不倦，好礼不变，旄期称道不乱，者不？在此位也。"盖廑有存者。

注释

①矍（jué）相：古代地名。

马瑞光曰

"孔子射于矍相之圃，盖观者如堵墙"，孔子在一个叫矍相的地方表演射礼，围观的人非常多，堵得像重重墙壁，可谓声势浩大，说明大家非常重视这个仪式。

在整个射礼过程中孔子提出了观礼的条件，最后发现符合所有条件的人很少，也进一步告诫我们，人生就是一场修炼，活到老，学到老。"贲军之将，亡国之大夫，与为人后者，不入。其余皆入"，如果是败军之将，或者是丢掉国土的大夫，或者是请求成为别人子嗣的人，都不准入园，结果有一半人不符合条件。接着又讲："幼壮孝弟，耆耋好礼，不从流俗，修身以俟死，者不？在此位也"，如果年少时就孝顺，年纪大了又好礼法，不与世俗合流，一辈子修炼，就可以入园，否则也要离开。结果又有一半的人离开了。看来符合以上两种条件的人不足30%，大部分人做不到这些基本的要求。

"好学不倦，好礼不变，旄期称道不乱，者不？在此位也"，喜好学习，孜孜不倦，喜好礼法，即使到了90岁、100岁，仍然推行道义，不倚老卖老，可以入园。最后，现场只剩下几个人了，重重的人墙消失了。简单的事情能做到，基本的学习、修炼礼法能达到，也就基本上是君子了，更高的要求就强人所难了。

射义（五）

原文

天子将祭，必先习射于泽①。泽者，所以择士也。已射于泽，而后射于射宫，射中者则得与于祭，不中者不得与于祭。不得与于祭者有让，削以地；得与于祭者有庆，益以地。进爵、绌地是也。

注释

①泽：指泽宫。

马瑞光曰

这一段基本上把射礼与绩效考核挂钩了，直接涉及封地，这是实实在在的利益了，可谓非常重要，大家自然会很重视。文化落地、伦理形成，很多时候也需要利益驱动。

"天子将祭，必先习射于泽。泽者，所以择士也"，君王要举行祭祀礼仪，一定要先在泽宫举办射礼，并且以此来挑选哪些人员适合参加祭。后面介绍得比较清楚：射中的可以参加祭祀，射不中的不能参加。这样做会让大家对射箭非常重视，因为不能参加祭祀还会有相关利益的惩处，由此射礼当然会成为人们的必备技能。

只是要让大家发自内心地遵从这些礼仪，而不应只是应付，否则礼仪也只会是个空架子，这应该就与人性有关了。

"不得与于祭者有让，削以地；得与于祭者有庆，益以地。进爵、绌地是也"，不能参加祭祀的人会受到君王谴责，封地会被减少，参加的人可以受到表扬，并增加封地，甚至还会加官晋爵。因为利益和面子，大家会去完成相关礼仪，只是内心到底是怎么看待的，是需要我们真正考虑的。

射义（六）

原文

射者，仁之道也。射求正诸己，己正而后发，发而不中，则不怨胜己者，反求诸己而已矣。孔子曰："君子无所争，必也，射乎。揖让而升①，下而饮，其争也君子。"

注释

①揖让而升：作揖谦让才能够上堂。

马瑞光曰

"射者，仁之道也"，射箭在一定程度上体现了仁道。给本来简单的运动赋予了道德标签，就有了更高尚的含义，形成礼仪，但同时也具备了道德绑架的可能。一旦神圣化，事情就可能发生根本改变。

"射求正诸己，己正而后发，发而不中，则不怨胜己者，反求诸己而已矣"，射箭的时候，要心平气和、气定神聚，挺直身体才能开射，如果没有射中，不应该埋怨强过自己的人，应该去找自身的原因，反省自己，检讨自己，如此才能提升自己。对体现仁道的射礼进行了说明，使其到了全新的道德高度。当然，如此讲的话，射箭确实可以帮人修炼。

"君子无所争，必也，射乎。揖让而升，下而饮，其争也君子"，因为君子是无所争的，如果真有什么争强好胜的活动，那就是射箭了。但是君子上堂比赛前要作揖，分出胜负后还要对饮，有礼有节，在孔子眼里这样就算与人相争也是君子。当然，现在的比赛也有完善的规则，参赛者在开场或结束的时候，都要礼貌地对待对手，与古人类似。这样看，这些比赛的人也都是君子了，如此，成为君子也不难。

聘义

聘是访问的意思，聘礼是古时候诸侯之间表达友好的方式。大聘派遣的使者官位高、聘礼重，小聘派遣的使者官位低、聘礼轻。《聘义》主要讲述聘礼仪式中"义"的表现。

聘义（一）

原文

聘礼①，上公七介，侯、伯五介，子、男三介，所以明贵贱也。

注释

①聘礼：诸侯之间派遣使者前去表示友好的一种礼仪。

马瑞光曰

"聘礼，上公七介，侯、伯五介，子、男三介，所以明贵贱也"，在行聘礼的时候，上公要派遣七名介（使者的副手与随从），侯、伯级别的派遣五名介，子、男则给使者派遣三名介。通过"介"的数量也就区分出人的不同级别了。"介"指的是随国主出使他国的随从，一看队伍大小，就知道来人的级别了。

古代聘礼等级森严，当然没有规矩也不成方圆，这样的秩序也就形成了。好处在于能让大家讲规矩，坏处在于把人分成三六九等，整个社会官僚化了，官员分等，百姓分级，统治是方便了，创新能力却弱了。

聘义（二）

原文

介绍①而传命，君子于其所尊弗敢质，敬之至也。

注释

①绍：一个接一个传达命令的意思。

马瑞光曰

"介绍而传命"，一个人接一个人地传达聘君的话，以表示尊敬。通过对不同礼仪进行设置，把一件普通的事情搞得很庄严，深刻说明一个道理，形式有时候也很重要。实际上利用的是人性的弱点，尤其是在群体中进行相关仪式活动，会让群体进入一种无意识状态，所以培养一个人的独立思考能力、理性能力是至关重要的。

"君子于其所尊弗敢质，敬之至也"，说明君子对自己尊敬的人要认真用心，不能简便行事，尤其是尊敬主君更是到极致。这种要求下，等级森严，上位者的威严也就形成了，所以独裁者一般以为人民的恐惧比人民的爱戴重要得多，让人民恐惧成为他们的一种统治手段。

基于理性，基于善意，这样的仪式才有意义，否则将会是灾难性的。

聘义（三）

原文

三让①而后传命，三让而后入庙门，三揖而后至阶，三让而后升，所以致尊让也。

注释

①让：谦让。

马瑞光曰

"三让而后传命"，使者要谦让三次而后才能传达聘君的问候和自己的使命。为什么是三次呢？好像是不成文的规定，三这个数出现在很多地方，可能是因为三生万物吧。比如大臣们推荐一个人当皇帝，这个人要谦让三次才能登基，即使自己非常想当这个皇帝，也要假装推让三次。

"三让而后入庙门，三揖而后至阶，三让而后升，所以致尊让也"，基本上所有的行为都与"三"有关，谦让三次以后才能够进庙门，作揖三次之后才能够走到堂阶前，谦让三次之后才能够登上堂，这样表达的是尊敬与谦让。这恰好是儒家的主导思想，不管心里如何想，仪式感是做齐了，当然久而久之，可能也就自然如此了。

聘义（四）

原文

君使士迎于竟，大夫郊劳，君亲拜迎于大门之内，而庙受。北面拜贶①，拜君命之辱，所以致敬也。

注释

①贶（kuàng）：赐、赠。

马瑞光曰

讲的是国与国之间的礼仪，与现在的国际交流有许多类似之处。不同文化寻求共同礼仪，有助于大家相互交往合作。更多的还是君子谦让的逻辑，这一点在东西方有很大区别，但本质上是一样的。首先是利益问题，然后是国际影响力的问题，既有现实利益，又有未来价值。如果按照企业的讲法，是既要赚到钱，又要有好口碑，其他的都是手段，只是很多时候我们会陷入仪式，忘记目标。

"君使士迎于竟，大夫郊劳"，君主派遣使者去国境处迎接对方的使者，派大夫在近郊迎接。"君亲拜迎于大门之内，而庙受。北面拜贶，拜君命之辱，所以致敬也"，君王一般在大门内迎接来使，在太庙里接受使者所献的礼物，面朝北拜谢来宾的厚礼，又拜谢使者君主派遣他们来的盛意。谦让之风可见一斑，礼仪之邦就此形成，古今中外莫不如此。礼来源于文化，又强化了文化。

聘义（五）

原文

敬让也者，君子之所以相接也。故诸侯相接以敬让，则不相侵陵①。

注释

①侵陵：侵犯。

马瑞光曰

"敬让也者，君子之所以相接也"，君子之间相互谦让，是君子之所以能够相互交往的前提，也就是相互尊重对方，求同存异。这种思想一直到延续到今天，但由于文化不同，不同国家在这些方面表现得不尽相同。所以，探讨不同文明体之间如何交往相处才是根本，如何实现大家价值最大化才是根本。

"故诸侯相接以敬让，则不相侵陵"，所以各诸侯国之间，要相互尊敬谦让，这样就不会相互侵犯，能和平共处。可惜的是，有人的地方就有争斗，争端从未完全消失。

聘义（六）

原文

卿为上摈①，大夫为承摈，士为绍摈。君亲迎宾；宾私面、私觌②，致饔饩③，还圭璋，贿赠，飨、食、燕，所以明宾客君臣之义也。

注释

① 摈（bìn）：引导宾客的人。

② 私觌（dí）：宾客以私人的名义拜见君主。

③ 饔饩（yōng xì）：古代迎宾客时准备的丰盛馈赠。

马瑞光曰

为了体现"义"，所以设计了一系列礼仪，虽显繁杂，但主题明确，通过"礼"把儒家中坚持的内容形成规划，落实下去。不得不讲儒家哲学具备较强的落地性，实用主义非常明显，很容易形成一般人的行为规范与思想依托，不像道家那么高远超脱。

"卿为上摈，大夫为承摈，士为绍摈"，主君如果接待宾客，让卿为上摈，大夫为承摈，士人为绍摈。即使到现在，我们的生活中还有这样的礼仪印记。找人办事，一般先见到的是级别低的人，最后才见到级别高的人，而大部分情况下级别高的人后来先离开，级别低的人先来后离开。

"宾私面，私觌，致饔饩，还主璋，贿赠，飨、食、燕"，宾客私下来以个人名义拜访君，主君会给予丰富馈赠，以显示"义"，不仅要把宾客送来的圭璋退还，还要多送一些礼物，还会举办飨礼、食礼、燕礼。主君干的是赔本生意，以显示大度，大国风范，看来财能换名，当然名也能生财。

聘义（七）

原文

故天子制诸侯：比年小聘，三年大聘，相厉①以礼。使者聘而误，主君弗亲飨、食也，所以愧厉之也。诸侯相厉以礼，则外不相侵，内不相陵，此天子之所以养诸侯，兵不用，而诸侯自为正之具也。

注释

①厉：激励。

马瑞光曰

接下来讲的是天子如何给诸侯制定规范，并由此形成大家走正道的逻辑。"故天子制诸侯：比年小聘，三年大聘，相厉以礼"，所以君王给诸侯定了如下规则，一年一小聘，三年一大聘，用礼来让诸侯间相互交往，相互激励，形成一种交往规范。

"使者聘而误，主君弗亲飨、食也，所以愧厉之也"，如果使者行聘礼时有失误，主君就不会亲自为其举办飨礼、食礼，实际上就是一种惩罚，用以警戒。没有规矩，不成方圆。

为什么呢？最后一段进行了说明，让大家了解这样做的好处。"诸侯相厉以礼，则外不相侵，内不相陵，此天子之所以养诸侯，兵不用，而诸侯自为正之具也"，诸侯相互以礼相待，对外不侵犯，对内不欺凌，如此天子可驾驭诸侯，不需要动用武力。讲了半天，还是为了统治，如此的话，诸侯可以自我治理走正道，当然，君王也就容易管理天下了。大家各得其所，老老实实维护现有统治与社会秩序，当然也是君王希望的，以礼治天下意味深厚。

聘义（八）

原文

以圭璋①聘，重礼也。已聘而还圭璋，此轻财而重礼之义也。诸侯相厉以轻财重礼，则民作让矣。

注释

①圭璋：古时候礼玉中比较贵重的两种玉器。

马瑞光曰

"以圭璋聘,重礼也",用圭璋当作行聘的礼物,这是很贵重的。表明主君非常重视"礼",但是收到以后又会返送回去,以表示主君爱的是"礼",而不是"财",也就有了以下的描述:"已聘而还圭璋,此轻财而重礼之义也"。

最后总结道:"诸侯相厉以轻财重礼,则民作让矣",诸侯间用轻财物重礼仪的方式相互相处,上行下效,老百姓也自然会如此。

聘义(九)

原文

主国待客,出入三积①;饩客于舍,五牢之具陈于内,米三十车,禾三十车,刍薪倍禾,皆陈于外;乘禽日五双;群介皆有饩牢;壹食,再飨,燕与时赐无数。所以厚重礼也。

注释

①积:刍、米等

马瑞光曰

"主国待客,出入三积",作为一个国家的待客之道,在使者来与走的时候,要三次提供粮食与饲草,让人、马吃饱。如此看来,最重要的还是吃饱,在那个年代这应该是很高的追求了。精神世界的交流在不同国家之间实际不太容易,需要一定的修养,当然也会让老百姓大开眼界:原来还可以这样,这本身符合人性,但对于一个国家的治理,思想的统一并不容易。

"饩客于舍,五牢之具陈于内,米三十车,禾三十车,刍薪倍禾,皆陈于外;乘禽日五双;群介皆有饩牢",主君送了很多丰盛的馈赠,摆放五牢,三十车米,三十车禾,六十车饲料,每天提供五双乘禽,所有来的随从都有厚礼。这样做,一则表示对使者的重视,二则表达本国富裕强大。

317

"壹食，再飨，燕与时赐无数。所以厚重礼也"，举行一次食礼，两次飨礼，燕礼的次数无数，如此重视，如此厚重的礼物，当然是为了表示重视。爱面子是关键，里子有时候自己不嫌丑就可以了。

聘义（十）

原文

古之用财者不能均如此，然而用财如此其厚者，言尽之于礼也。尽之于礼，则内君臣不相陵，而外不相侵，故天子制之①，而诸侯务焉耳。

注释

①之：指聘礼的制度。

马瑞光曰

"古之用财者不能均如此，然而用财如此其厚者，言尽之于礼也"，古代财物并不富裕，但是在"礼仪"上使用如此厚重的财物，所以说明大家对"礼"很重视。讲了半天，还是用"利益"来衡量重要性，但是就是不愿意把利益放在阳光下，喜欢关在黑房子里，当然是为了抑制大家的名利心，希望驱动大家向善，并由此来节欲。

"尽之于礼，则内君臣不相陵，而外不相侵，故天子制之，而诸侯务焉耳"，如此人们就会对礼非常重视，自然互相谦让，都在克制自己的欲望，当然也就和谐相处了，相互不欺凌，也不会相互攻击，天下大同。所以天子制定了这样的制度，并且致力于推崇它，通过这样的规范来推动和谐。

聘义（十一）

原文

聘、射之礼，至大礼也。质明而始行事，日几中而后礼成，非强有力者弗能行也。故强有力者，将以行礼也。酒清，人渴而不敢饮也；肉干，人饥而不敢食也。日莫人倦齐庄正齐而不敢解惰。以成礼节，以正君臣，以亲父子，以和长幼，此众人之所难，而君子行之，故谓之有行。有行之谓有义，有义之谓勇敢。故所贵于勇敢者，贵其能以立义也；所贵于立义者，贵其有行也；所贵于有行者，贵其行礼也。故所贵于勇敢者，贵其敢行礼义也。故勇敢强有力者，天下无事则用之于礼义，天下有事则用之于战胜。用之于战胜则无敌，用之于礼义则顺治。外无敌，内顺治，此之谓盛德。故圣王之贵勇敢强有力如此也。勇敢强有力而不用之于礼义、战胜，而用之于争斗，则谓之乱人。刑罚行于国，所诛者，乱人也。如此，则民顺治而国安也。

马瑞光曰

进一步介绍聘、射之礼是最大的礼，大家都非常认真地参与，很辛苦，需要极大的体力，"非强有力者弗能行也"，如果身体不强健，很难全程参与下来。

"有行之谓有义，有义之谓勇敢"，有德行的称之为有义，有义的称之为勇敢。所以给予了勇敢很高的评价："故勇敢强有力者，天下无事则用之于礼义，天下有事则用之于战胜"，所以勇敢的人，如果没有战乱就适合将其用于礼仪，如果有战乱起，则可以用之保家卫国，取得胜利。"用之于战胜则无敌，用之于礼义则顺治"，把勇敢用到打仗上，可以取得胜利，用到礼仪上，民众会顺从治理。勇敢可以对外御敌，对内规范民众思想，当然主要是通过"礼仪"的方式。

"外无敌，内顺治，此之谓盛德"，对外无敌人，对内治理有序，可以称为盛德了。还是站到君王角度来谈治国理政，没有看到一点百姓的影子，需要我们反思。

"勇敢强有力而不用之于礼义、战胜，而用之于争斗，则谓之乱人。刑罚行于国，所诛者，乱人也"，勇敢不用在打仗和礼仪上，而用在争斗上，会给社会带祸乱，刑罚的对象就是那些祸乱之人。没有去想治理官员，想的还是管好百姓，不能不讲任重而道远。

聘义（十二）

原文

子贡问于孔子曰："敢问君子贵玉而贱碈①者，何也？为玉之寡而碈之多与？"孔子曰："非为碈之多故贱之也，玉之寡故贵之也。夫昔者，君子比德于玉焉：温润而泽，仁也；缜密以栗，知也；廉而不刿，义也；垂之如队，礼也；叩之其声清越以长，其终诎然②，乐也；瑕不掩瑜，瑜不掩瑕，忠也；孚尹旁达，信也；气如白虹，天也；精神见于山川，地也；圭璋特达，德也。天下莫不贵者，道也。《诗》云：'言念君子，温其如玉。'故君子贵之也。"

注释

①碈（mín）：像玉的石头。

②诎（qū）然：声音戛然而止。

马瑞光曰

"子贡问于孔子曰：'敢问君子贵玉而贱碈者，何也？为玉之寡而碈之多与？'"子贡问孔子，为什么君子都喜欢玉，而不喜欢像玉一样的石头？是否因为物以稀为贵，是玉少石头多？当然，孔子肯定地讲并非如此，原因在后续进行了说明。

"君子比德于玉焉：温润而泽，仁也；缜密以栗，知也；廉而不刿，义也；垂之如队，礼也"，君子将德行比喻为玉，玉温润光泽是仁，质地细腻有条理像智，有棱角不伤人像义，垂下来很谦卑像礼。以此类推，最后得出结论："天下莫不贵者，道也"，天下人没有不看重玉的，因为它就像道一样。如此看来，"玉"与君子画了等号，本来也是石头，但至此登堂入室了。

丧服四制

丧服四制（一）

《丧服四制》意为丧服制度的方法取于四种美德：仁、义、礼、智。不过，在明清思想家王夫之看来，《丧服四制》还可以称作《仪礼·丧服》，而最终选择前者命名，无非是为了突出"四制"。

原文

凡礼之大体，体天地，法四时，则阴阳，顺人情，故谓之礼。訾①之者，是不知礼之所由生也。

注释

①訾（zǐ）：诋毁。

马瑞光曰

"凡礼之大体，体天地，法四时，则阴阳，顺人情，故谓之礼"，实际上礼的大体原则是应该顺应天时、四季以及阴阳五行，是天道的具体体现与落实。所以，遵守礼才是合天意的，拿出这个理由，大家也就只有乖乖听话照做了。

当然作为礼，还有一点很重要，就是人情。礼制不外乎人情，是人们要遵守的，而符合人情当然才可能为礼。最后得出结论："訾之者，是不知礼之所由生也"，诋毁礼的人是不知道礼是由天道、阴阳、人情产生的，所以才会有此观点。如果了解了，大家一定会循礼，如此礼成为必然权威的规范也就塑造完毕了。

丧服四制（二）

原文

夫礼，吉凶异道①，不得相干，取之阴阳也。丧有四制②，变而从宜，取之四时也。有恩，有理，有节，有权，取之人情也。恩者仁也，理者义也，节者礼也，权者智也。仁、义、礼、智，人道具矣。

注释

①异道：指衣服、容貌、器物都不一样。

②丧有四制：从人情方面来说，四制指的是亲情、义理、节制、权变；而从道德方面来讲，四制指的是仁、义、礼、智。

马瑞光曰

"夫礼，吉凶异道，不得相干，取之阴阳也"，礼有吉凶之分，原则之分，用的器物，穿的衣服都不同，这是取之于阴阳，所以才会如此。进一步说明礼的神圣性，与阴阳、四时、人情都有关，告诫大家要严格遵守。

"丧有四制，变而从宜，取之四时也"，丧服有四种制度变化，变化要适宜于事理，这个原因在于有春夏秋冬四时。顺天意，应天道，当然就是上天的意思了。

"有恩，有理，有节，有权，取之人情也"，有亲情，有义礼，有节制，有权变，这是来自人情，并由此对应了仁、义、礼、智。"恩者仁也，理者义也，节者礼也，权者智也"，亲情当然是出于仁，义理是出于义，节制是出于礼，而权变恰恰是出于智。如此就是一个人要遵循的基本道理了。从天意到人情，从阴阳到四时，形成了仁义礼智的做人标准，在这个基础上理解"礼"也就很明了了。整个学说的严密性、适用性可见一斑。

丧服四制（三、四）

原文

其恩厚者，其服重，故为父斩衰①三年，以恩制者也。

注释

①斩衰：古时候的丧服名。

原文

门内之治恩掩①义，门外之治义断恩。资②于事父以事君而敬同。贵贵，尊尊，义之大者也。故为君亦斩衰三年，以义制者也。

注释

①掩（yǎn）：掩盖。
②资：操办。

马瑞光曰

"其恩厚者，其服重，故为父斩衰三年，以恩制者也"，亲情最深的，当然是父亲了，而丧父时遵循的丧礼也是最重的，要穿着丧服守孝三年。"门内之治恩掩义，门外之治义断恩"，进一步说明区别，如果是为亲人料理丧事，要重视亲情胜过义理，如果为亲人以外的人料理丧事，则恰好相反，要重视义理胜过亲情。如此看来，亲情大于义理。家为根本，然后才是天下。与陌生人谈道理，与亲人自然讲的不是道理，而是情感。

"资于事父以事君而敬同。贵贵，尊尊，义之大者也。故为君亦斩衰三年，以义制者也"，君与父等同，要像对待父亲一样对待君王，天下无不是的君父，尊重高贵与年长之人，丧制也要与父亲同等，并且以此为义理。这样的秩序自然形成了家天下，皇帝是万民的君父，独裁也就在所难免了。

丧服四制（五、六）

原文

三日而食，三月而沐，期而练，毁不灭性，不以死伤生也。丧不过三年，苴衰①不补，坟墓不培②，祥之日，鼓素琴③，告民有终也，以节制者也。

注释

①苴（jū）衰：苴，结子的麻，意思是用麻做的丧服破了。

②坟墓不培：坟墓上不用再加一层土。

③素琴：没有任何装饰的琴。

原文

始死，三日不怠，三月不解，期悲哀，三年忧，恩之杀①也。圣人因杀以制节，此丧之所以三年，贤者不得过，不肖者不得不及。此丧之中庸也，王者之所常行也。

注释

①杀（shài）：减少，降低。

马瑞光曰

最后两小段解释了为什么丧礼中很多是三天、三月、三年，这实际是遵循节制原则，以及人情义理等，进一步说明礼的权威性，目的还是要大家严格遵守，不允许逾越。

"三日而食，三月而沐，期而练，毁不灭性，不以死伤生也"，父母离开三天后可以吃饭，三个月后可以洗头，去世一年后可以改戴练冠，虽然心情悲痛，但不至于伤害到活着的人。既有礼又务实。

"丧不过三年，苴衰不补，坟墓不培，祥之日，鼓素琴告民有终也，以节制者也",以节制为原则的丧礼,服丧一般不超过三年,孝服破了也没有必要缝缝补补,坟墓上没有必要再新添土,等等。基本上三年守丧就结束了,一直到今日,很多做法还在民间延续。

"始死,三日不怠,三月不解,期悲哀,三年忧,恩之杀也",亲人刚过世,头三天哭泣不止,不吃不喝,头三个月仍要时时哭奠,周年之内则哀容满面,三年之内怀忧在心,随着时间推移,悲伤慢慢消减。制定这样的礼仪,依据的是人们悲伤情绪的实际变化,既符天道,又合人情。最后结论是:"贤者不得过,不肖者不得不及。此丧之中庸也,王者之所常行也",贤能的与不贤能的人都应该遵守这个规则,都要照此标准,包括君王亦如此。这实际上采取了中和之道,不多不少,恰到好处。

到此《礼记》基本学习完了,终于理解了我们日常生活中的很多规范是怎么来的,儒家思想对我们影响深远,我们身在其中,被潜移默化。

有一些优秀的文化传统保留在了现代文明中,比如善良、正直,但也有一些文化传统与现代文明背离,具有时代的局限性,比如君父思想,君如父,父为大,在现代早已没有存在的土壤。文化与文明是两个词,只是我们很多时候混同了,应该传承文化中的文明部分,摒弃文化中不文明的部分,真正迈向当代文明,才能建立起真正的文化自信,实现人类命运共同体。